세상을 향하여

Facing the World
Orthodox Christian Essays on Global Concerns

Anastasios, Archbishop of Tirana and all Albania

Published jointly 2003 by St Vladimir's Seminary Press
and by WCC Publications
ⓒ2003 St Vladimir's Seminary Press

Korean Translation Copyright ⓒ2016 Korean Orthodox Editions
All Rights Reserved

세상을 향하여
세계화와 정교회 신앙

초판1쇄 인쇄   2016년 10월 14일
초판1쇄 발행   2016년 10월 14일

지 은 이   아나스타시오스 대주교
옮 긴 이   다니엘 김성중
펴 낸 이   암브로시오스 조성암 대주교
펴 낸 곳   정교회출판사
출판등록   제313-2010-5호

주   소   서울특별시 마포구 마포대로18길 43
전   화   02)364-7020
팩   스   02)6354-0092
이 메 일   editions@orthodox.or.kr

* 잘못된 책은 바꿔드립니다.

정가   20,000원
ISBN 978-89-92941-43-3   03230

ⓒ정교회출판사, 2016

* 이 책에 실린 내용은 무단복제와 무단전재를 할 수 없습니다.

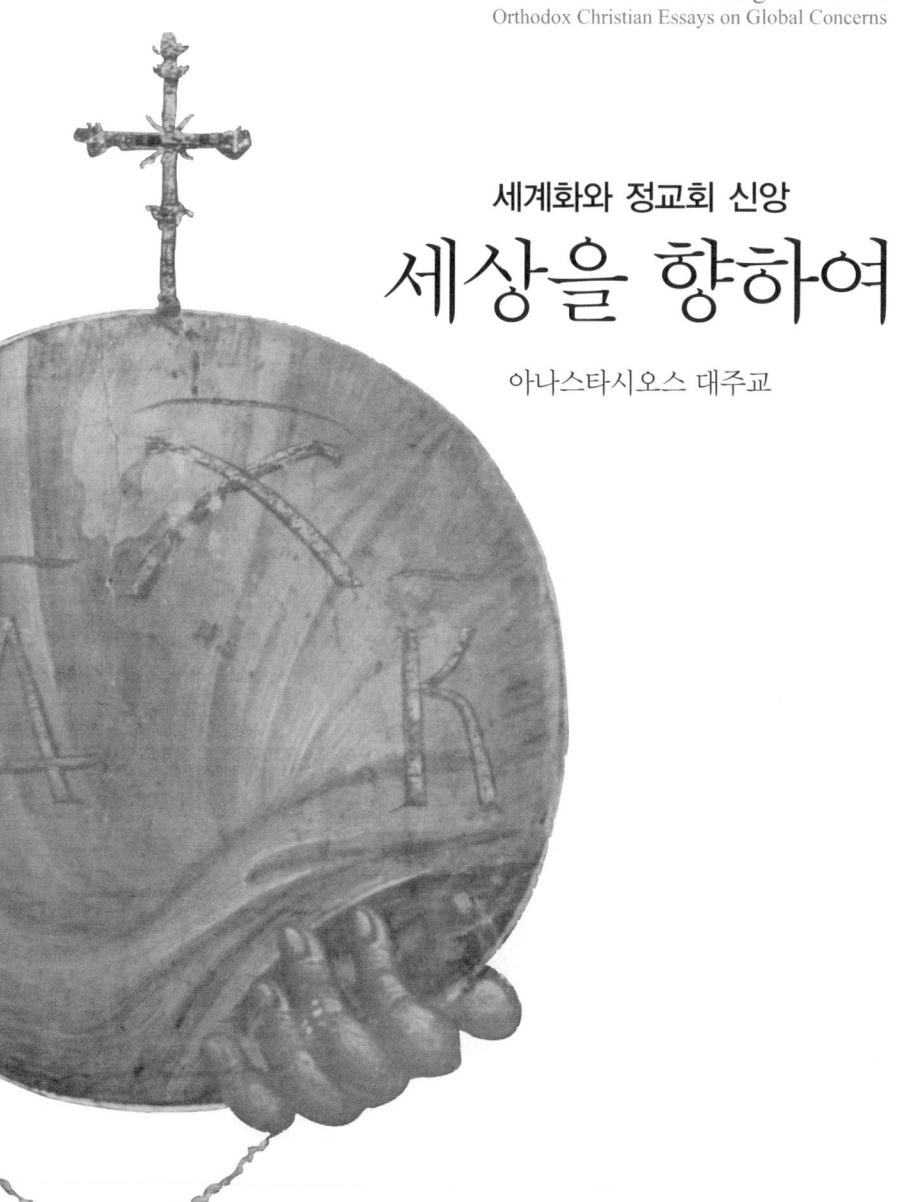

Facing the World
Orthodox Christian Essays on Global Concerns

세계화와 정교회 신앙
세상을 향하여

아나스타시오스 대주교

✠ 정교회출판사

차례 … 세상을 향하여

_약어 목록   5

_머리글   6

_서론   11

1장   세계 공동체를 향하여 … 15
      자원과 책임

2장   정교회와 인권 … 57
      보편적인 인권 선언과 그리스 정교회 전통

3장   문화와 복음 … 95
      정교회 전통과 경험에 근거한 신학적 관찰

4장   정교회의 시각에서 바라본 이슬람과의 대화 … 125

5장   타종교 이해를 향한 신학적 접근 … 155

6장   보편적이고 지속적인 변화의 역동성 … 191
      "더 좋은 것으로의 변화"에 관한 세계적인 세 교부들의 증언

7장   세계화와 종교 경험 … 223

_에필로그를 대신하여   249

_약어 목록

ANF   Alexader Roberts and James Donaldson, eds., *The Ante-Nicene Fathers: Translations of the Fathers down to A.D. 325.* Peabody, MA: Hendrickson Publishers, 1994.

Bul.   Bulletin, Pontificium Consilium pro Dialogo inter Religiones. Vatican.

EEE   *Ekpaideutike Ellenike Enkyklopaideia* (Greek Educational Encyclopedia). Athens: Ekdotike of Athens.

ThEE   *Threskeutike kai Ethike Enkyklopaideia* (Religious and Ethical Encyclopedia). Athens: A. Martinos Publishers, 1962-68.

IEE   *Istoria tou Ellenikou Ethnous* (History of Greek Nation). Athens: Ekdotike of Athens, 1970-78.

IRM   *International Review of Mission.* Geneva.

MEE   *Megale Ellenike Enkyklopaideia* (Great Greek Encyclopedia), 2d edition, updated. Athens: Phoinix.

NPF   Philip Schaff, ed., *The Nicene and Post-Nicene Fathers of the Christian Church,* 1st series, 14 vols., and Philip Schaff and Henry Wace, eds., *The Nicene and Post-Nicene Fathers of the Christian Church,* 2d series, 14 vols. Peabody, MA: Hendrickson Publishers, 1994.

PG   J.P.Migne, ed., *Patrologiae cursus completus, Series Graeca.* Paris, 1857-1866.

PL   J.P.Migne, ed., *Patrologiae cursus completus, Series Latina.* Paris, 1844-1864.

WCC   World Council of Churches, Geneva.

_머리글

현재 알바니아와 티라나의 대주교이신 아나스타시오스 대주교님은 제가 아테네 대학교에서 공부할 때 저를 지도해 주셨던 스승님이십니다. 이제 그분의 역작 『세상을 향하여: 세계화와 정교회 신앙』을 한국의 정교회출판사에서 출판하게 되어 이렇게 소식을 전하게 되니, 저의 기쁨 이루 말할 수 없습니다.

아나스타시오스 야눌라토스 대주교님은, 이 책에서, 지역 교회와 신학 교육 분야에서의 평생의 봉사와 경험, 그리고 50여 년 동안 참여했던 그리스도교 여러 교파들 간의, 그리스도교와 타종교 간의 대화와 만남의 경험, 모든 대륙과 수많은 나라들을 방문하시면서 듣고 보고 경험한 정교회의 살아있는 증언들, 그리고 그 자신의 사도적 활동의 경험 등으로 얻고 쌓은 해박한 지식을 가지고, 일곱 개의 주제에 대해서 말씀하고 계십니다.

　1장. 세계 공동체를 향하여: 자원과 책임
　2장. 정교회와 인권: 보편적인 인권 선언과 그리스 정교회 전통
　3장. 문화와 복음: 정교회 전통과 경험에 근거한 신학적 관찰
　4장. 정교회의 시각에서 바라본 이슬람과의 대화
　5장. 타종교 이해를 향한 신학적 접근

6장. 보편적이고 지속적인 변화의 역동성: "더 좋은 것으로의 변화"에 관한 세계적인 세 교부들의 증언

7장. 세계화와 종교 경험

2000년부터 오늘날까지 7개국에서 번역 출판된 이 책의 저자 아나스타시오스 대주교님은 워낙 많은 분야에서 전문성을 가지고 계시기에, 나의 이 짧은 머리글은 그분을 충분히 소개하기에 턱없이 부족합니다. 하지만 저는 독자들이 저자에 대해 조금이라도 더 알기를 원하기에, 여기서 짧게나마 저자인 아나스타시오스 대주교님을 소개하려 합니다.

아나스타시오스 야눌라토스 대주교님은 아테네 대학교를 졸업한 후 독일 함부르크 대학에서 종교학, 민속학, 선교학, 그리고 아프리카 연구로 대학원 과정을 수료하였습니다. 또한 우간다 캄팔라의 메케레레 대학 Makerere Univercity College에서 연구원으로, 독일 알렉산더 폰 훔볼트 Alexander von Humboldt 재단 연구원으로 근무하면서, 힌두교, 불교, 도교, 유교, 이슬람교와 다양한 아프리카 지역의 토속종교를 연구하였습니다.

1960년에 보제로, 1964년에 사제로, 1972년에 아테네 지역의 대주교로 서품되었습니다. 1972년부터 1991년까지 그리스 교회 선교단체인 '아포스톨리끼 디아코니아'의 사무총장을 역임하셨고, 거의 같은 시기인 1972년부터 1997년까지 아테네 대학교 교수로 봉직하셨습니다. 아홉 개의 외국어를 구사하실 줄 아시는 대주교님은 20권의 책을 집필하셨고, 또 종교학과 신학, 특별히 선교에 관한 많은 연구 논문들과 글들을 발표하셨습니다.

대주교님은 학자요 저술가일 뿐만 아니라 그리스도교 교파간의 일치를 위한 활동에서도 활발한 활동을 전개하고 계십니다. 1961년부

터 1969년까지 세계교회협의회 WCC의 '선교 연구를 위한 국제위원회'의 위원, 1969년부터 1971년까지 동 협의회의 '선교 연구와 정교회와의 관계'의 사무총장을 역임하셨습니다. 1984년부터 1991년까지 동 협의회의 '세계 선교와 복음주의 위원회' Commission on World Mission and Evangelism의 회장, 1998년부터 2006년까지 동 협의회의 중앙위원회의 위원, 2000년부터 2006년까지 '신앙과 직제' Faith and Order 위원회의 위원을 역임하셨습니다. 또한 2006년에는 세계교회협의회 회장으로 선출되셨습니다. 1963년 멕시코, 1973년 방콕, 1980년 멜버른, 그리고 1989년 샌안토니오에서 열린 세계교회협의회의 '세계 선교와 복음주의' World Mission and Evangelism 대회에 위원으로 참석하였고, 1968년 웁살라, 1975년 나이로비, 1983년 밴쿠버, 1991년 켄버라, 1998년 하라레, 2006년 포르투 알레그레에서 열린 세계교회협의회 총회에 참석하셨습니다.

그는 '종교와 평화를 위한 세계 회의' World Conference on Religion and Peace와 같은 많은 국제단체의 위원이시고, 또한 '평화를 위한 종교 지도자들의 유럽 협의회' European Council of Religion Leaders/Religion for Peace의 명예회장이십니다.

대주교님은 그리스도교 교파간, 종교간 활동 외에도 1981년부터 1991년까지 동아프리카(케냐, 우간다, 탄자니아) 지역에서 선교활동을 펼치셨습니다. 그리고 1991년부터는 알바니아 정교회의 대주교직을 수행하고 있습니다.

아나스타시오스 대주교님의 선교 활동은 세계 총대주교청으로부터 큰 신임을 받아서 마침내 46년간 공산주의에 의해 철저하게 탄압을 받았던 알바니아 정교회의 대주교로 선출되었습니다. 공산주의 정권의 지배 시기 내내, 특별히 1967년부터 1990년까지 알바니아에

선 강력한 종교 탄압이 계속 되었습니다. 알바니아 공산 정권은 1967년 11월 22일 법적으로 "모든 종교를 금한다"고 선포하였고 이렇게 하여 알바니아는 세계에서 첫 번째로 종교가 없는 국가라고 선언되었습니다. 이 박해 기간 동안 모든 종교는 침묵할 수밖에 없었습니다. 공산주의 무신론 정권은 국민들의 믿을 권리, 희망을 가질 권리, 사랑할 권리를 폭압적으로 짓누르고 그 위에 군림했습니다. 성경을 포함해서 모든 종교 서적들의 제작과 유통이 차단 금지되었고, 성직자들은 모두 성직을 박탈당했으며, 이를 반대한 수많은 성직자들이 감옥에서 고초를 겪다가 돌아가셨습니다. 수백만의 국민들은 공장, 축사, 창고, 극장, 농장 등에서 강제 노역을 당하였으며, 수많은 곳이 파괴되었고, 그 자리에 군대가 들어섰습니다.

  1991년 7월 17일 아나스타시오스 대주교님이 알바니아에 도착하셨을 때, 그곳은 이미 강력한 교회 탄압으로 모든 것이 폐허가 된 상태였습니다. 선교 초창기, 그곳에서는 무신론자들에 의해 파괴된 옛 교회 터나 시골의 큰 나무 아래에서 예배가 거행되곤 했습니다. 이러한 상황이었음에도 불구하고, 아나스타시오스 대주교님은 25년 만에 알바니아 정교회를 기초부터 재건하는 데 성공하였습니다. 150개의 성당들이 새로 건립되었고, 160개의 옛 성당들이 복원되었으며, 70개의 수도원들이 다시 복구되었습니다. 그 밖에도 많은 종교 문화 유적들이 복원되었습니다. 또한 신학교를 설립하여 지금까지 150명의 성직자들을 배출하였습니다. 성경과 예식서를 번역 출판하고 각종 신앙 서적들의 출간에도 정열을 쏟았습니다. 여러 도시에 50개가 넘는 청년 모임을 만들었고, 민족과 종교에 상관없이 도움이 필요한 사람들을 돕기 위해 사선 난제를 설립하였으며, 교육, 의료, 사회복지, 농업, 문화, 환경 보존 사업에 필요한 시스템을 갖추는 데도 앞장

서셨습니다. "교회는 문화의 참된 모태이다."라는 저자 자신의 말씀처럼, 알바니아에서 정교회는 대주교님의 영적 지도 아래서 깊은 관심을 가지고 영적, 사회 문화적 사업과 활동의 현장에서 밤낮 없이 앞장서서 활동해왔습니다.

    대주교님에 대한 이러한 소개는 간략합니다만 주의 깊게 이 책을 읽은 독자라면 누구나 대주교님의 풍부한 영적 경험과 지혜와 높은 이상으로부터 큰 도움을 받게 될 것이라고 저는 확신합니다.

✝ 조성암 대주교
✝ 조성암 한국정교회 대주교

_서론

경제, 문화를 포함하는 다양한 의미의 '세계화' globalization에 대한 논의는 최근에 지속적으로 증가하고 있다. 많은 이들은 세계화를 분명한 발전으로 보는 반면에, 또 다른 이들은 명백한 위협으로 받아들인다. 그것을 반기든지 아니면 경계하든지, 어쨌든 세계화는 현재 진행되고 있다. 세계의 모든 민족들 사이에서 일어나고 있는 경제적, 과학적, 정치적, 사회적 유대의 가속화는 지구를 수많은 빈민지역이 섞여있는 하나의 거대 도시로 만들어 버렸다.

현재까지의 상황으로 볼 때, 우리 시대의 성과뿐만 아니라 문제점들도 세계화되었다는 점은 부인하기 힘들다. 국가들 내부에 존재하는 사회적 차별, 새로운 욕구의 급격한 증가, 종교적 갈등, 테러리즘, 마약중독, 경제적 위기와 몰락, 환경 훼손 등 이런 모든 현상의 영향은 전 세계에서 느껴지고 있다.

이처럼 지속되어 온 세계화는 오래전부터 전 세계 종교 단체와 신학자 모임의 주요 현안이 되었다. 예를 들어, 26년 전인 1974년 스리랑카의 콜롬보에서는, 이 문제를 다루기 위해 "세계 공동체를 향하여: 더불어 살기 위한 자원과 임무"란 주제로 여러 종교들이 함께 모이는 회의가 개최되었다. 전 세계 종교 단체들의 인권 선언을 지지하는 유네스코와 같은 국제기구들의 열망은 1979년 방콕에서 전문가들이 모여 "종교와 정치적 전통에서의 세계 인권 상황"에 대해 토론하는 결과를 낳게 했다. 특히, 전 세계 그리스도교 단체들의 토론 모임에서는 세계화 시대의 현안들이 논의의 초점이 되어 왔다: "문화와 복음"(1984년 이탈리아의 리아노), "이슬람과 그리스도교의 대화"(1986년 비엔나), "타종교를 이해하기 위한 신학적 접근"(1987년 브룩클린). 이 책의 처음 다섯 개의 논문은 각각 이 주제들을 다루고 있다. 그 논문들은 정교회의 영적인 경험과 전통에 근거하여 각각의 문제에 대한 신학적 견해를 제시하려고 쓴 것이다.

그 다음 논문은 1982년 아테네 대학에서 열린 한 축일 행사에서 정교회의 '세계적인 세 교부'(성 대 바실리오스, 신학자 성 그레고리오스, 성 요한 크리소스토모스)의 사상과 생애에 근거해서 "보편적이고 지속적인 변화의 역동성"이라는 주제로 필자가 발표한 내용이다. 세 교부의 저작들은 그 당시 인간의 삶의 문제에 대한 정교회의 입장을 정리한 것이지만, 모든 세상에 대해서도 그 가치를 입증해 왔다. 마지막 논문은 1998년에 같은 대학에서 열린 학술대회에서 "세계화와 종교 경험"이라는 주제에 대한 필자의 직접적인 시각을 다룬 것이다. 신학과 종교 문제를 다룬 일곱 개의 이 논문들은 원래 학술지나 헌정 서적에 출간된 것들이라서 그리스의 일반 사람들이 쉽게 접할 수 있는 것은 아니었다. 아크리타스 출판사의 친절한 권고로『보편성과 정교』Universality and Orthodoxy라는 제목으로 한 권의 책으로 엮기로 결정했다.

이 논문들은 여러 청중을 대상으로 쓰인 것이기 때문에, 기본적인 신학적 원칙들이 각 글에서 반복될 수밖에 없었다. 이 책에서는 그런 반복을 최소화하려고 했지만, 몇몇 경우에서는 각 논문의 구조와 독립성을 유지하기 위해 그런 반복이 유지되었다. 전체적으로 보았을 때, 이 논문들은 마치 한 주제에 대한 일련의 변주곡처럼 구성되어 있다. 이 글의 독자들은 각 주제가 특정한 청중에 맞추어 쓰였다는 것을 염두에 두어야 한다. 각 논문이 처음 발표된 상황에 대해서는 각각의 글 첫 부분에 각주로 명시되어 있다. 예를 들면, 첫 번째 논문은 타종교 이해를 위한 심포지엄을 위해 쓴 것이다.

참고 문헌 표기는 각 논문이 처음 출간된 연도를 기준으로 제한되어 있다. 반드시 필요하다고 판단된 추가적인 참고 문헌 표기는 각주에 추가되었다. 이 시점에서 하나의 책으로 완성되도록 필자와 함께 일한 분들, 특히 아르기로 꼰도요르기 씨의 값진 도움에 대해 마땅히 깊은 감사를 드린다.

* * *

전 세계의 다양한 문화에 대한 나의 직접적인 지식뿐만 아니라 인류의 종교적 전통에 대한 나의 개인적인 연구는, 우리 교회의 보편적이고 일치된 통찰이야말로 현재 진행되고 있는 세계화 시대의 새로운 문제들에 대한 최고의 해답이라는 확신이 들게 했다. 특히, 정교회의 가르침과 예배는 우리의 전망의 범위를 넓히고 온 세상을 포용할 수 있도록 우리의 마음을 열게 한다. 정교회 전통과 사상에서는 모든 것이 보편적인 맥락, 즉, 구약이 시작되는 세상 창조에서부터 새 하늘 새 땅에 대한 신약의 최종적 전망에 이르는 맥락 안에서 이해된다. 총체적인 인간사와 온 세상의 구원은 성경의 기본적인 주제이다.

'보편성'이 정교 신앙의 근본적인 요소라는 사실은 종종 정교회 신학자나 성직자들에 의해 무시된다. 시의적 문제나 당면한 문제들에 얽매이다보면 보편적인 문제는 부차적인 것으로 취급되기 쉽다. 하지만 보편성은 지역적인 문제와 무관하지 않고 또 그에 대해 배타적이지도 않다. 오히려 보편성은 그런 문제를 포용하고 우리로 하여금 올바른 차원에서 바라보게 한다.

이 논문들의 기본 논지들은 발표 당시에는 자명한 것이 아니었음에도 첫 출간 이후 폭넓게 채택되었다. 여러 나라에서 교회적이고 사회적인 직무에 봉사한 경험은 이 책에서 다루는 문제들이 정교회의 신학적 문제로서만이 아니라, 지구적 관심사가 된 현대적 문제들에 관해 정교회의 응답을 내놓기 위한 보다 광범위한 연구들과 깊이 연관되어 있다는 필자의 확신이 틀리지 않았음을 보여주었다.

2000년 오순절에 티라나에서
✝아나스타시오스
티라나, 뒤레스, 알바니아의 대주교

1장

세계 공동체를 향하여

자원과 책임

* 이 논문은 1974년 4월 17일부터 27일까지 스리랑카의 콜롬보에서 열린 세계 종교회의에서 처음 발표된 것이다. '세계 공동체를 향하여: 함께 살아가기 위한 자원과 책임'이라는 주제에 대해 다방면으로 이루어진 이 회의는 여러 나라 출신의 다양한 종교 학자들에 의해서 조직되었고, 세계 교회협의회(WCC)의 한 프로그램이었던 "여러 종교와 이데올로기를 가진 사람들의 대화"의 후원으로 개최되었다. 이 회의에 참석한 50명의 전문가들은 20개국에서 온, 세계의 5대 종교 즉, 그리스도교, 힌두교, 불교, 유대교, 이슬람교의 학자들이다. 인도의 Benares 대학과 온타리오의 McMaster 대학 교수인 K. Sivaraman은 힌두교의 관점을, 스리랑카의 콜롬보에서 온 L.G. Hewage 교수는 불교의 관점을 제시했다. 예루살렘의 Shemaryahu Talmon 교수는 유대교의 관점을, 인도의 Aligarth 출신의 Mushir-ul-Haq 박사는 이슬람교의 관점을 제시했다. 그리고 필자는 그리스도교의 관점을 제시하였다. 회의록과 함께 이 발표문들은 "Toward World Community," Ecumenical Review 26(Geneva, 1974)에 영어로 출간되었고, 프랑스어(652-53), 독일어(661-62), 스페인어(668-69) 요약이 함께 들어 있다. 이 발표문들은 확장된 형식으로 Toward World Community: The Colombo Papers(Geneva, 1975)라는 책으로 S.G. Samartha가 편집하여 다시 발행되었다. 제1장의 이 글은 1975년 아테네 대학의 신학대학 학술연감 제20권에 "Toward World Community: Resources and Responsibilities"라는 제목으로 각주와 함께 약간 증보되어 그리스어로 출간되었다.

1) 18세기부터 제2차 세계대전까지 서유럽은 서구 그리스도교와 그에 따른 문화가 세계 공동체를 창조할 것이라는 기대를 조장하였다. 서유럽 열강들의 식민 정책들은 그런 기대감을 이용하였다. 또한 역사적으로 볼 때, 이슬람은 군사력이나 정치력으로 세계에 통일성과 단일성을 강제하려 했다. 예를 들어, 7세기에서 13세기까지 아랍 왕조들이 그러했고, 그리고 그 이후에 20세기 초까지는 몽고와 오토만 제국들이 그러했다. 우리 시대에는 한 가지 종교를 강요하는 세계 공동체에 대한 열망이 더 이상 인정되지 않는다. 세계적으로 종교의 다양성이 당연시 되고 있으며, 어떤 특정 종교의 지배나 종교의 보편적 소멸로 인하여 이 다양성이 감소할 것 같지는 않다. 다양한 종교와 신념이 오랫동안 지속될 것이라는 것을 우리는 확실하게 말할 수 있고, 이것은 우리의 논지의 출발점이다.
20세기 중엽까지의 그리스도교의 세계 장악에 대해서는 K. Latourette, *A History of the Expansion of Christianity*, vols. 1-7 (New York and London, 1938-1945), 특히 vol. 7, *Advance through Storm*, 483-505를 참고하라. 이 저명한 역사가의 몇몇 예상들은 그 후 불과 몇 십 년 후에 일어난 사건들에 의해 반박되었다. 이슬람이 "쇠락할 것으로 보인다"(7:493)는 그의 주장이 그 한 예이다. 20세기 후반에 이슬람은 아프리카와 인도네시아에서 이례적으로 성공을 거두었고, 파키스탄 형성에 도움을 주었으며, 오늘날에도 현저하게 활기를 띠고 있다.

세계 공동체로 가려는 경향은 분명히 지금까지도 여전히 진행되고 있는 역사적인 과정이다. 그것은 우리가 원하든 원하지 않든 상관없이 진행되고 있고 완전히 세속적인 힘에 의해서 추진되고 있다.
　직접적으로든 간접적으로든 종교는 이 과정에서 이런 경향을 부추기기도 하고 억제하기도 하며 매우 큰 역할을 해왔다. 따라서 '세계 공동체' 건설에서 종교가 지닌 책무들과 또 그것을 향한 종교의 기여에 관해 논의하기 전에, 먼저 세계사의 가장 어두운 몇몇 시기에 대해 종교가 마땅히 져야 할 책임을 인정하고, 이제 종교들이 자신의 어떤 기능들을 감당하게 될 새로운 상황과 맥락을 이해하는 것이 현명할 것이다.[1]

---

[1] 참고. W. Cantwell Smith, *Islam in Modern History* (Prinston, 1957 and 1966) ; P. Rondot, *L'Islam et les musulmans d'aujourd'hui, de Dakar à Djakarta* (Paris, 1960) ; 그리고 N. Ahmad, T. Grin, J.-C. Froelich, *L'Afrique islamique*, *(Islamisches Afrika, Africa Islamica)* in *Le monde religieux*, 29e volume de la nouvelle série (Lezay, Deux-Sèvres, 1966), 특히 J.-C. Froelich, "Essai sur l'islamisation de l'Afrique noire," 171-299. 종교 학자들에 따르면, 어느 종교도 압도적으로 세계를 완전히 지배하지 못했다. 참고. H. von Glasenapp, *Die fünf Weltreligionen* (Düsseldorf and Köln, 1963), 364. 이 시대의 여러 종교의 활동에 관한 개관은 G.F. Vicedom의 *Die Mission der Weltreligionen* (München, 1959)과 *Vitalité actuelle des religions non-chrétiennes* (Paris, 1957)를 보라. 여기에는 Swami Abhishikteswarananda, A. Zigmund-Cerbu, M.-J. Stiassny, V. Monteil, P. Humbertclaude, P. O'Roilly, B. Holas, O. Tidoux, 그리고 M.-M. Dufell의 논문이 들어있다.

문제의 맥락

과거에 지적이고 사회적인 제도로서 종교는 세계를 하나 되게도 했지만, 또한 분리시키는 작용도 했다는 점을 인정해야 한다. 종교는 낡은 경계들을 넘어서도록 돕기도 했지만 동시에, 비록 널리 퍼졌어도 뚫고 들어갈 수 없는 강력한 장벽 뒤에 고착된 새로운 "닫힌" 공동체들을 만들어내기도 했다. 이른바 그리스도교 국가들, 이스라엘 공동체, 이슬람 움마umma, 기타 여러 다른 종교 집단의 역사는 종종 폭력적인 방법을 사용하기도 했던 다양한 형태와 방법의 경쟁을 보여준다. 그것들이 인종적, 사회적, 정치적 이익과 연루되어 작동하면, 종교 갈등은 극도로 잔인한 형태를 취하게 된다.[2]

게다가 과거에 종교는 자유라는 대의에 이바지하기도 했지만, 인간의 자유를 억압하기도 했다는 점을 부인할 수 없다. 다양한 연구들은 종교가 그것에 낯선 정치적, 군사적, 경제적 목적의 수단이 되었던 역사상의 많은 사건들을 지적해 왔다. 겸손과 희생과 평화를 기반으로 하는 세계적인 종교들조차도 종종 세속적인 권력에 유혹되어 세계의 일치라는 이상에 해를 끼친 사회-종교 조직으로 비춰졌다. 이런 일들은 종교가 깊은 영적 메시지로부터 벗어나 이탈했기 때문

---

[2] 많은 종교단체들은 스스로를 변호하면서 자신들이 억압을 받고 있다고 주장하지만, 그들이 권력을 쥐고 나면 종종 다른 종교인들에게 가혹하고 잔인한 행동을 보여준다. 참고. P.H. Ashby, *The Conflict of Religions* (New York, 1955) ; A. Hartmann, *Toleranz und christliche Glaube* (Freiburg, 1955) ; J.W. Hauer, *Toleranz und Intoleranz in den nichtchristlichen Religionen*, (Stuttgart, 1961) ; J. Lecler, *Geschichte der Religionsfreiheit im Zeitalter der Reformation* (Stuttgart, 1965) ; O. Rieg, "Toleranz und Religionsfreiheit in der Geschichte der Kirche" in H. Köster, ed., *Über die Religionsfreiheit und die nichtchristlichen Religionen* (Limburg, 1969), 11-37. 그리고 종교적인 박해에 관한 논문에 대해서는 J. Hastings, ed., *The Encyclopaedia for Religion and Ethics* 9 (London), 742-69, "Persecution": Modern (W.T. Whitley), Indian (A.S. Geden), 특히 Muhammadan (T.W. Arnold) 765-69를, 반유대인 박해에 관해서는 H.I. Strack, "Antisemitism" vol. 1, 593-99를 참고하시오.

에 발생한 것이다.

현대적 삶의 세속화에 대한 대응

과거에는 종교가 인간의 삶의 모든 면을 결정했고, 그래서 종교와 관련된 영역의 관심사가 매우 다양하고 복잡했다. 즉, 종교는 철학, 의학, 법, 정치, 예술, 오락 등과 서로 얽혀있었다. 하지만, 오늘날에는 이러한 여러 분야들이 그 자체의 독립적인 존재와 특성을 획득했다. 따라서 첫 번째로 해야 할 일은 종교가 그 어떤 열등감이나 우월감을 갖지 않고, 인류를 일치시키려는 새로운 힘들 사이에서, 자신의 고유한 자리를 찾는 것이다. 과학과 기술의 빠른 발전, 국제법, 전 세계를 관할하는 세계기구들과 같은 현대의 삶의 여러 가지 세속적인 특징들은[3] 종교의 세속화된 결과물, 그 중에서도 특별히 '그리스도교 문명의 세속화된 산물'이라고 특징지을 수 있다.[4] 이런 특징들 중

---

[3] 국제적인 용어법에서, 현대적 삶의 이런 특징들, 그리고 그것들이 만들어낸 강력한 경향과 상태들은 영어로는 secularization, secularism, 프랑스어로는 sécularisation, sécularisme, 독일어로는 Säkularisierung, Säkularismus, Säkularität라는 단어로 표현되듯이, 보통 "secular"란 단어를 가지고 표현된다. 이런 용어는 초월적인 것이나 "내세"에 대한 기대와 관련 있는 어떤 가치나 희망을 가지지 않고, 현재의 세상이나 시대('세속'이란 말의 어원은 '현시대'를 뜻한다)의 삶이나 이에 대한 관심에만 전적으로 몰두하는 존재를 뜻한다. 세속화 세력들은 종교를 탄압하는 데 별로 관심이 없고, 단지 종교를 무시하거나 무력화시키며 그저 다른 것들을 추구할 뿐이다. H. Cox, *The Secular City: A Celebration of Its Liberties and an Invitation to Its Discipline* (New York, 1966), 2.
전 세계적인 화합을 장려하는 세속적 요소들로는 운동경기, 예술, 그리고 전 세계에 거대한 다국적 기업망을 형성한 세계무역을 들 수 있겠다. 세속화가 종교인에게 제기하는 문제들에 대해서는, F. Delekat, *Über den Begriff der Säkularisation* (Heidelberg, 1958) ; M. Jarrett-Kerr, *The Secular Promise* (London, 1964) ; S.H. Miller, *Säkularität-Atheismus-Glaube* (Neukirche, 1965) ; C. von Ouwerkerk, "Säkularität und christliche Ethik, Typen und Symptome," *Concilium* 3 (1967): 397-416 ; A. Dondeyne, "Monde sécularisé et foi en Dieu," *Eglise Vivante* 22 (1970): 5-28 ; 그리고 J. Morel, ed., *Glaube and Säkularisierung* (Insbruck, Wien, and München, 1972)을 보시오.
[4] "그리스도교 문명의 세속화된 산물"이란 문구는 A.Th. Van Leeuwen이 *Christianity in World History: The Meeting of the Faiths of East and West* (London, 1965), 333에서 따온 것이다.

어떤 것들은 그리스도교 문명에 더 직접적으로 연관이 되었고, 다른 것들은 덜 연관이 있다. 사회주의 운동과 같은 사회적 세력들은 종종 종교에 대한 저항이나 전복의 형태를 취했지만, 그럼에도 불구하고 근본적으로 이들은 자신을 양육한 부모나 친척들로부터 배운 것을 상당히 유지하고 있는 반항아를 떠올리게 한다. 일부 종교 대변인들이 바르게 구현하지 못하고 오히려 저버리기도 하지만, 사회 운동들이 제시하는 표어나 사상들에는 원래 종교적이었던 것들이 많다. 즉, 평등, 정의, 개인의 자유, 형제애와 같은 사상들은 분명히 그리스도교적인 것이다.

우리는 그러한 세속적이거나 "비종교적인" 세력들을 적수가 아니라, 세상에 대한 이해나 화합이라는 우리의 보편적이고 영적인 목표를 실현하려는 노력에 있어서의 협력자로 보아야 한다. 우리의 목표는 현대의 다른 지식 세력들을 지배하는 것이나 그들에 맞서기 위해 종교적 공동 전선을 만드는 것이어서는 안 된다. 다만 우리는 현존하는 새로운 상황에 대응함에 있어서 근본적인 공헌을 위해 노력해야 한다.

이처럼 긍정적인 자세를 취한다 해도, 종교는 비판자로서의 그 본질적인 역할을 유지해야 한다. 종교의 기여는 단지 보다 넓은 이해를 도모하려는 것이나, 사소한 변화를 제안하거나, 사물의 외관만을 이해하는 것에 국한되어서는 안 된다. 많은 경우에 있어서 종교는 해석을 거부해야 한다. 우리의 방침을 바꾸고, 회개하고, 우리가 간 잘못된 길을 되돌릴 멈춤 표지판을 세울 필요가 있을 때, 종교는 예언적인 통찰력과 명료함으로 스스로를 솔직하게 표현할 의무를 지닌다. 종교의 역할은 인생이 무엇인가 하는 질문에 대한 우리의 감수성을 고양시키고, 우리의 시선을 초월적인 것에 확고하게 고정시킴으로써 감각적인 세계를 변모시키는 데 필요한 힘을 우리에게 주는 것이다.

현대 문명의 위험과 기괴한 왜곡들

전 세계 사람이 더욱 가까워지게 하는 데 중추적인 역할을 해온 세속적 세력들이 동시에 소외와 분열을 야기하고 있다는 것은 이미 잘 알려진 사실이다. 이 세력들은 거대하고도 악몽같은 비인간적인 도시들, 냉혹한 경제적 동맹과 같은 위협적인 문제들을 생성시켰다. 우리가 세계 공동체로 향해 가고 있는지, 아니면 인격이 없고 비인간적인 세계 집단으로 균일화되고 있는 것인지, 많은 사람들이 걱정과 의심 어린 눈초리로 주시하고 있다. 그들은 현대 문화에서 나타나는 다음과 같은 위험과 왜곡을 지적한다.

- 우리는 능력과 무기력이라는 모순된 느낌을 동시에 가지고 있다. 불안과 비상식이 우리 시대의 특징이다. 흔히들 현대 기술과 과학으로 얻은 우리의 능력에 대해 자랑스러워하지만 동시에 우리는 개인으로서 우리 자신의 무력함이 증가된 것을 느끼며, 수많은 익명의 세력에 운명을 내맡긴 채, 단지 '숫자'에 불과하여 있으나 없으나 별반 차이가 없는 존재가 되었음을 인식하게 된다.
- 우리는 일반적으로 자유롭게 살고 있다고 믿고 있지만, 동시에 개인의 자유가 부재함을 목격한다. 자유에 대해 끊임없이 얘기하고 있지만, 수백만 명의 사람들이 기아와 압박과 문맹과 불행의 연속에서 전혀 헤어나지 못하고 있다.
- 우리는 사람과 함께 모여 살고 있지만 서글픈 소외감을 느낀다. 거리에서, 텔레비전에서 우리의 상상 속에서 사람들에 둘러싸여 있

지만, 풍요나 기술이 주는 편안함만으로는 극복할 수 없는 외로움에 끊임없이 시달리고 있다.
- 지난 수십 년 동안, 개인, 국가, 조직들은 평화를 칭송해 왔지만, 강자들이 말하는 평화는 약자들을 억압하기에 이로운 조건을 확보하는 것을 의미하는 것은 아닌지 의심하는 사람들이 많다.
- 사람들을 가까워지게 하는 것은 화합을 가져오기도 하지만, 종종 이익의 충돌을 야기하기도 한다. 군사적인 충돌이 뒤따르기도 하고, 경제 블록들 사이의 그리고 기업들 간의 비군사적인 전쟁이 국가 간에 치열하게 전개되고 있다.

이 모든 현안들은 세계 공동체로 나아가면서 생성되고 있는 새로운 관계의 복잡함을 보여주고 있다. 논리와 기술에 기반을 둔 세속적인 힘들이 모든 인류의 필요를 충족시킬 것이라는 초기의 낙관주의는 사라졌다.

인류의 영적 관계들은 전자두뇌에 참을 수 없는 두통을 안겨줄 정도로 탐구하기 어려운 복잡한 문제임이 입증되었다. 여기서 "당신의 마음을 깨끗이 하십시오. 그래서 인간의 정신이 올바르게 사용될 수 있게 하십시오."라는 종교의 오랜 가르침은 매우 시의적절하다. 이러한 세계적인 위기 속에서, 종교는 자신의 영감과 직관의 가장 깊은 심연으로까지 내려가도록 요청받고 있고, 그럴 때 비로소 긍정적인 방향제시뿐만 아니라 효과적인 영적 저항을 동시에 제공해 줄 수 있다.

'세계 공동체'에서 '사랑의 친교'로

위에서 지적한 대로, 세속적 힘들은 세계 공동체로 나아가는 현재의 흐름을 가속화시키고 있다. 이 세계 공동체는 이상향인가? 아니면 단지 새로운 시련이나 새로운 위협인가? 수십억의 사람들이 같이 살고 있는 이때, 그것은 무엇을 의미하는가? 정신병원에 있는 사람들도 공동생활을 영위한다. 하지만 이들에게 일체감은 주로 공동의 주거와 관계의 근접성과 질병에 의해 만들어진 것이다. 현대 사회의 발전 역사를 살펴볼 때, 그것은 하느님의 은총이나 사랑의 고취가 아니라 공동이익과 기술 중심주의에 의해 주로 이루어졌다. 우리는 피상적이고 비참한 공생의 형태로 전락할 위험에 처해있다. 일치를 향한 현재의 흐름은 '내부로부터' 즉, 영적 성숙함이나 타인에 대해 알고자 하는 열망과 사랑에서 나온 것이 아니다. 그것은 하나의 행동양식으로서 '외부로부터' 순전히 물질적 요소들에 의해 강요된 것이다. 이런 종류의 통일에 의해 모이게 된 사람들은 서로 이방인일 뿐이고, 경제적 혹은 정치적인 공동이익을 위해서만 일치된다. 그것은 출퇴근 시간 지하철에서 서로를 밀치는 사람들이나 숨 막히게 서로를 조여야 하는 레슬링 선수들과 유사하다. 이것은 사람들 간의 일치의 특징이라 할 수 있는 친밀한 사랑의 포옹이 아니다. 그러므로 "세계 공동체를 향하여"라는 슬로건은 이상으로서 적절치 않다.

   세계 공동체는 그 자체로 목적일 수 없다. 그리고 종교는 세속적 힘들의 논리와 이들에 대한 절대적 신봉에 이끌려서는 안 된다. 그렇다고 사람들이 서로 가까워지는 이런 과정을 안타까워하거나 이를 억제하려는 헛된 시도를 하는 것 또한 종교의 의무가 아니다. 오히려 종교의 의무는 핵심적인 문제를 드러내는 것, 무질서하고 뒤죽박죽인 사회를 만들어낼 위험성을 지적하는 것, 그리고 동시에 다른 특징과 종류의 일치를 이루하겠다는 대안을 제시하는 것이다. 그리스도교 원칙들을 출발점으로 삼는다면, 어떻게 하면 단순한 공동체로부터 사랑의 친교로 나아갈 수 있을까, 다시 말해 우리의 인간 형제들, 온 우주 그리고 궁극적 실재와의 '사랑의 친교'로, 사랑의 '끼노니아 κοινωνία'(코이노니아)로, 사랑에 바탕을 둔 '친교, 사회, 소통, 상호연결'로 나아갈 수 있을까라는 것이야말로 진정한 문제라고 우리는 믿는다. 여기서 종교가 제공할 수 있는 것은 우리 사회에서 세속적 힘들이 약속한 어떤 것과도 특징이나 중요성에 있어서 근본적으로 다른 것이고, 그것은 또한 반드시 필요한 것이다. 이어지는 논지의 핵심은 소외된 개인들이 공존하는 형태가 아니라 사랑의 끼노니아를 우리의 목표로 삼자는 것이다. 다시 말해 사랑에 근거하여 관계를 맺는 온전한 인격체들로 구성된 유기적인 사회를 목표로 삼자는 것이다.

'사랑의 끼노니아'를 향하여
: 그리스도교적 비전, 그리스도교적 투쟁

세계적이고 기술 중심적인 문화에 의해 만들어진 상황들은 자기 자신의 정당성에 대한 사람들의 인식에 있어서 끔직한 위기를 야기했다. 그것은 바로 정체성의 위기이다. 이 위기에 대해 종교가 어떤 방식으로든 의미 있게 대답하려 한다면, 그것은 분명 기계적이고 생물학적인 설명을 넘어서는 방식으로, "인간이란 무엇인가?"라는 질문에 대답하는 것이어야만 할 것이다. 이 중대한 문제에 대한 그리스도교의 결정적 공헌은 인간 존재가 인격person이며, 사랑의 끼노니아 안에 있는 것이야말로 인격의 필수요건임을 발견한 것이라 하겠다.

안타깝게도 거리와 일터와 가정에서 사회적인 '가면'이 점점 더 만연해지고, 진실한 얼굴, 진정한 인간이 사라짐을 우리는 목격하게 된다. 사람들은 기계의 부속품처럼 아무런 생각 없이 자신의 역할을 수행할 뿐이다. 그들은 인간이 아니다. 마치 춤추는 자의 정체가 가려진 기괴한 가면무도회에 참가한 느낌이 들곤 한다. 이 무도회에서는 누구든 가면이 벗겨지면, 또 다른 가면이 씌워진다. 자신의 정체성이 의문시되는 이런 위기에서는 단순히 공존하는 것만으로는 결코 끼노니아를 이룰 수 없다.

그리스도교적 시각에서 보면, 인간은 "하느님의 형상에 따라" 창조되었지만, 니싸의 그레고리오스 성인의 표현처럼, 하느님과의 사랑의 끼노니아를 거부함으로써 그 자신의 본질을 남용하여 "추악한 가면"으로 타락했다.[5] 인류와 역사와 사회에 대한 이러한 그리스도교적 개념을 이해하기 위해서는 그리스도교 신앙의 기본적인 사항에 대한 체계적인 설명이 필요할 것이다. 그래야만 그리스도인들이 무엇을 인류 일치의 근원과 영적 토대로 바라보는지, 그리고 이것이 세계 공동체를 위한 그리스도교의 견해와 노력에 어떻게 영향을 주는지가 명확해 질 것이다. 이 시점에서 분명히 해 두어야 할 두 가지 문제가 있다

- 다른 모든 주요 종교들과 마찬가지로, 그리스도교 세계는 강조점이 서로 다른 매우 다양한 입장들을 포함하고 있기에, 이 글에서 완전히 일치된 그리스도교적 견해를 제시하는 것은 불가능하다. 이 책에서 제시하는 신학적 개요는 열린 시각을 견지하려고 노력하면서 온 인류의 관심사들을 포괄해 보려는 한 정교회 신학자의

---

5) 니싸의 그레고리오스 성인은 "우리를 둘러싼 불행이 신성한 선물을 잊게 만들고, 하느님의 형상의 아름다움 위에 어떤 추악한 가면 같은 육신의 정념들을 퍼뜨리고"(*The Making of Man* 18, PG 44: 193C [trans. NPF, 2d ser., vol. 5]) ; 그리고 "… 죄의 불결함이 그 형상의 아름다움을 추하게 만든다"고 말했다.(*On the Beatitudes*, PG 44:1197BC). 참고. K. Skouteres, *The Consequences of the Fall and the Waters of Rebirth: From the Anthropology of St Gregory of Nyssa* (in Greek) (Athens, 1973), 51-61.

견해를 표현한 것이다.
- 교리적으로 중립적인 형태를 취한다거나, 종교적으로 볼 때 밋밋하고 아무 색깔도 없는 그런 언어를 사용하는 것은 결코 내가 뜻하는 바가 아니다. 그런 언어는 진정성이 없고 기존의 종교 단체의 어떤 견해도 드러내지 못한다. 성 삼위, 십자가, 부활 등 그리스도교 교리는 타종교인들에게는 분명히 장애물이 될 수 있다. 하지만 신실한 그리스도인들에게 이런 교리는 사랑의 끼노니아를 향한 힘겨운 투쟁에서 자기중심적 성향을 극복하는 데 필요한 보이지 않는 힘을 제공해 준다. 상호 이해를 위한 노력의 이러한 단계에서, 우리 모두에게는 어떤 인위적인 공통분모를 찾는 것보다 우리의 핵심적인 교리를 아주 분명하게 설명하는 것이 더 필요하다. 문제는 타종교인들과 만나기 위해 우리 각자가 어떻게 우리 자신의 종교적 사유의 닫힌 경계를 언어적으로 초월할 수 있을까 하는 것이 아니다. 오히려 문제는 우리가 모든 인간 존재의 참된 끼노니아를 가능케 하기 위해 어떻게 내부로부터 우리 종교 체계의 문과 창문들을 열 수 있을까 하는 것이다.

성 삼위 하느님의 최상의 끼노니아
: 지상에서의 끼노니아를 위한 출발점

그리스도인들에게 출발점은 최상의 끼노니아가 존재한다는 확신이다. 그것은 친교의 최고의 표현이다. 그것은 참으로 존재하는 실재, 즉 하느님이다. 범접할 수 없고 무한하신 성 삼위 하느님은 완전한 친교다. 이 일치는 무한하고 완전하다. 일치된 본성이 있고, 그 안에서 위격들은 셋 안에서 하나를, 하나 안에서 셋을 서로 공유한다.

이것은 결국 수적인 범주를 초월하고, 다수성과 단자들의 고립 안에 내재하는 혼란에서 벗어난다. 그것은 정적인 것도 동적인 것도 아니며 사랑의 끼노니아를 통해서 이 두 가지 특성 모두를 초월한다.[6] 이 확신은 인간의 사고에는 '십자가'이지만, 그리스도교 사상에는 열쇠가 되는 요소이고, 그래서 "세계 공동체로 향해" 나아가는 문제에서 결정적인 것이다.

"하느님의 형상대로"
: 인간 존재의 본성에 내재된 통일성의 토대

성 삼위 하느님은 "이 세상과 그 안에 있는 모든 것을"(사도행전 17:24) 만드시고 유지하신다. 그분은 온 인류의 아버지일뿐만 아니라 "하늘과 땅의 주인"이시다: "만민의 아버지이신 하느님도 한 분이시다. 그분은 만물 위에 계시고 만물을 꿰뚫어 계시며 만물 안에 계신다."(에페소 4:6) 인류는 엄청난 다양성을 보여주지만 인류의 참된 본성은 하나에 뿌리를 두고 있는데, 그 이유는 하느님이 "한 조상에게서 모든 인류를 내셨"(사도행전 17:26)을 뿐만 아니라 "당신 모습대로 사람을 만드셨"(창세기 5:1)기 때문이다.[7] 이것이 의미하는 바는 인간은 성 삼위

---

[6] "성 삼위 안에서의 일치는 정적인 것도 기능적인 것도 아니고 위격적(hypostatic)이다. 즉, 세 위격 각각은 혼합 없는 연합 안에서 각기 고유의 특성들을 유지하고, 이 연합은 성자의 은총과 성부의 사랑 안에서 성령을 통한 친교를 이루기 위해, 사람에게 이 특징들을 전달해준다." N.A. Nissiotis, "The Importance of the Doctrine of the Trinity for Church Life and Theology", in A.J, Philippou ed., *The Orthodox Ethos* (Oxford, 1964), 43.

[7] 이 점에 대한 성경 분석은 P. Bratsiotes의 "Genesis 1:26 in Orthodox Theology" (in Greek), *Orthodoxia* 27 (1952): 359-72를 보시오. 또한 독일어로는 *Evangelische Theologie* 11 (1951-52): 289-97에 출간되었다. 참고. P. Bratsiotes, *Man in the New Testament* (in Greek) (Athens, 1955) ; N. Bratsiotes, *The Anthropology of the Old Testament* (in Greek), vol. 1, *Man as a Divine Creation* (Athens, 1967) ; I .Karavidopoulos, "The Image of God" and "In the Image" of God according to the Apostle Paul: The Christological Basis of Pauline Anthropology (in Greek) (Thessaloniki, 1964).

하느님이라는 모델에 따라 창조되었으므로, 사랑의 끼노니아를 누리는 것은 인간의 본성에 내재되어 있다는 것이다. 인간은 그 참된 본성으로 인해 모든 피조물과, 그리고 사랑의 근원이신 하느님과 조화를 이룬다. 모든 인간은 인종과 피부색과 언어와 교육에 상관없이 하느님의 형상을 지닌다. 그래서 인간은 모두 지성과 자유의지와 사랑을 소유한다.[8] 모든 인간이 이런 신적 형상을 공유하고 있다는 이 사실이야말로, 인간의 본성을 불가분의 일치로 만든다.

따라서 공동체적인 삶, 좀 더 정확히 말해서, 끼노니아의 삶은 인간에게 본성적인 상태이다. 하지만, 불행하게도 역사의 시작과 함께 인류는 분열되어 그 근원적인 본성에서 벗어나게 되었다. 이런 일이 발생하게 된 것은 인간 존재들이 그 자신의 개인적인 자아에 집착하고, 그들의 통일성의 토대였던 하느님과의 끼노니아 그리고 그들 각자와 자연과의 끼노니아에 의문을 제기함으로써, 자신의 미래의 운명을 스스로 결정하겠다고 선택했기 때문이다.

하느님과의 관계에서 이런 균열이 발생한 후, 안타깝게도 인류의 이런 성향은 하느님의 형상대로 창조된 인간 사이에, 그리고 인간과

---

[8] 니싸의 그레고리오스 성인은 그의 특징적인 시각으로 이 문제를 고찰한다: '하느님이 사람을 만드셨다'고 말하는 것은 '사람'이라는 용어의 비특징적 의미로 인해 모든 인류를 가리킨다. … 따라서 우리 본성에 대한 총칭적인 표현으로 우리는 하느님의 예지 능력 안에서 온 인류가 최초의 창조에 포함된다는 견해에 이르게 된다. … 그래서 나는 일체로서의 인류 전체가 그분의 예지 능력을 통해 하느님 안에 포함되고, 이것이 "당신의 모습대로 사람을 지어내셨다"라는 말의 뜻이라고 생각한다. 그 모습은 우리 본성의 일부 안에 있지 않고 은총은 그 본성 안에서 발견된 그 어떤 것 안에도 있지 않지만, 그 능력은 온 인류에게 똑같이 이른다. 천지창조 때에 나타난 그 사람과 모든 것의 완성 후에 나타날 사람은 같다. 왜냐하면 그들은 똑같이 하느님의 모습을 지니기 때문이다. … 처음부터 마지막까지 우리의 모든 본성은 살아계시는 하느님의 형상이다. 이에 남자와 여자의 차이가 추가되었을 뿐이다. …"(On the Making of Man, PG 44:185BD [trans. NPF, 2d ser., vol. 5]). 인류의 통일성을 강조하면서 그레고리오스 성인은 (모든 인류의) 본질과 (개개인의) 실존의 차이를 지적한다. 그레고리오스 성인의 이 견해에 대해서는 그리스어로 출간된 I. Moutsoulas, *The Incarnation of the Word and the Deification of Man according to the Teachings of Gregory of Nyssa* (in Greek) (Athens, 1965)와 K. Skouteres, *The Unity of Human Nature as a Factual Precondition for Salvation* (*From the Anthropology of St Gregory of Nyssa*) (in Greek) (Athens, 1969)을 참고하라.

자연 사이에 계속해서 점점 더 큰 괴리를 발생케 하였고, 결국 인간 자신의 분열로 이어졌다. 그리스도교는 항상 이 과정을 퇴보, '죄', 인간 본성으로부터의 이탈이라고 보았다. 게다가 인류는 '진흙'이라는 한 가지 물질로 창조되었으니, 인류 전체 모두가 병약한 상태로 퇴보한 것이다. 따라서 영광의 상태에 있든 은총으로부터 타락한 상태에 있든 인간의 본성은 동질적인 것이고 하느님의 심판이라는 인간의 곤경 또한 모두가 공유하는 것이다. 왜냐하면, "모든 사람이 죄를 지었고 하느님이 주셨던 본래의 영광스러운 모습을 잃어버렸기"(로마서 3:23) 때문이다. 그 후로 인류의 역사는 두 가지 대립되는 성향에 의해 규정될 수 있다.9) 즉, 우리의 '하느님 형상'의 속성인 연합으로 향하는 길과 타락의 결과인 분열로 향하는 길이다.

이런 상태에서 본래 의미의 끼노니아에 대해 말하는 것은 이제 불가능하다. 하지만 본래적인 '사랑의 끼노니아'를 회복하기까지는 최소한 다른 사람들과 공존하며 더불어 살아가는 능력을 유지하는 것이 절대적으로 필요하다. 정의를 존중하고 서로를 돕는 인간의 기본적인 의무는 하느님의 계명으로 구약에서 지속적으로 반복되었고, 신약에서는 가장 감동적인 방법과 최상의 표현을 통해서 제시된다.

하느님 말씀의 육화
: 끼노니아를 위한 새로운 힘

모든 인간의 일치에 실제적으로 기여하려 한다면, 그리스도인들은

---

9) 모든 사람이 죄인이고 용서와 화해를 필요로 한다는 사실은 인류가 하나라는 특성을 잘 설명해 준다. 인간의 비극적 요소인 죄성을 우리가 겸손하게 이해할 때, 우리는 우리의 공통적인 본질을 인식하게 된다. C.W. Forman, *A Faith for the Nations*, (Philadelphia, 1967), 42-45를 참고하시오.

한 사건, 즉 다른 모든 것을 능가하는 사건, 하느님과 사람의 관계에 새로운 깊이와 의미를 부여해준 사건, 우주적 일치를 위한 근본적인 핵심이고, 거룩한 사랑의 끼노니아를 회복하는 데 중요한 요소가 되는 하나의 사건에 대해 분명하게 말해야 한다. 간결하게 표현하면, 이 사건은 "말씀이 사람이 되셔서 우리와 함께 계셨는데 … 그분에게는 은총과 진리가 충만하였다."(요한 1:14)는 성경 말씀과 통한다. 하느님 말씀의 육화는 모든 사람이 다른 모든 사람들과 또한 온 자연 세계와 누리는 끼노니아로 우리를 움직이게 하는 데 필요한 중요한 동력이다. 인간의 본성을 취하심으로써, 그리스도는 "당신의 것을 다 내어놓고,"(필립비 2:7) 인간의 '반죽' lump, φύραμα' 과 하나가 되셨다. "흔히 말하듯이, 그리스도의 몸은 그분이 뒤섞인 인간 본성의 총체이다."[10] 하느님 말씀의 강생은 존재론적으로 "하느님 형상"의 정화와 사랑의 회복, 그리고 하나로 존재하는 인간 본성의 신적인 영역으로의 고양을 위한 새로운 힘을 가져왔다.[11] 단번에 참된 본성으로부

---

10) 니싸의 그레고리오스 성인의 설교, "when all things are subjected to him…" (PG 44:1320B). 그리고 성인은 같은 책 On the Meeting of the Lord (PG 46:1165AB)에서 "그분은 하느님 아버지께 그분 안에 있는 우리의 본질의 첫 열매를 통해서 마치 인류의 거룩한 누룩처럼 인류의 첫 사람뿐만 아니라 온 인류를 거룩하게 하신다."고 말했다. 또, Refutation of Apollinarius (PG 45:1152C)에서는 "우리의 본성이 첫 열매를 통해서 거룩해지기 때문에, 그분은 우리의 인성을 거룩하게 하기 위해 인성과 섞이시어 우리 본성의 온전함을 받으셨다"고 하셨다. 2세기에 이레니오스 성인은 온 인류가 예수 그리스도 안에서 "총괄"되었다는 개념을 강조했다: "그분이 육화하시어 인간이 되었을 때, 간결하고도 포괄적인 방법으로 우리를 구원하시어, 인류의 긴 역사를 자신 안에서 총괄하셨다."(Contra Haereses, 3.18.1 [PG 7:952B]) 또한 "그분은 아담을 포함한 인류의 모든 세대를 그분 안에 총괄하셨다"(같은 책, 23.3 [PG 7:958A])고 말했다. 또한 A. Theodorou의 The Teaching of Irenaeus on Recapitulation (in Greek) (Athens, 1972 ; 아테네대학교 신학대학 학술연감 재판, 18)을 참조하라. 이 점은 확실히 동방교회의 많은 교부들의 사상에 스며들어 있다. 알렉산드리아의 끼릴로스 성인은 On the Gospel of John (PG 74:432D)에서 "그리스도는 자신이 인류의 시작이 되시어, 하느님 아버지 앞에 우리가 설 수 있게 하셨다"고 말하면서, "사람이 되실 때, 그분은 인간의 본성을 회복하여 원래의 상태로 되돌리기 위해 완전한 인성을 취하셨다"(PG 73:753)고 말했다. 다마스커스의 요한 성인은 On the Orthodox Faith 46 (PG 94:985C)에서 "말씀이 육신을 가진 위격이 되셨을 때, 그분은 이성과 영적인 이해를 갖춘 영혼이 불어넣어진 육신이 되시어 인간 본성의 첫 열매를 취하셨다"고 말했다.

터 멀어진 인류는 이제 그리스도를 통해 성 삼위 하느님과의 끼노니아로 되돌아갈 수 있게 된 것이다.

그리스도의 육화, 수난, 부활의 의미들이 시공간적으로 세계적인 이유는 인간 본성이 단일하게 연합된 전체이기 때문이다. 그분의 오심은 성령의 지속적인 활동을 통해 세상을 구원한다. 인류는 하느님을 이해하고 하느님에 다가가기 위한 새로운 힘을 얻고, 이 새로운 힘은 사람들 사이의 일치를 위한 근원이 된다.

세계적 차원의 화해는 그리스도를 통해서 이루어졌다: "하느님께서는 그리스도를 내세워 하늘과 땅의 만물을 당신과 화해시켜 주셨다."(골로사이 1:20)[12] 모든 창조물이 하느님과 화해하여 다시 제자리로 돌아올 때, 그때 그들은 서로 화해할 수 있다. 모든 그리스도인들은 모든 인류가 겪은 안타까운 분열을 깊이 인식하고 "화해의 임무"(고린토 후서 5:18-21)를 계속 추진할 책임을 지니며, 전 세계를 믿음의 실천 장소로 생각해야 한다. 그리스도인들은 어떤 상황에서도 자신들을 독립적인 존재로 보아 다른 사람들과 격리시켜서는 안 되고, 그리스도를 통한 구원을 자신들만을 위한 배타적인 구원으로 해석해서도 안 된다. 예수님이 선포한 하느님의 왕국은 모든 이에게 열려있다.

---

11) 많은 사랑을 받은 교부 신학의 가르침은 인간의 본성이 그리스도 안에서 신화된다는 것과 이것이 인간 존재의 "반죽"을 하느님과의 친교의 영광으로 승화시킨다는 것이다. Georges Florovsky, *Creation and Redemption*, Collected Works, 3 (Belmont, Mass., 1976), 97 ; 교부들의 견해를 더 살펴보려면 A. Theodoros, *The Teachings of the Greek Church Fathers through John Damascene on the Deification of Humanity* (in Greek) (Athens, 1956) ; G.I. Mantzarides, *The Teaching of Gregory Palamas on the Deification of Humanity* (in Greek) (Thessaloniki, 1963) ; D.G. Tsames, *The Perfection of Humanity according to Nikitas Stethatos* (in Greek) (Thessaloniki, 1971) ; N.E. Metsopoulos, *The Glorification of Humanity in Jesus Christ* (in Greek) (Athens, 1972)를 참고하라.

12) 참고, S. Agourides, *The New Testament Teaching on Reconciliation according to the Orthodox Tradition* (in Greek) (Athens, 1964).

온 인류의 일치를 위해 애쓰는 교회

양식 있는 모든 그리스도교 공동체의 근본적인 신조인 위에서 언급된 사건은 일치를 향한, 다른 특징과 질서의 끼노니아를 향한 인류 역사의 새로운 흐름을 개시했다. 교회가 그리스도 안에서, 성령을 통해서, 사람을 갈라놓는 인종, 언어, 성, 계급, 문화적 배경 등 모든 것들이 제거된 사랑의 끼노니아로 부름 받는 것은 바로 이것을 위한 것이다. 따라서 참된 그리스도교 교회는 어떤 고립된 새로운 공동체나 아니면 일종의 기업처럼 자신의 권력을 확대하려는 집단으로 생각되어서는 안 된다. 오히려 참된 교회는 전 세계의 일치를 향한 갈망의 상징이다. 교회는 '거룩한 신비'로, 우리 교회 공동체의 경험적 경계들을 초월하는 하느님의 왕국의 역동적인 핵으로서 기능한다. 참된 교회가 가진 모든 것, 교회가 행하는 모든 것은 모든 이에게 속한다. 모든 것이 온 세상을 위해 행해지고, 또 행해져야 한다.

우리는 여기서 모든 사람들을 억지로 동일하게 만들거나, 개성 없는 집단의 형성으로 귀결될 그런 의미의 일치를 말하는 것이 아니다. 오히려 우리는 바위처럼 무감각하게 존재하는 일치가 아니라, 살아있는 유기체로 존재하는 일치에 대해 말하고 있다. 신실한 그리스도인은 누구나 그리스도의 몸 안에 살아있는 세포이다. 모든 사람, 모든 집단은 전체와의 조화 안에서 그리고 사랑 안에서 자신의 유일한 자아를 실현하도록, 자신의 내적인 능력을 발전시키도록 부름 받는

---

13) 정교회 입장에서 본 교회의 보편성에 대해서는 제2회 정교 신학 국제컨퍼런스에서 매우 흥미로운 발표가 있었다.(St Vladimir's Seminary, 1972년 9월 25-29일) J. Meyendorff, S.S. Verhovskoy, T. Hopko, R. Stephanopoulos, T. Istavridis, T. Dobzhansky, N. Chitescu, D. Sahas, L. Milin, J. Klinger, G. Mantzarides, 그리고 J. Boojamra. *St Vladimir's Theological Quarterly* 17:1-2 (1973): 1-186.

다. 사랑은 "하느님 형상"의 근본적인 속성이기 때문이다. 교회의 보편성은 배타성을 의미하지 않는다. 그것은 지극한 포용성을 의미한다.[13]

일치시키시는 성령

신학적 관점에서 세계적 일치를 이해하려 할 때, 가장 중요한 개념 중 하나는 정교회가 성령의 활동을 바라보는 방식이다. 창조의 시작에서, 성령은 공허 위에 "휘돌고 있었고,"(창세기 1:2) 그래서 세상이 만들어질 수 있었다. 모든 역사를 통해서 성령은 같은 방법으로 계속해서 역사하시어 예언자를 인도하셨고, 인류를 혼돈의 어둠에서부터 영적 창조의 땅으로 이끄셨다. 성령은 구세주의 육화와 교회의 탄생에 직접적으로 관여하셨다. 정교회의 기도 예식이 시작될 때마다 우리가 듣듯이, "어디에나 현존하시며 온갖 것을 채워주시는" 성령은 항상 역사하시어 인류를 거룩하게 하시고 온 우주의 구원을 완성하신다.

어떤 신학자들은 성령의 역사하심을 우리에게 익숙한 교회 차원에만 국한시키기를 선호한다. 하지만 가장 깊은 그리스도교 신앙은 "바람은 제가 불고 싶은 대로 분다."(요한 3:8)는 말씀처럼, 성령은 어디에서나 역사하시는 사랑의 힘이라는 것을 깨닫고, "성령은 모든 보이는 것과 보이지 않는 것을 관장하신다."(주일 아나바트미 1조)고 기쁘게 노래한다. 성령은 인간적인 생각이나 상상력을 초월하여, 어떤 신학적인 이론으로도 묘사될 수 없고 규정될 수 없는 방법으로 모든 존재의 일치를 위해 역사하신다는 것은 동방교회 신학에서 가장 잘 알려진 신앙이다. 조화로운 공존을 세우는 완벽한 요소들 즉, "사랑,

기쁨, 평화, 인내, 친절, 선행, 진실, 온유, 절제"는 "성령께서 맺어주시는 열매"다.(갈라디아 5:22) 사도 바울로의 이런 확신은 그런 특징들이 존재하는 곳이라면 어디에서나(이런 것들이 "비그리스도인들"에게도 적지 않게 발견된다는 사실도 부인할 수 없다.) 성령이 역사하신다는 표징을 판별하는 것이 가능하다는 결론을 정당화한다고 나는 믿는다.

종말의 흔적 지니기: 종말론적 일치

역사와 그리스도교의 희망은 궁극적인 일치에 대한 소망으로 깊이 새겨져왔다. 사람들을 일치로 엮는 일은 성령을 통해서 세상의 종말까지 지속된다. 하지만 거기까지 가는 길은 우리로 하여금 개인적 혹은 세계적 차원의 격렬한 위기를 경험하게 할 것이다. 끊임없는 고난과 비극적인 불확실성과 함께 십자가는 고통과 불행의 형태로, 우리의 숭고한 열망과 노력의 좌절로 우리의 삶을 계속해서 지배할 것이다. 악과 죄의 세력들은 방어 진지를 구축하고 반격하여 사람들 사이에 증오와 불화의 씨앗을 끊임없이 뿌린다. 하지만 지속적인 자기비판, 복음을 전하는 회개의 영성, 그리고 하느님의 은총을 통해서 사랑의 끼노니아를 향하고자 하는 열망을, 우리는 잃지 않을 것이다.

우리의 최종적인 목표는 새롭고 다른 도시, 하늘의 도성, "새 하늘과 새 땅"에 세워진 "새 예루살렘"(요한묵시록 21:1)에 함께 모인 백성들이라는 상징을 통해 표현된다. "높은 곳에 있는" 이 도시는 온 인류에게 주어진 선물이고 그 곳에 있을 백성들의 회합은 모든 사람을 포함한다.[14] 이것은 단순히 사람들의 모임이 아니라, 인류가 변화하여

---

14) 이 회복은 "보편적이다. 왜냐하면 그것은 신적 형상의 담지자인 인간 존재 모두에게 적용되고, 영혼과 몸의 통일체로서의 인간 전체에 해당된다". D.G. Tsames, *The Dialectical Nature of the Teachings of Gregory the Theologian* (in Greek) (Thessaloniki, 1969), 44.

역사와 세상의 중심으로 되돌아 갈 수 있게 하는 하느님 안에서 자유를 얻은 사람들의 친교, 즉 끼노니아이다. 성 삼위 하느님은 존재의 "알파와 오메가"이고, 우주의 시작과 끝이시다. 따라서 인류 역사의 완전한 파노라마는 그와 같은 비전 즉, 사랑의 신성한 끼노니아로 시작하고 끝난다.

능동적인 참여

사람은 이 모든 과정을 방관자처럼 단지 지켜보지 않고 참여한다. 그 과정의 추진 방향은 이미 정해져 있지만, 그 과정에서 모든 사람은 개인적인 책임을 가진다. 그 책임은 개인의 능력에 따른 것이겠지만, 어느 누구도 예외일 수는 없다.[15] 우리는 그것을 책임의 민주정치, 책임의 "국제 의회"라고 부를 수 있다. 그것은 윤리적 또는 도덕적 의미로 이해되어서는 안 된다. 그것은 칸트 철학의 도덕적 명령과 같은 것이 아니라, 그리스도인들이 존재하기 위해 반드시 참여해야 하는 하나의 과정이다. 참된 그리스도인은 위에서 언급한 역사적 사건들에 의해 작동하는 그 유기체적인 과정의 한 부분이다. 그 참여는 유기체적이다. 왜냐하면 한 몸의 세포는 더 큰 유기체의 한 구성원으

---

15) 하느님과의 친교와 "하느님의 정의"의 승리에 대한 적극적인 참여는 상호 의존적이다. "하느님의 협력자는 하느님에의 참여자이다." A.P. Hastoupes, *The Difference between Jewish and Greek Views of Religious and Philosophical Issues* (in Greek) (Athens, 1968), 27.
16) 어떤 사람이 그리스도인이라면 전반적인 세상일이나 그 역사적인 과정에 무관심할 수는 없다. 인류 전체에 대한 개인의 관계는 시간과 공간적으로 확대된다. 참된 그리스도인은 과거와 미래에 관여한다. 전체에 대한 책임감은 모든 개인의 능력을 조직화하기 때문에 세계 공동체를 향한 추진의 중요한 동기가 된다. 성경에서 다른 사람들의 필요에 대한 무관심은 중대한 죄이고 하느님에 대한 무시로 표현된다. 그것은 예수님께서 말씀하신 우화(루가 12:15-21의 어리석은 부자와 루가 16:19-31의 부자와 라자로)에서 반복해서 비판받고 최후의 심판에서도 가혹한 심판의 대상이 된다.(마태오 25.31-46) 그리스도교는 삶 속에서 행동할 것을 촉구하고 세상의 일에 우리 각자가 책임질 것을 강조한다. 조지 플로로프스키 신부는 "역사에 대해 무관심한 사람은 결코 참된 그리스도인이 될 수 없다"고 말했다.

로서 생명의 혜택을 얻기만 하는 것이 아니라 주기도 하기 때문이다.[16]

교회의 몸 안에 들어가고 그리스도와 친교 하는 것은 "주님의 마음"(고린토 전서 2:16)을 얻는 것을 의미한다. 그것은 그리스도께서 몸소 사셨던 처지를 모방하는 것이고, 바로 오늘 그리스도 안에서 살아가는 것을 의미한다. 사랑의 끼노니아를 향한 그리스도인의 열망은 우리에게 즐거움을 주는 것들로 가득 찬 어떤 이상세계로의 도피가 아니다. 반대로 그 열망은 현대적인 삶의 조건 아래서, 가까운 곳에 있든 먼 곳에 있든, 어떤 종교를 믿든, 도덕성이나 정신적 문화적 상황이 어떠하든, 모든 사람을 매일 지속적으로 돕는 구체적인 실천으로 표현되는 것이다. 인류에 대한 섬김에 있어서 비할 데 없는 모범이 되신 예수님은 "섬김을 받으러 온 것이 아니라 섬기러 왔고 많은 사람을 위하여 목숨을 바쳐 몸값을 치르러 왔다."(마태오 20:28)고 말씀하셨다. 그리스도인들이 세계 공동체에 대한 책임을 느끼는 주요한 근거는 그리스도교 교리와 삶이 전하는 깊은 사랑이다. 이성과 자유와 함께, 사랑은 인간 안에 새겨진 "하느님 형상"을 구성하는 근본적인 요소이다. 사랑을 통해서 사람은 자아의 한계를 넘어서 참된 존재와의 일치로 '복귀하는 것'을 완전하게 실현할 수 있다.

타인들의 태도는 사랑에 대한 우리의 자유를 제한하지 않는다. 그리스도는 사랑 그 자체였기 때문에 다른 사람들을, 그분을 사랑하지 않거나 그분의 사랑을 받을 자격이 없는 사람들조차, 그들의 반응에 상관없이 사랑하셨다.(요한1서 4:10-11) 그리스도인에게 사랑은 친절함이나 자선 행위 이상의 것을 의미한다. 사랑은 하느님으로부터 나오고[17] 그리스도의 육화와 십자가에서 완성된다. 이 사랑이 살아있으면, 다른 존재와 새로운 관계를 맺게 된다. 사랑은 사람들을 변화시키고, 또 성사들의 은총을 통해서, 정교회 신학의 핵심 개념인, '신화'神化, theosis로 이끈다. 삶이라는 여행의 목표요 우리의 최종 목적지인 성 삼위 하느님의 복된 사랑의 끼노니아 안에 모든 타인들을 단번에 또 영원토록 포함시킴으로써 사랑은 이 신화를 이루어낸다. "하느님은 사랑이시다. 사랑 안에 있는 사람은 하느님 안에 있으며 하느님께서는 그 사람 안에 계신다."(요한1서 4:16)

온 세상을 위한 성찬 교제

"그리스도 안에서" 항상 숨 쉬며 살아가는 것은 저절로 이루어지는 것이 아니다. 그리스도교 전통을 통해서 다양한 방식으로 준비되고 형성되어 온 과정을 따라야 한다. 하느님을 통해서 다른 사람들이나 자연과 매일 친교하는 것은 깊은 신앙을 요구한다. 즉, 성실한 금욕 생활, 자기 절제, 위대한 그리스도교 교리들에 대한 묵상, '고요', 우주의 중심이신 하느님 추구, 하느님과의 끊임없는 기도 대화 등을 실천해야 한다.

---

17) 니싸의 성 그레고리오스, *On the Making of Man* 5, PG 44:137C (trans. NPF, 2d ser., vol. 5): "다시 한번 하느님은 사랑이시고 사랑의 원천이시다. 이래서 위대한 요한은 '사랑은 하느님께 속한 것'이고 '하느님은 사랑'이라고 선언한다. 우리 본성을 빚으신 분은 이것(사랑)이 우리의 특성이 되게 만드셨다. 그래서 그는 '너희가 서로 사랑한다면, 모든 사람은 너희가 내 제자임을 알게 될 것이다'고 말한다. 그렇다면 만약 이것(사랑)이 없다면, 닮음의 흔적 전체가 변형된다." 모든 사람 안에서, "이 중 가장 작은 자"(마태오 25:45)에게서, 자신의 결점, 잘못된 종교적 신념 혹은 잘못으로 인해 타락해 버린 자에게서도, 그리스도교 신자는 그리스도께서 위해 죽으신 한 형제를, 성령의 살아있는 성전, 영원한 생명의 상속자, 하느님의 신적 본성에 참여하는 자가 되라는 목표를 부여받은 하느님의 한 협력자를 발견해낸다. 그리스도교 신자는 모든 사람 안에서 그리스도의 사람을 인지한다. 하느님과의 친교의 전제는 각 사람에 대한 사랑이다. 하느님께 이르는 길은 언제나 사람을 통해 뻗어있다. "하느님을 사랑한다고 하면서 자기의 형제를 미워하는 사람은 거짓말쟁이입니다. 눈에 보이는 형제를 사랑하지 않는 자는 보이지 않는 하느님을 사랑할 수 없기 때문이다."(요한1서 4:20) 사랑은 보편적 특징을 지닌다. 젊든 늙었든, 명망 있든 무명이든, 교육받았든 문맹이든, 인종이 어떠하든 상관없이, 모든 사람은 어떤 시간과 장소에서도 사랑을 줄 능력이 있기 때문이다. 사랑은 가장 단순한 관계에서, 가족 그리고 너 나아가 전 인류의 차원에서 인간관계를 변화시킨다.

우리가 하느님께 드리는 예배는 신도들의 영적인 회합, 특별히 가장 탁월한 방식의 "신성한 끼노니아 혹은 친교"라고 여겨지는 신성한 성찬 예배의 거룩한 신비 안에서 가장 숭고하게 표현된다. 이 거룩한 신비는 그리스도의 육화와 십자가에서 일어났던 일의 연장延長, 다시 말해서, 시간 안에 개입해 들어오신 하느님 사랑의 신비의 연장이다. 바로 이때 끼노니아에 대해 위에서 언급한 모든 위대한 진리들은 신도들에게 생생한 현실이 된다. 하느님의 사랑이 체험되고 또 사람들은 새로운 힘으로 충만해진다. 즉, "성령께서 맺어주시는 열매"(갈라디아 5:22)를 일상의 삶 속에 옮겨놓음으로써, 하느님과 온 인류를 화해시키시고 그분과의 유대를 재확립시키시는 그리스도의 사업을 계승하는 일에, 사람들이 기여할 수 있게 된다.

그리스도교 예배는 그저 재연이나 회상이 아니라, 지속적이고 역동적인 과정 즉, 온 세상을 위한, 성 삼위 하느님의 생명과 맺는 끼노니아이다. 예배, 특히 거룩한 성찬 교제에 참여할 때, 신자들은 감사의 행위를 통해서 자신들보다 더 커지게 되고, 그렇게 하여 개인의 한계를 초월한다. '그리스도의 몸'을 받을 때, 신자는 그분의 일부가 되고, 또 그분의 한없는 사랑 안에 있는 만물과 일체가 되어 '우주적'인 존재가 된다. "독실한 그리스도인은 모든 사람들을 자신 안에 끌어안으려고 노력한다."[18] 더 나아가, 세상과 화해하고 모든 창조물과의 조화로운 상태로 진입한다.

---

18) O. Clément, *Questions sur l'homme* (Paris, 1972), 56: "[독실한 그리스도인은] 시간적으로나 공간적으로나 어떤 존재와도 분리되지 않는다. 모든 사람들을 자신 안에 끌어안으려고 노력한다." 이런 믿음은 현대 신학자들의 글에서 폭 넓게 발견된다. 예를 들면, G. Khodr는 이렇게 말한다: "신비의 경륜 안에서 모든 사람과의 친교 안에 있는 것, 그 안에서 우리는 천천히 만물과 만인이 그리스도 안에 모이게 될, 최종적 완성을 향해 천천히 나아간다."("Christianity in a Pluralistic World-the Economy of the Holy Spirit" in S.J. Samarthas, ed., *Living Faiths and the Ecumenical Movement* [Geneva, 1971], 140.)

이런 경험은 우리의 궁극적인 목적뿐만 아니라 우리 존재의 본질을 응시하게 한다. 아니, 그것은 하느님 안에서의 인류의 완전한 '친교'를 미리 맛보는 것이다. 그것은 우리의 영혼을 일깨워서, 사랑이 현실이 될 수 있고, 또 온 인류의 끼노니아를 향한 진보가 가능하다는 희망을 가지고 우리의 일상생활로 돌아갈 수 있게 해주는 경험이다. 이런 예배는 모든 시대 모든 장소에서, 심지어 극도의 무신론적인 상황 하에서 그리스도인들이 보여준 영적 충만과 인내와 자기희생의 가장 근본적인 요소가 되어왔다.

이상과 역사적 현실

앞서 언급한 보편적인 사랑의 끼노니아에 관한 그리스도교의 관점은 폐쇄적이라고, 다시 말해 독단적인 교리에 근거한 이상이라고 비판 받을 가능성이 있다. 이에 대한 답변으로 나는 정교회에서는 삶과 교리가 분리될 수 없다는 점을 지적하지 않을 수 없다. 우리의 교리는 모호한 이론에 근거한 임의적인 사상이 아니고 신학적인 논쟁에 유용하지도 않다. 오히려 그 교리는 삶을 결정하고, 우리 인생의 경험을 보호하고 인생의 의미를 밝히고 방향을 제시한다. 그것은 마치 압축된 형태로 우주의 기본적 법칙들을 표현하는 수학 방정식과 같아서 우주를 이해하고 현실적인 문제를 해결하는 데 매우 중요하다.

물론 세계의 역사가 보여주듯이 삶은 수없이 복음에서 이탈한다. 그러나 산상설교와 같은 그리스도교의 계명들이 자주 지켜지지 않았다는 사실도 그 계명들이 우리가 함께 살아가는 데 필요한 오염되지 않는 영감의 원천을 우리에게 제공해 주는 것을 막지 못한다. 현재의 문제는 그런 계명들이 성실하게 지켜져 왔는지 아닌지에 대한 것이 아니다. 여기서 중요한 것은 오히려 우리로 하여금 평화 안에서 함께 살아가도록 해줄 영적인 원천이고, 또 그렇게 해야 할 우리의 책임에 관한 것이다. 그런 자원은 성경과 거룩한 전례 안에 보존되어 온 믿음의 깊은 저장소에서 흘러나온다. 가르침과 실천 사이의 불일치에 관해 오늘날 그리스도교 사회에서 일어나고 있는 끊임없는 자기비판은, 신도들로 하여금 양심을 살아있게 하고, 또 스스로의 힘으로 새로워지는 그리스도교의 능력을 보여준다.

주교, 신학자, 통치자, 민족, 자칭 그리스도교적 권력 그리고 그 밖의 모든 시스템들의 일탈과 잘못들을 상세하게 서술하고 있는 모두가 알고 있는 '그리스도교 역사' 외에도, 비록 세계 역사가 거의 다루지 않지만, 그리스도교적인 삶의 원칙을 충실하게 따르면서 조용한 삶을 살았고 또 계속해서 지금도 살아가고 있는 소박한 사람들의 기록되지 않은 역사도 있다. 과거의 삶에 대한 많은 이야기들이 성인들에 대한 기록 안에 보존되어 왔다. 이러한 잘 알려지지 않은 그리스도교 역사는 교회 지도자들의 추문과 불명예들보다 더 참된 '그리스도교의 역사'를 전달해 준다. 사실 교회의 성인들은 하느님의 말씀과 은총이라는 고갈될 수 없는 영적 자원과 힘을 가장 올바르게 활용했다는 점에서 그리스도교의 가장 권위 있는 대표자들인 것이다.

세계 공동체에 관한 몇 가지 중요한 문제들

위의 분석에서 내가 주요한 목표로 삼았던 것은 정교회 전통 안에서 발견되는 그리스도교의 일관된 견해를 제시하고, 온 인류가 세계 공동체를 향해 나아가는 데에 그리스도인들이 도움을 줄 수 있는 잠재성, 능력, 책임을 밝히는 것이었다. 하지만 우리는 이와 관련해서 발생하는 많은 구체적인 문제점들을 간과해서는 안 되고, 직접적으로 다루어야 한다.

피조세계와 누리는 사랑의 끼노니아

우리 생활에 깊이 침투해 버린 과학 기술, 도시 인구의 급격한 증가, 자연과 인류의 관계 등의 문제에 대해서 그리스도인들은 어떻게 대처해 왔는가? 어떤 그리스도교 교파들에겐 이런 문제들이 아주 급작스럽고 당황스러운 것이었다. 하지만 대부분의 경우 초기의 불안은 견실한 분석으로 이어졌다. 그리스도교의 입장에서 보면 인간은 '하느님의 형상'으로 창조되었고, 그래서 자연의 주인이 되도록 창조되었다는 결론에 이르게 된다. 결국 인간이 자신의 잠재성을 최대한 개발하는 것은 바람직한 것이고, 이것은 자연의 진리와 비밀을 밝히기 위한 끊임없는 노력을 포함한다. 하지만 이와 동시에, 그리스도교 사상은 사람들이 성공에 도취되어, 타락의 역사의 출발점이 된 그 유혹, 즉 자신들의 능력으로 하느님의 왕좌를 찬탈하여 스스로 하느님이 되고자하는(창세기 3:5) 유혹에 다시 빠질 수 있다는 위험성을 지적한다.[19] 그리스도교는 지속적으로 인간의 한계를 지적하고, 참된 사랑의 끼노니아인 '신화' theosis를 향한 길은 그 밖의 어디서도 아닌 오직 하느님 안에서만 찾을 수 있다는 점을 강조한다.

인간에게는 인류뿐만 아니라 자연세계와 온 우주와도 사랑의 끼노

---

19) 이 주제에 관해 출간된 많은 자료들 중에서, 우리는 다음의 연구에 주목한다. H.R. Müller-Schwefe, *Technik als Bestimmung und Versuchung* (Göttingen, 1965) ; H. de Lubac, *Le drame de l'humanisme athée* (Paris, 1959) ; E. Mascall "Die wissenschaftliche Weltanschauung und die christliche Botschaft," *Concilium* 3 (1967): 490-94 ; A. Rich, *Christliche Existenz in der industriellen Welt* (Zürich, 1957) ; A.Th. Van Leeuwen, *Des Christen Zukunft im technokratischen Zeitalter* (Stuttgart and Berlin, 1969).

니아를 이루어야 하는 절실한 필요성이 있다. 우리가 계속해서 자연을 '사용'하는 것이 아니라 남용한다면, 우리의 기술 발전은 자기파괴라는 끔찍한 결과로 우리를 이끌 것이다. 그리스도교는 마법적인 믿음에 내재된 공포와 자연의 신격화로부터 인류를 해방시켰다. 게다가 인간의 수동적인 태도보다는 적극적인 태도를 배양하여 과학의 발전을 장려했다. 하지만 급기야 현대 인류는 거룩함에 대한 감수성을 상실하고 오히려 그 반대의 극단으로 치달아, 존중과 사랑보다는 적대적인 냉소주의로 가득 찬 시선으로 자연을 바라본다. 결과적으로 우리는 점점 더 자연으로부터 소외되었고, 마치 자연의 강탈자처럼 행동하면서 스스로를 인공의 은신처에 가두고 있다. 하지만 자연도 앙갚음을 할 수 있다.

인류와 자연 사이의 화해는 긴급한 것이다. 자연은 거룩한 것이라는 것을 인식해야 할 때이다. 자연은 성령의 역사 밖에 존재하는 것이 아니다.[20] 그리스도 안에서 신성은 인성과 결합되었다. 그 결과 거룩함은 더 이상 두려움을 일으키지 않고 오히려 존경과 사랑을 불어넣는다. 우리를 끼노니아 안에서 함께 나누도록 초대한다. 정교회 예배에서 자연을 대표하는 여러 가지 요소들은 단순히 장식이 아니라 예배 안에서 유기적인 역할을 한다. 빵, 포도주, 불, 향 등은 사랑의 친교인 리뚜르기아(성찬예배)에서 없어서는 안 될 요소이다. 자연의 거룩함의 차원, 인간의 내재적 본성과 자연의 본래적 조화를 재발견하는 것은 진정한 세계적 끼노니아를 이루는 데 필수불가결한 것이다.

---

20) "하느님의 영을 통한 (피조세계의) 이 변화는 성인들의 삶에서 여러 번 언급된다." N. Arseniew, *Die Verklärung der Welt und des Lebens* (Gütersloh, 1955), 201ff. 성인들과 야생동물들 사이의 조화로운 공존의 예는 201-6쪽을 보라.

사회 정의와 내적 본성

　현대의 사회적 정치적 운동들에 의해 제시된 요구들이 최선의 방식으로 정의와 평등과 자유와 인간존중에 대한 사람들의 열망을 표현할 때마다, 나는 그 요구들이 그리스도교와 같은 메시지를 표현한다고 믿는다. 사상사를 살펴보면, 이러한 이상들에 대한 신념은 그리스도교적 사상과 양심을 바탕으로 하여 육성된 것이었고, 이 신념들 또한 그리스도교가 만든 지성의 환경에서 배양된 것이란 것을 알 수 있다. 그리스도교 사상가들은 항상 이 이상들의 최상의 참된 표현과 실현을 추구해 왔다. 순수한 인간 의지는, 우리를 바른 길에서 벗어나게 하는 인간의 타락한 성향과 이기심 그리고 개인이나 집단의 관계에서 일어나는 악마적인 세력들에 의해서 더럽혀지고 왜곡된다고 그들은 주장한다. 따라서 이 사상가들은 우리 자신을 내적으로 순수하게 하고 동기에 있어서 진실하고 우리의 의도에 있어서 진지하고 정직해야 할 필요가 있다는 점을 강조한다.

　그리스도교 사상에 비추어 볼 때, 인종차별, 계급이나 국가나 성의 불평등, 인권침해 등과 같은 문제는 분명히 인간의 참된 본성으로부터 벗어났기에 발생한 것들이다. 즉, 이런 문제들은 "유다인이나 그리스인이나 종이나 자유인이나 남자나 여자나 아무런 차별이 없다." (갈라디아 3:28, 또는 로마서 2:11)는 기본 원칙을 부인하기 때문에 발생한다. 그리고 그것들은 결국 인류는 한 몸이고 인간 존재의 '반죽' 전체가 그리스도 안에서 구원받는다는 원리를 부인하는 것이다. 결국 이런 문제들은 사랑의 끼노니아를 향한 하느님의 기본 계획을 방해한다.

보편성과 개별성

하지만 모든 것을 동일한 수준으로 끌어내리는 잘못된 흐름 또한 마찬가지로 용납될 수 없다. 현재 유행되고 있는, 민족적 유산이나 개별성을 무시하는 획일적인 혹은 무정형의 '세계주의'가 그런 경우이다. 과거에 몇몇 유럽 그리스도교 교회들이 민족주의 구호나 자국의 자본주의적 이상과 동맹하는 잘못을 저질렀던 것은 분명한 사실이지만, 그렇다고 해서 세계주의를 밀어붙이는 반대 입장을 너무 성급히 채택함으로써 같은 잘못을 반복해서는 안 된다. 전자가 인류는 하나의 공통된 본성을 공유한다는 것을 부인했다면, 후자는 사람과 국가가 개별성을 지닌다는 것을 부인하고 있다. 이것은 보편성과 개별성의 차이를 구분하지 못하는 것이다. 평등은 모든 사람이 같아야 한다는 뜻이 아니다. 우리가 남녀평등을 말할 때, 어느 누구도 남자는 남자이기를, 여자는 여자이기를 그만두어야 한다고 생각하지 않는다. 평등은 한 사람의 진정한 정체성을 부인하는 것이 아니다. 오히려 개성은 평등의 필요조건이다. 독창성에도 불구하고, 아니 독창성 때문에 예술 작품은 인생의 심오하고 보편적인 진리를 표현하고 보편적인 가치를 갖게 된다. 우리가 보편성에 대해서 얘기할 때, 우리는 또한 개별성의 중요성을 강조해야 한다. 그리스도교는 절대 개별적인 인간을 인류라는 더 큰 집단에 속한 하나의 작은 점으로 보지

---

21) 개인의 중요성은 잃어버린 양과 잃어버린 은전의 비유(루가 15:1-10), 그리고 가까이 다가오는 사람들을 치료하시는 자비로운 예수님의 이야기처럼 성경에서 자주 강조된다. 믿음이 깊은 그리스도인은 바닷가의 모래 알갱이가 아니라 교회라는 몸의 살아있는 세포로 간주된다. 일치에 대한 그리스도교의 개념은 유기적이다. 성 삼위 하느님에 관한 중심적인 교리는 통일성과 개성의 조화로운 공존, 다수와 하나의 관계를 잘 드러내준다. 각주 7번과 N. Bratsiotes, *The Place of the Individual in the Old Testament* (in Greek) (Athens, 1962)의 제1장 "서론"을 참고하라.

않는다.[21] 그리스도교는 통일된 '본질'과 구별된 위격들 즉 '인격들'을 항상 구분해 왔다. 이것은 그리스도교가 왜 성 삼위 하느님의 모범에 근거하여 사랑 안에서 자유로운 인격들이 누리는 끼노니아의 이상을 그토록 주장해 왔는지를 잘 설명해준다.

세계적 시각과 지역적 시각

개별성과 보편성이 사랑을 통해서 조화롭게 될 때 서로 대립하지 않듯이, 세계적인 시각은 인간 존재의 기본적 조건인 우리 생활의 지역적인 측면을 부정할 필요가 없다. 사랑의 세계적 끼노니아의 활발한 일원이 되기 위해서 계속해서 세계를 여행하거나 국제회의에 열심히 참가할 필요는 없다. 우리가 사는 곳에 유기적으로 결합된 한 부분이 되고, 인간으로서 자신에게 참된 존재가 됨으로써, 우리는 '세계적'인 존재가 되는 것이다. 반대의 경우도 마찬가지이다. 즉 진정으로 '우리 지역'의 한 부분이 되려면, 우리는 모든 것을 포용하는 정신과 사랑을 함께 공유해야 한다. 정교회 전통에서 지역 교회는 독립적일 뿐만 아니라 '보편적' catholic καθολική이고 완전할 수 있다. 그리스어에서 나온 이 단어는 본래 "모든 것을 포함하는", "보편적인", 또는 여기에서 사용되듯이 "세계적인"이라는 의미를 갖는다. 지역성은 시공간적으로 보편적인 구원과 교회의 모든 포괄성을 전형적으로 함축하고 있기 때문에, 그렇다.

'세계적'이라는 것은 획일성을 필요로 하지 않는다. 보편적이란 것은 집적의 과정이 아니라, 함께 역할을 수행하는 것이다. 그것은 결코 어떤 보편적이고 무색무취한 획일성을 위해서 특정한 시간이니 장소에서 발진한 고도의 문화적 형태들을 점진적으로 폐기하는 것을 의미하지 않는다. 지역성은 보편성과 대립하는 것이 아니라, 오히려 보편성의 핵심적인 토대를 구성한다. 세계적인 시각에서 사물을 본다는 것은 지역적 삶에 흥미를 느끼지 못하게 되거나 무시하고 무관심해진다는 것을 의미하지 않는다. 진정한 기준은 지역 문화가 인간 존재로서 우리의 공통된 본질을 어느 정도로 표현하고 있는가 하는 점이다. 그리스도교의 수도자들은, 특정지역에 얽매인 삶에서 벗어나 어디서나 이방인임을 만끽하며 살기 위해 집 없이 떠돌아다니는 오늘날의 여행가들보다 더 세계적일 수 있다. 수도자들은 세상에 대한 사랑으로 가득 차 있기에 진정으로 '세계적'이다. 왜냐하면 그들은 세계와 유기적으로 통합되어 있기 때문이다. 더 나아가 그들은 끊임없는 자기 초월과 기도를 통해서 자신들의 삶을 참 존재이신 사랑의 한 부분으로 만듦으로써, 모든 인류가 창조된 근원인 공동의 '반죽'을 숭고하게 만든다.

이러한 시각은 지역 전통에 대한 깊은 존중심을 불어 넣는다. 왜냐하면 그것은 인류 공통의 본성인 아름다움이 특정한 장소에서 어떻게 스스로를 드러내는지를 보여주기 때문이다. 여기에서 언급된 세계적 시각과 지역적 시각 사이의 균형은 사물을 바라보는 또 다른 방식, 즉 타민족의 지역 종교 전통을 존중하고, 그들 특유의 표현 형식 뒤에 숨겨져 있는 보편적인 의미를 발견할 수 있게 하는 인식 방법을 우리에게 제공해준다.

역사 그리고 비극의 의미
: 희망을 다시 일깨우기

장소의 고유한 특성들만이 사랑의 세계적 끼노니아에서 공유되는 유일한 것은 아니다. 거기에는 시대의 구별된 특징들, 다시 말해 역사상의 여러 시대와 또 그 시대들이 창조한 것들도 있다. 시간은 보편성에 있어서 또 하나의 특별한 차원이다. 미래를 위해 과거를 경시하거나 과거를 위해 미래를 경시하는 것은 사리에 맞지 않는다. 시간은 통일성과 보편성을 갖는다. 모든 인간은 과거와 미래 양쪽에 다 속한다. 그리스도교 사상은 시간을 특별히 중요시한다. '내세에 있을' 사랑의 끼노니아에서 우리가 최종적으로 서 있게 될 자리는 현재의 우리 행동에 의해 결정될 것이다.

역사는 하느님 안에서 누릴 궁극적인 끼노니아를 향한 인류의 놀라운 전진이다. 물론 고유한 역사관을 가진 많은 학파들이 있고, 많은 다양한 이론과 해석들이 존재한다.[22] 그리스도교적 역사 이해는 일련의 비밀들, 우리가 믿음을 통해서 그 현존을 깨닫게 되는 '감춰진' 현실들로 이루어져 있다. 그럼에도 불구하고, 우리 눈앞에서 여러 가지 형태로 발생하는 일상의 '현실들'은 그런 숨은 진리들과 항상 일치하는 것은 아니다. 역사란 해석하기가 쉽지 않다. 위에서 언급한 모순들은 그리스도인에게 갈등을 일으키기도 하고 때로는 낙담하게도 한다. 일들이 항상 우리가 기대했던 대로 진행되는 것도 아니고, 우리 자신도 본래 그러해야 하는 혹은 우리가 원하는 그런 모습이 아니기 일쑤이다. 역사 안에 두루 펴져있는 이 비극들은 그리스도인들의 마음에 생생하게 각인되어 있고 십자가의 상징에서 전형적으로 드러난다.

사람의 영혼과 사회적 관계 안에서 작동하는 다양한 어둠의 힘들

---

22) 이슬람, 힌두, 그리스도교, 마르크스의 역사관에 대한 도식적이지만 흥미로운 비교는 W. Cantwell Smith (앞의 각주 1) 21-25를 보라. 그리고 또 O. Cullmann, *Christus und die Zeit, die urchristliche Zeit und Geschichtsauffassung* (Zürich, 1946), English trans. *Christ and Time*, 2d ed. (London, 1905)을 보라.

을 통해 자신을 드러내는 악의 현실은 우리의 순수한 노력과 열망을 끊임없이 타락시킨다. 구원의 '신비'이자 '장소'인 교회조차도 역사적으로 사회적으로 드러난 모습에 있어서는 하나의 깨어진 현실이다. 세상의 미래에 대한 과도한 낙관주의는 들어설 여지가 없다. 새로운 것이 반드시 훨씬 나을 것이라는 보장도 없고 또 반드시 더 나쁘리라는 보장도 없다. 그리스도교적 시각은 역사적 과정 안에 존재하는 불확실성의 요소, 현대사를 형성해가고 있는 많은 세력들의 양면적인 본성을 폭로한다. 그리스도교는 모든 것이 훌륭하다거나 아니면 사악하다고 특징지어 지나치게 단순화하지 않는다. 예수님의 예리한 말씀에서 나타나듯이 우리의 의심은 때때로 깊어간다: "그렇지만 사람의 아들이 올 때에 과연 이 세상에서 믿음을 찾아볼 수 있겠느냐?"(루가 18:8) 이것이 바로 그리스도인들이 항상 자신들의 마음에 십자가의 현실을 높이 세우는 이유이기도 하다. 그것은 삶의 변함없는 사실이고 교회의 묵상의 중심이기도한 수난의 현실이요, 외적인 실패의 현실이다. 십자가를 인내로 수용하는 것은 모든 인류의 고통과 지구상의 모든 삶의 현실을 포용하는 길이다.

우리 삶에 그림자를 드리우는 십자가의 이 어두움은 언제나 부활의 신비로운 빛과 권능으로 가득 찬 확고한 종말론적 희망으로 밝아진다. 그리고 이것은 신자들의 창조적인 투쟁에 능력을 준다. 우리의 최종적이고 포괄적인 승리(여기서는 세계의 일치)는 현재에 속한 것이 아니다. 그것은 곧 올 것이다. 하지만 현재 이 승리를 미리 맛보는 것은 우리를 평화와 용기로 가득 채워준다. 그리스도의 현실은 역사를 초월한 것이다.

희망을 다시 일깨우는 것은 바로 이와 같은 인식이다. 우리는 사태의 전개 과정을 뛰어넘어 볼 수 있고, 방향 전환의 가능성을 예견할 수 있다. 이런 인식은 변화를 거부하는 상황이나 제도들을 뛰어넘는 데 필요한 추진력을 우리에게 제공해준다. 그것은 역동적인 현실적 접근을 배양한다. 선취를 행동의 형태로 변화시킨다. 그리고 기적을 믿으면서 이 모든 것을 행한다. 우리 자신을 '불가능한 것'으로 향하게 함으로써, 우리는 가능한 것을 성취할 수 있다.

세속적 정치 운동은 이상적인 미래 사회, 즉 '유토피아'의 이미지를 제시하는데, 이런 이미지를 통해서 그들은 보이는 현실을 초월하고 싶어 하는 백성들, 그들의 영혼 안에 숨겨져 있는 비밀스런 힘들을 일깨우려고 한다. 희망을 잃어버리거나 이성주의나 율법주의적인 사고에 갇혀있게 될 때마다, 사람들은 이 생동하는 비전을 잃어버린다. 그것의 신경중추가 마비되기 때문이다.

타종교 사상들에 대한 그리스도교의 접근

세계 공동체를 발전시키고자 한다면, 우리는 다른 문화가 추구하는 것이나 그 문화의 지적인 업적에 대해 진정으로 이해해야 한다. 그 업적은 종교적인 것도 포함한다.[23]

그리스도교가 타종교를 어떻게 이해할 것인가에 대한 이론적 분석은 여기에서 언급되지 않을 것이다. 이 문제에 대해서 아직까지 만족스런 해결이 이루어지지 않았다고 나는 생각한다. 하지만 지금이야말로 다른 사람들을 더 잘 알고 이해하기 위해 노력해야 할 때라는 것만은 분명하게 말할 수 있다. 더욱이 다른 사람들에게 다가가려 노력하는 과정에서 우리는 신비롭게도 하느님의 사랑을 경험한다. 이

---

23) 이 주제는 처음 초판에는 있었으나 여기에는 생략하였는데, 제5장 "타종교 이해를 향한 신학적 접근"에서 상세히 다루고 있다.

과정에서 우리가 사랑의 끼노니아로 향해 이미 나아가고 있음을 발견하게 된다.

모든 사람에게 이웃이 되기

그리스도교는 하나의 독립적인 사상 체계로서의 타종교를 의심하고 때로 적대적인 태도를 취하기도 하지만, 그럴 때조차 타종교나 사상 안에서 살아가는 사람들에 대해서는 분명하게 긍정적인 태도를 유지해 왔다. 타종교를 믿는 사람들도 "하느님의 형상"으로 창조된 "하느님의 자녀들", 그래서 우리들의 형제자매들이기에, 이런 영적인 정체성의 기본 속성을 잃지 않는다. 따라서 어떤 보상도 바라지 않고, 모든 사람들, 모든 민족들에게 다가가서 도와주려는 자발적이고 진지한 아량은 진정한 그리스도인임을 판단하는 기준이 된다. 구약성경에 자주 나오는 "이웃" 개념은 신약에서는 상상을 초월하게 확대되었다. 행동으로 표현된 무한하고 자발적인 사랑에 대해서 그리스도는 이방인인 사마리아 사람을 하나의 모범으로 제시하며 말씀하셨다. 이 우화에서 예수님은 "이웃"에 대한 예전의 종교적 개념을 제거했을 뿐만 아니라, "누가 내 이웃인가?"라는 정적인 질문을 "이 세 사람 중에서 강도를 만난 사람의 이웃이 되어준 사람은 누구였다고 생각하느냐?"(루가 10:36)라는 새롭고도 동적인 질문으로 완전히 뒤집으셨다. 인종, 종교, 언어와 상관없이 누구에게나, 특히 어려움에 처한 사람이라면 누구에게나 이웃임을 증명해 보이는 것은 모든 참된 그리스도인의 의무 사항이다.

단지 사람이라는 사실만으로도 우리의 모든 "이웃"에게 자발적인 형제적 사랑을 주어야 한다는 것은 그리스도교의 근본적인 메시지이다. "다른 종교나 사상적 배경을 가진 사람들과 우리가 협력해야 하는가?"라는 질문에 우리는 어떻게 대답해야 할까? 정의, 평등, 자유, 평화, 인격에 대한 존중, 각 민족과 나라의 안녕 등을 장려함으로써 온 인류 가족을 돕는 것이 목적이라면, 우리의 대답은 분명히 "그렇다"여야 한다.

모든 종교의 공통된 의무

때로는 협력이 어려울 때도 있겠지만, 역사에 대한 해석, 인간의 목적, 인류의 궁극적인 희망에 대한 생각이 다르다는 사실 때문에 협력을 포기해서는 안 된다. 상당한 부분에서 우리는 함께 협력할 수 있다. 고통, 죽음, 존재의 의미, 인간 사회의 본질과 같은 주요 문제에 대한 대답이 서로 다를 수 있지만, 우리는 모두 슬퍼하고 죽고 웃고 울고 낙담하고 희망한다는 점에서 같다. 견해차의 중요성을 과소평가해서는 안 되겠지만, 그렇다고 우리가 의견을 같이하는 지점들을 무시해서도 안 되고, 오늘날의 세계에서 종교를 위한 공간, 즉 우리의 일상적인 실존을 초월하는 '비세속적인' 공간을 확보하는 데 무심해서도 안 된다.[24] 이 종교 경험의 담지자들로서 우리가 함께 할 수 있는 일들이 분명 존재한다.

진리를 객관화하려는 물질문화가 높이나 깊이가 없는 '수평적' 차원의 삶으로 인류를 제한시키려는 시대를 살고 있는 우리는, 함께 존

---

24) 타종교 안에 있는 공통된 영적 가치들을 다룬 많은 연구 중에서, 우리는 다음에 주목한다. W.C. Smith, *The Faith of Other Men* (New York, 1972) ; H. Dumoulin, *Christlicher Dialog mit Asien* (München, 1970) ; H.J. Singh, ed., *Inter-Religious Dialogue* (Bangalore, 1967) ; R.S. Misra, "Religion, Reality and Truth," *Bulletin*, Secretariatus pro non Christianis 8 (1973): 17 29 ; P. Rossano, "The Theological Problem of the Religions," *Bulletin*, Secretariatus pro non Christianis 9 (1974): 164-73.

재의 '수직적' 차원을 제시할 수 있다. 악의 문제 해결은 사회를 외적으로 개선하는 것으로 국한될 수 없고, 인간의 이기심 깊은 곳에 존재하는 악의 뿌리에 맞서야 한다는 것을 우리는 제시할 수 있다. 개인주의, 오만함, 탐욕을 조장함으로써 물질문화는 우리를 난관에 봉착하게 만들었다. 영적인 평온을 얻는 방법은 자연을 개인의 욕망에 종속시키는 것이 아니라 자기를 버리고 정화하고 금욕하여, 우리 자신의 개인적인 욕망을 억제하는 것이라고 우리는 사람들에게 일깨워 줄 수 있다. 간단히 말해서, 우리는 눈에 보이는 지상의 현실 너머에 존재하는 어떤 것, 아니 그 어떤 존재에 대한 우리의 근본적인 믿음을 사람들에게 제시할 수 있다. 우리는 그 신성하고 거룩한 존재를 추구했던 수세기 동안 켜켜이 쌓인 경험을 제공할 수 있다.

'증언하기'와 '순교'

참된 그리스도인들이 모든 사람들과 하나가 되는 경험, 즉 살아가면서 만나는 구체적인 사람들에게 느끼는 자발적인 사랑은 그들로 하여금 자신들이 발견한 그 최고의 선에 대해서 '이웃들'에게 말하고 싶게 만든다. 하느님의 선물은 이기심으로 제한될 수 없다. 그것은 모든 사람들에게 허용되어야 한다. 마치 몸의 작은 한 부분에 맞는 예방접종이 온 몸 전체를 이롭게 하는 것처럼, 하느님의 모든 행위는 -그것이 개인에 관한 것이든 한 민족에 관한 것이든 간에- 인류 전체에 적용된다. 하느님의 선물을 자신들에게만 제한하려 한다면, 개인이나 민족에게 해가 될 것이다. 그들은 타인의 것을 훔친 도둑처럼 심판 받을 것이다. 그들은 결국 자신들이 이미 받은 것까지 잃게 될 것이다.

하지만 그렇다고 해서 그리스도인들이 영적인 메시지를 강제로 전파하거나, 다른 정치적, 경제적 목적을 성취하기 위해 이런 메시지를 이용해도 된다는 말은 아니다. 영적 메시지는 다른 사람들에게 강요될 수도 없고, 우리가 경험하여 확신하는 어떤 것에 대한 단순한 증언으로 제시되어야 한다. 초기 그리스도인들은 '증언하기'와 '순교'를 자주 언급했다. 그리스어 원본에 쓰인 단어는 각각 '마르티리아 μαρτυρία'와 '마르티리오 μαρτύριο'인데, 이 단어들은 직접 눈으로 보거나 귀로 들었기 때문에 확신을 가지고 말할 수 있었던 사람들의 증언을 의미했다. 그리고 그러한 증언은 때때로 '순교' martyrdom 라는 희생을 통해, 목숨을 내놓으면서 이루어졌다.

지난 수세기 동안 많은 나라에서 전개된 선교 사업들이 여러 경우 정복자의 태도를 취하게 됨으로써 '선교'라는 단어가 오해를 불러일으키게 되었다는 사실은 유감스런 일이다.[25] 세상에 복음을 전파한다는 이상은 식민지를 획득하려는 열강들의 욕망에 의해 상당 부분 악

---

25) 세계 2차 대전 이후의 그리스도교 선교 사업의 특징과 그 새로운 경향에 대해서는 다음을 보라. K.B. Bridston, *Shock and Renewal: The Christian Mission Enters a New Era* (New York, 1955) ; R.P. Beaver, *The Christian World Mission: A Reconsideration* (Calcutta, 1957) ; S. Neill, *The Unfinished Task* (London, 1957) ; J.S. Stewart, *Thine Is the Kingdom* (New York, 1957) ; L. Newbigin, *One Body, One Gospel, One World: The Christian Mission Today* (London, 1958) ; W. Freytag, "Changes in the Patterns of Western Missions" *International Review of Missions* 47 (1958): 163-70 ; Ch.W. Forman, "The World Mission: New Facts Shatter Old Patterns-The Challenge to Christian Exclusiveness," *Religion in Life* (Nashville, CT, Summer 1958): 352-61. 또한 다음 3가지 저작에는 중요한 관련논문들이 실려 있다: J. Hermelink and H.J. Margull, eds., *Basileia: Walter Freytag zum 60 Geburtstage* (Stuttgart, 1959) ; *History's Lessons for Tomorrow's Mission: Milestones in the History of Missionary Thinking* (Geneva, 1960) ; G.H. Anderson, ed., *The Theology of the Christian Mission* (New York, 1961). 참고. T. Ohm, *Machet zu Jüngern alle Völker* (Freiburg, 1962) ; J. Blauw, *The Missionary Nature of the Church* (London, 1962) ; D.T. Niles, *Upon the Earth* (London, 1962) ; G.F. Vicedom, *Die christliche Mission in der Entscheidung*, in the series Christus und die Welt 11 (Bad Salzuflen, 1963) ; A. Yannoulatos, "The Purpose and Motive of Mission-From an Orthodox Point of View," *International Review of Missions* 54 (1965): 298-307 ; M.M. Thomas, "The Post-Colonial Crisis in Mission: A Comment," *Religion and Society* 18 (1971): 64-70.

용되었다. 아시아와 아프리카 지역의 그리스도교 선교의 이상은 그 선교가 서유럽과 북아메리카 사람들의 정치적 야망과 경제적 이익을 위한 수단이 됨으로써 크게 훼손되었다. 거대한 제국 내부와 국경을 넘어선 지역에까지 그리스도교를 전파하려 했던 러시아를 제외하면, 동방정교회들은 서구 그리스도교의 이상과 의도에 동의하지 않았다. 그들은 소아시아, 이집트, 발칸제국과 같이 그리스도교 이외의 공인 종교를 가진 나라들의 억압 속에서 살면서, 박해와 순교로 이어진 초대 그리스도교 시대와 똑같은 상황을 겪었다. 그래서 서구 그리스도교 식민 정책에 대한 몇몇 서구 그리스도인들의 유감 표명이나 '죄책감'에 대해서, 그리고 많은 타종교 대표자들이 종종 부당하게 이용하기도 하는 그들의 선언들에 대해서 정교회는 공감하지 않는다. 정교회는 자신들이 사회적으로나 정치적으로 종교나 신앙의 차이로 인해 억압을 받았을지언정 억압자들 편에 속했다고 생각하지 않는다.

소위 '그리스도교' 국가들의 식민 정책은 그리스도교를 목적을 위한 구실이나 수단으로 사용한 정치적 국가적 입장일 뿐, '그리스도교의 입장'을 대표한다고 볼 수 없다. 우리는 그리스도를 내세우면서 실제로는 부인하는 집단들의 신념과 그리스도교 교리를 서로 혼동해서는 안 된다. 사회 정의를 이루어야 할 판사나 공무원들이 불의를 행했다고 해서 '정의' 자체를 부인하는 사람은 없을 것이다. 극소수의 어머니가 어머니로서 자격이 없다고 해서, 모성애 자체를 부인하려는 사람은 없을 것이다. 안타깝게도 식민주의 형태의 '선교 십자군'은 그리스도의 영적 끼노니아를 부인하는 것이다. 이에 반해서, 타민족들에게 무관심한 소극적인 그리스도교는 무기력하고 의욕이 없다는 점에서 마찬가지로 그리스도를 부인하는 것이다. 모든 사람들이 세상의 좋은 것들을 함께 누릴 권리가 있다고 주장하면서 그

좋은 것에서 종교를 제외하는 것은 큰 모순이다. 인류가 겪고 있는 깊은 영적인 불안을 무시할 수 없다. 인류가 소유한 모든 것은 모든 사람에게 허용되어야 하고, 모든 사람들은 자유롭게 선택할 수 있어야 한다.

✱ ✱ ✱

나는 그리스도교의 구별된 특징들을 점잖게 얼버무리는 모호한 표현은 쓰려하지 않았다. 왜냐하면 여러 종교 간의 국제회의에 참가하는 사람들은 발표자가 가능한 한 명확하게 자신의 입장을 표명할 때 더 쉽게 서로를 잘 이해할 수 있기 때문이다. 이러한 진실한 접근법이 실제로 사랑의 끼노니아를 촉진하는 사랑의 접근법이다. 가장 중요한 것은 그리스도인들이 자신의 가장 심오한 경험에 대해서 침묵하는 것이 아니라, 그리스도인으로서 말한 것을 그대로 실천하기 위해 진정으로 그리고 의식적으로 노력하는 것이다. 흔히 사람들은 말하는 것과 믿는 것과 행동하는 것이 서로 달라서 그리스도인들에게 호감이 안 간다고 말한다. 어떤 대가나 세속적인 보상을 바라지 말고 성 삼위 하느님의 참된 사랑을 베푸는 것, 하나의 보편적이고 거룩한 끼노니아를 재발견함에 있어서 핵심이 되는 우리 신앙의 신비를 의식적으로 실천하는 것은 우리 모든 그리스도인들의 의무이다. 그리스도교 교회는 무엇이든지 간에 겸손과 진실을 가지고, 다른 사람들을 깊이 존중하면서 베풀어야 한다. 그것은 단지 인류가 세상의 평화를 찾도록 돕기 위한 것만이 아니라, 더 높은 차원의 존재 즉 세계적인 사랑의 끼노니아를 향해 인류기 나이갈 수 있도록 돕기 위한 것이다.

2장

정교회와 인권

보편적인 인권선언과 그리스 정교회 전통

* 이 글은 "인권에 대한 전 세계의 종교 전통과 정치적 전통의 입장"에 대해 토론하기 위해 1979년 12월에 방콕에서 열린 유네스코 주관의 회의에서 처음으로 발표된 것이다. 두 번째, 세 번째 부분은 "Eastern Orthodoxy and Human Rights"(in IRM 73, 1984. 454-66)의 제목으로 출간되었고, 축약된 형태로 "Human Rights in the Orthodox Church" (in the anthology *Conscience and Liberty, International Journal of Religious Freedom*, 4th Year, 2:8, 1992)의 제목으로, 프랑스어로는 "Les droits de l'homme dans l'Eglise orthodoxe" (in *Conscience et liberté* 46, 2me semestre, Berne, 1993. 70-77)라는 제목으로 출간되었다.

'인권'에 대해 분명하게 논의하기 위해서는 인간이란 무엇인가라는 보다 넓은 개념을 먼저 다루어야 한다. "인간이란 무엇인가?"라는 질문은 일반적으로 종교적인 연구, 특히 그리스도교 사상에서 핵심적인 것이다. 종교적인 양심이나 신앙은 인권에 대한 의견을 형성하거나 그런 의견을 수용하려는 사람들의 의지에 직·간접적으로 결정적인 역할을 한다. 국제적인 인권선언들이나 이 문제를 언급하는데 사용되는 구체적인 언어들은 물론 최근의 현상이다. 그럼에도 불구하고, 교회 역사와 정교회 신학은 이런 중요한 문제에 기여할 만한 소중한 자원을 소지하고 있다.

기존의 인권 선언에 대한 개관

인권 개념의 모호성

인권에 관련한 선언들, 국제적인 조약들이나 기타 문헌들을 살펴보면, '인권'이라는 개념을 이해하는 데 약간의 가변성이 있음을 발견할 수 있다. 새로운 정의가 계속적으로 추가되어 이 단어의 뜻은 점점 더 명확성을 잃어가고 있다. 인권에 관한 기록물을 연대순으로 배열하면, 세 가지 부류로 구분할 수 있다. 첫 번째 것은 가장 오래된 것에서부터 최근 것까지 모든 인권선언에 기반이 되어 온 최초의 기록들이다. 그것들은 개인의 자유와 모든 사람의 예외 없는 평등, 인간 존엄성에 대한 믿음을 표현한다. 두 번째 것은 구체적인 부르주아적 정치 권리를 열거하여, 양심의 자유, 사상의 자유, 언론의 자유, 출판의 자유, 모든 시민의 공직에 출마할 자유, 침범할 수 없는 사유재산권, 개인의 안전을 위한 권리, 공직과 주권 재민의 구분 등을 강조한다. 세 번째 부류의 자료는 가장 최근의 것으로서 인권에 대한 경제적, 사회적, 정치적인 정의를 포함한다.

초기 인권선언의 관심은 국가의 임의적인 권력 사용으로부터 국민을 보호하려는 것이었다. 하지만, 이후의 기록들은 권력을 지닌 개인이나 집단의 권한 남용에까지 확대된다.

본 토론을 위해 우리는 '세계 인권선언'을 주요 기록물로 다루고자 한다.[1] 이 선언은 1776년의 미국 독립선언과 1789년의 프랑스 국민의회의 인권선언을 필두로 하는 사회적, 정치적 격동의 오랜 역사가 무르익은 결실이다. '세계 인권선언'의 범위와 시각은 분명히 세

---

[1] 유엔 총회 결의안 217A (Ⅲ), 1948. 12. 10.
[2] 1966년 12월 16일에 채택되어 1976년 1월 3일에 발효된 '경제적·사회적 및 문화적 권리에 관한 국제규약'을 보라. 1966년 12월 16일에 채택되고 1976년 3월 23일에 발효된 '시민적 및 정치적 권리에 관한 국제규약' (1966)과 '시민적 및 정치적 권리에 관한 국제 규약 선택 의정서'를 보라. 그 후에도 다른 국제적인 조약들이 유엔의 후원을 받았다. 이들 중에서 가장 중요한 것은 1965년에 채택되어 1969년에 발효된 '교육상의 차별금지 협약' (1960)과 '인종차별 철폐 국제조약' 이다. 이에 대한 추가 정보는 『브리태니커 백과사전』에 있는 Egon Schwelb의 글 "Human Rights"를 보라(8:1183-89). 1968년 '인권을 위한 세계의 해'와 '인권 국제회의'를 기념하여, 유엔은 1966년 12월 31일 당시 이 주제에 관해 채택한 선언과 동의와 추천을 모아 출간했다. 개정판은 1948년 최초 선언의 25주년과 30주년에 해당하는 1973년과 1978년에 출간되었다. 유럽에 관한 중요한 기록으로는 1950년 '유럽회의' 회원들에 의해 구성된 '유럽 인권조약'과 함께 5개의 추가 의정서들이 있고, 그리고 '유럽 인권위원회', '유럽 인권재판소'와 같은 2개의 중요한 단체가 탄생하게 되었다. 또한 '유럽 안보협력회의'에 의해 채택된 최종 조항을 보라(Helsinki, 1975). 이에 관한 문헌 정보는 아래의 각주 23번을 보라.

계적이고, 그 이후에 인권에 대한 보다 발전된 표현들의 근간으로 역할을 해왔다.[2]

정교회 사상은 시대에 따라 '인권'이라고 규정된 것 모두에 항상 의견을 같이하지는 않는다. 자유, 평등, 인간의 존엄성과 같은 기본적 개념들에는 물론 즉각적인 동의와 절대적인 긍정을 표현한다. 정교회는 인권에 관한 대부분의 개념들을 인간에 대한 정교회 시각의 필연적인 요소로 받아들인다. 하지만 정교회가 입장을 표명하지 않고, 어떤 결론도 내리지 않은 채 순전히 인간적인 사고 영역에 맡겨두는 문제들도 상당히 존재한다.

정교회가 동의하는 것은 무엇이고 우려하는 것은 무엇인지에 대해 토론할 때, 우리는 인권선언의 견해와 종교의 견해가 다른 전제에서 출발한다는 점을 잊어서는 안 된다. 인권선언은 인간은 정치적인 존재이고 카이사르의 것인 권력에 종속된다는 관점에 근거해서 인간의 삶을 규정하려 한다. 즉 그것은 개인과 국가 간의 관계에 관한 것이다. 하지만 정교회는 "카이사르의 것은 카이사르에게 돌리고 하느님의 것은 하느님께 돌려라."(마태오 22:21)라는 성경구절을 따라, 국가의 영역과 종교의 영역을 분명하게 구분 짓는다. 그리스도교 신앙은 하느님과 함께 시작하고 하느님으로 끝난다. 이슬람교와는 달리, 정교회는 어떤 사회 정치적 제도를 세우려하거나 채택하려고 한 적이 없다. 정교회는 어떤 제도도 절대화하지 않고, 항상 그리스도와 성령 안에서의 우리의 삶이라는 전제 하에서 그것을 바라본다.

인권선언과 종교 사이에는 목표를 성취하는 방법과 그 목표의 깊이에 있어서도 또 하나의 분명한 차이가 존재한다. 인권선언은 강제라는 법적, 정치적 형태를 통해서 관철하려 하는 반면에, 그리스도교는 설득과 신앙을 통해서 사람들의 사고방식과 양심에 호소한다. 선자는 외적인 동의를 강조하는 반면에, 후자는 내적인 수용, 영적인 다시 태어남, 변화를 강조한다. 따라서 정교회의 입장에서 인권을 논하려 한다면 이러한 시각 차이를 분명히 인식해야 한다.

기본 전제들에 관한 문제

'세계 인권선언' 13주년을 기념하여 공식 출간된 책은 다음과 같이 서술하고 있다.

> 인권의 뿌리는 르네상스의 인본주의 전통에서 발견될 수 있다. 또한 그것은 다음의 경우에서도 발견될 수 있다. 즉, 세계 곳곳에서 발생했고 앞으로 지속될, 자기결정권, 독립, 평등을 위한 투쟁에서, 영국의 존 로크, 프랑스의 장 자크 루소, 미국의 토마스 제퍼슨, 독일의 칼 마르크스, 러시아의 레닌과 같은 사람들의 철학 사상에서, 그리고 1215년 영국의 존 왕이 서명한 '대헌장' Magna Carta, 1679년 영국의회가 채택한 '인신보호법' Habeas Corpus, 1776년 13개의 북미 식민지의 대표들이 서명한 '독립선언', 1789년 프랑스 국민의회가 채택한 '프랑스 인권선언', 1848년의 '공산당 선언' 에서 발견될 수 있다.[3]

위의 인용문이 언급하고 있는 것의 역사적인 정확성에 대해서 몇 가지 한계점이 마땅히 제기될 필요가 있다. 먼저, 그 유명한 '대헌

---

3) Louis B. Sohn, *Human Rights, 1948-1978: Changing Perceptions: A Wingspread Conference on Human Rights Commemorating the 30th Anniversary of the Universal Declaration of Human Rights, Convened by the Commission to Study the Organization of Peace in Cooperation with the Johnson Foundation* (Racine, Wis.: Johnson Foundation, 1978).

장'은 민중의 권리를 인정한 승리라기보다는 왕의 권력에 반대하는 귀족들이 자신들의 권리를 보장하는 데 성공한 결과였다. 또한, 1789년 프랑스 혁명의 인권선언 항목들은 일반적으로 보편적 진리를 표현하고 있다고 인정되지만, 실상 그 이면에는 그것을 작성한 부르주아 계급의 이익이 반영되어 있다고 평가된다. 그런 이유로 사유재산 보호권리가 양도될 수 없는 것으로 제시되었던 것이다. 게다가, 그 선언의 여러 조항들은 중산층이 사회에서 중요한 자리를 확보하도록 만들었다. 물론 그렇다고 해서 우리가 그런 근본적인 선언이 그 후 사회 변화 과정에서 행한 중요성을 과소평가한다는 뜻은 아니다.

인권이라는 '나무'를 싹트게 한 뿌리들은 일반적으로 언급되는 선언들보다 분명히 더 오래되고 복잡하다. 그 뿌리들은 주요 종교들에서 발견되는 기본 사상들, 신념들과 연관되어 있다. 좀 더 구체적으로 말하면, 이론의 여지없이 서양은 그리스도교 복음에 상당히 영향을 받았고, 르네상스 시대에 복음의 씨앗을 키운 것은 분명 그리스 철학에서 영감을 얻은 탐구 정신이었다. 그리스도교의 원칙에 반하는 항목에서조차도 인권선언들은 그리스도교적 유산을 전제로 한다고 말할 수 있다. 왜냐하면 그 유산이란 그리스도교와 그리스 정신의 영향을 받으며 형성된 사고체계이자 세계관일 뿐만 아니라 또한 자기 성찰과 회개의 전통이기 때문이다.

"민중과 시민의 신성한 권리"를 강조하면서 프랑스 혁명은 "궁극적 존재의 현존 안에서 그리고 그의 축복과 은총을 기대하며" 그 원리들을 정초했다. 이후의 선언들은 보다 중립적이고 어떤 신적인 존재에 대한 언급을 회피했다. 인간의 자율성 개념이 더욱 분명하게 등장하기 시작했고, 전체 구조가 자연법에 근거하게 되었다. 인간의 합리성이 기반으로 제시되었고 이성적 논리 그 자체가 신성화되기도

했다. 이 점이 바로 그리스도교 사상이 개입하는 부분이다. 즉, 인권은 단순히 인간의 합리성의 결과인가 아니면 인간 본성에 내재한 것인가?[4]

문제의 소지가 있는 이데올로기가 잘 알려진 인권선언들 뒤에 숨어있다. 그 지배적인 견해는 인간이 지성이나 내적인 능력을 이용하여 스스로 발전할 능력을 갖춘 자율적인 존재라는 것이다. 인간의 신비 영역에 무관심한 인간성 개념에 근거했기 때문에, 인권에 대한 이론적 근거는 실제로 아주 단순하다. 이 점은 좀 더 자세하게 다시 다루어야 할 사항이지만, 지금은 인권의 전체 체계를 온전히 논리에만 바탕을 두려고 한 단순함이 우리 시대의 비극적인 일들과 어떻게 연관되어 있는지에 초점을 두고자 한다. 인간의 합리성에 대한 신성화는 하느님에 대한 믿음을 대체하면서 발생했다. 그리고 곧 이어 이성적 논리 자체에 대한 의구심은 살아있는 하느님에 대한 부정으로 이어졌다. 이후 곧 부조리의 전횡이 득세하기 시작했다.

과도한 낙관주의의 단순함

인권선언들의 행간을 읽어보면, 인간 본성에 대해 그럴듯한 지나친 낙관주의가 발견된다. 그와 대조적으로 최근 수십 년 동안에는 인간의 만행에 대한 인식이 더 깊어졌고, 종종 절망으로 이어지기도 했

---

[4] 정교회 신학에서는 자연법에 관한 어떤 체계적인 교리가 발전되지 않았다. 즉, 자연법이 로마 가톨릭에서처럼 긍정적으로도, 대부분의 개신교에서처럼 부정적으로도 관찰되지 않았다. 일반적으로 정교회는 [로마서 2:14와 일치하여] 자연적인 도덕률의 존재는 수용하지만, 자연법을 포함한 어떤 자연적인 제도들을 절대화하거나 자율적인 것으로 보려하지 않았고, 오히려 인간본성과 구원에 관한 그리스도교 교리라는 보다 넓은 문맥 안에서 그 제도들을 보았다. 참고. D.I. Evrygenes, "Human Rights, Written Law, and Natural Law" (in Greek), *Armenopoulos* (1967): 3-11 ; N. Georgopoulou-Nikolakakou, *Natural Law: A Historical-Critical View of the Problem* (in Greek) (Athens, 1976).

다. 인간의 비극적 측면과 모순적인 본성은 역사적 사건들의 결과로 더욱 분명해지고 있다. 우리 주변의 그리고 우리 안의 일상생활은 무법의 권세, 그리스도교의 용어를 빌자면, '죄의 권세' 아래 놓여있다. 사람들은 기회만 있으면 인권에 대해 말하지만, 또 기회만 있으면 인권을 유린하기도 한다. 이론적으로 인권을 인정하는 것만으로는 부족하다. 우리에게 부족한 것은 지식이 아니라 의지이다. 그래서 오늘날에는 인권선언들과 관련하여 열광보다는 낙담이 더 크다. 강자가 약자의 권리를 침해하는 것은 이미 암묵적 '권리'로 승인되는 시점에 우리는 이르고 만 것이다.

다변하는 현대사회에서 인권침해의 위험은 단지 국가로부터만 발생하지 않는다. 오히려 개인을 보호하려는 여러 가지 선언들이 국가로부터 나온다. 그 위험은 여러 가지 방법으로 인권을 짓밟으려는 다양한 비국가적 형태들로부터도 발생한다. 그리스도교가 보는 바와 같이, 인간 존재에는 내재적으로 모순이 존재한다. 그리스도교는 '인간의 죄'라는 비극과 그 죄가 극복될 수 있다는 가능성을 기본적인 관점으로 삼는다.

바로잡아야 할 편향

초기의 인권선언들이 사람들의 의무사항을 언급함이 없이 권리만을 강조한 것은 납득할 만한 일이다. 그런 선언들은 국가 권력에 대항한 혁명 시기에 쓰였고 그런 권력의 남용으로부터 시민을 보호하려 했다. 하지만 보다 완화된 오늘날의 세계적 환경에서 그런 편향은 수정되어야 한다. 권리와 그에 상응하는 의무를 분리하는 것은 균형을 잃어버려 인권 그 자체를 위협할 수 있다. 자신의 행동에 대한 책임을 인정하는 것은 권리를 주장하는 것만큼이나 인간 존재와 존엄성에 중요한다. 권리만을 강조하는 것은 불건전한 개인주의를 초래하여 그 권리마저도 침해할 수 있다. 책임과 의무가 강조되어야 하는 이유는 권리를 보호하기 위함이다.

개인의 권리가 사회적 권리와 조화를 이루어야 한다는 것도 분명하다. '나의 권리' 혹은 '너의 권리'라고 한쪽으로만 문제를 제기하는 것보다는 양자에 공통된 것을 언급하는 것이 옳다. 양자 간의 올바른 관계는 "네 이웃을 네 몸같이 사랑하라."(마르코 12:31)라는 성경 말씀에 제시되어 있다. 궁극적인 목표는 우리가 '너'와 '나'를 초월하는 방법을 찾아, '사람들의 친교', '끼노니아'를 이루는 것이다. 정교회의 이런 관점에 의견을 같이하는 마하트마 간디는 1947년 유네스코 총재 헉슬리 J. Huxley에게 다음과 같이 멋지게 말했다.

글을 읽을 줄 몰랐으나 현명하셨던 어머니에게서 내가 배운 것은 권리를 주장하거나 보호하려면 먼저 의무를 다해야 한다는 것이다. 따라서 삶의 참된 권리는 세계시민으로서의 의무를 이행할 때 비로소 우리에게 생긴다.[5]

책임은 인간의 존엄성의 기본적인 요소인 것이다.

기본적인 개념들의 모호함과 애매함

세계 인권선언의 서문은 "기본적인 인권과 인간의 존엄성과 가치

---

[5] *Human Rights* (in Greek), an anthology of texts by K. Tsatsos, M. Gandhi, J. Maritain, et al. (Athens: Euthyni, 1977), 29.

에 대한 신념"에 대해 말한다. 29조는 "인격"의 "자유롭고 완전한 발전"을 언급하고 "민주 사회에서의 도덕성, 공공질서, 보편적 복지의 정당한 요구를 충족"시킬 것을 요구한다. 그 선언의 공식적인 법적 체제 안에서 그런 문구들은 의심할 여지없이 인격이라는 개념의 범위를 확대할 수 있는 기회가 된다. 하지만, "도덕성", "민주 사회", "인격"이라는 기본적인 개념들은 철학적으로 모호하고 애매하다.

다양한 종교적 관점을 가진 사람들과 사회들로부터 전반적인 승인을 얻기를 바라는 선언문의 작성자들이 인류의 기원, 특성, 숙명에 관한 문제에 대해 분명한 언급을 회피할 수밖에 없다는 것은 납득할 만한 일이다. 그럼에도 불구하고, 그런 접근의 편리함이 정당화될 수 있다 해도, 세계 인권선언이 인간학적인 관점에서 볼 때 여전히 모호하다는 사실을 바꾸지는 못한다.

일반적으로 정교회는 인권에 대한 현재의 논의를 매우 중요하게 생각하지만, 이를 인간의 보다 본질적인 '권리'에 대한 논의의 서막으로 간주한다. 인권을 정의 내리기 위해 수많은 연구와 노력을 기울였지만, 근본적인 문제는 여전히 남아있다. 즉, "인권은 어디에서 시작되고, 어디에서 끝나고, 그 궁극적인 목적은 무엇인가?" 선언들은 인권에 대한 법적 정의의 기술에 국한되어 있지만, 동시에 희망을 반영하고 있고 도덕적 판단을 표현하고 있다.

매우 다양한 이데올로기적 관점들이 존재하는 우리 시대에 이런 광범위한 문제에 관하여 철학적, 종교적 견해가 일치하기란 불가능할 것이다. 여기서는 다만, 이 글의 주제인 정교회의 입장에서 볼 때, 현존하는 선언들 안에 기록되어 남겨진 규정들은 하나의 출발점일 뿐이고, 그래서 반드시 철폐되어야 할 권력들 중에서도 가장 잔혹한 형태인 인간의 이기심에 인간의 존엄성이 종속되는 것을 막지 못한다는 것을 지적하고자 한다. 그 사상은 현대 기술 중심 사회의 다양한 비인격적 구조 안에서 작동하는 복잡한 요인들로부터 인간의 존엄성을 보호해 주지 못한다. 이 점은 인권선언의 수용이 인간 존엄성을 보호해 줄 것이라 믿는 오류에 빠지지 않도록 우리에게 경종을 울려줄 것이다.

***

오늘날 우리가 살고 있는 다원주의 사회에서는 의견 일치를 위한 공통적 기반이 필요하다. 하지만 합의에 이르기 위해 타협을 하는 순간, 인간의 신비에 대한 보편적이고 궁극적인 진리의 어떤 것이 사라진다는 것을 우리는 분명히 인식할 필요가 있다. 따라서 인권을 위해 끊임없이 노력하는 동시에, 우리는 또 다른 영역, 법적 선언도 포함할 수 없는 보다 심오하고 본질적인 인권에 관한 영역에도 관심을 두어야 한다. 그것이 바로 종교의 시의성이 발견되는 지점이다.

인간 조건과 인권과의 관계에 대한 정교회 사상의 개요

정교회에 기반을 둔 인간에 대한 개념을 명확하게 설명하기 위해서는 정교회의 인간학, 즉 인간의 근원과 본성과 목적에 대한 정교회의 이해의 기본적인 특징을 간략하게 설명해야 한다. 하지만 그 과정에서 국제적인 선언들에 정교회의 관점을 강요하려는 의도는 없다. 단지, 인권에 대한 우리의 태도나 사상에 불가피하게 영향을 주는 그리스도교의 기본적인 믿음에 대한 개요를 제시하는 것이 필자의 목적이다.

정교회 인간학의 개요[6]

그리스도교 인간학의 초석은 하느님이 아담을 "당신 형상대로 창조하셨다"(창세기 5:1)는 믿음에 있다. 이후의 인간에 대한 성경의 관점은 이 기반 위에 세워진다. 신약에서도 인간이 창조주의 형상을 따라,(골로사이 3:10) 하느님의 형상대로(야고보 3:9) 만들어진 거룩한 피조물(마태오 19:4, 사도행전 17:28)이라는 점을 강조한다. 하느님은 궁극적 존재일 뿐만 아니라 인격적인 존재이다. 그 본질은 통일되어 존재하지만, 위격들은 나누어져 있다. 즉, 셋 안에 있는 하나이고, 하나 안에 있는 셋이다. 그리고 '아가페의 완벽한 끼노니아'(완전한 사랑의 친교)이다. 하느님을 "닮는 것"은 인간에게 완성된 사실이 아니라 가능성으로 제시된다. 그것은 궁극적으로 성령의 역사하심으로 이루어진다.

온 인류는 하느님이 창조하신 첫 남녀의 자손이다. 따라서 인종, 피부색, 언어, 교육에 상관없이 모든 사람은 이 신적 기원의 존엄성을 물려받는다. 서방의 사상은 이 신적 형상의 가장 두드러진 특징으로 마음과 지성과 의지를 강조하는 반면에, 동방 신학은 자유와 사랑을 더 강조하고, 성 삼위 하느님의 세 위격 사이의 자유롭고 조화로운 사랑과 친교를 준거점으로 삼는다.

하느님은 단순히 우리의 창조주이기만 한 것이 아니고 온 인류의

---

[6] 이 책의 서문에서 밝혔듯이, 몇몇 기본적인 신학적 진리들이 여러 개의 논문에서 다른 방식으로 표현되어 반복된다. 그 신리들이 반복되는 이유는 정교회 관점의 이론적 근거를 구성하기 때문이다. 각 논문의 구조와 자율성을 손상시키지 않도록 원래의 논문에 있던 상태 그대로 누기로 했다.

아버지이기도 하다. 이 점은 신약에서 여러 번 반복되고 있고,(마태오 6:9, 23:9, 로마서 1:7) 예외 없이 모든 사람들은 하느님의 자녀이고 따라서 형제자매들이라는 신념과 직접적으로 연관된다. 모든 사람이 하느님의 창조 에너지의 근원을 공유한다는 믿음은 아테네의 아레오파고에서 행한 사도 바울로의 설교에서 분명하게 강조된다: "이 세상과 그 안에 있는 모든 것을 만드신 하느님께서는 … 한 조상에게서 모든 인류를 내셨다."(사도행전 17:24,26) 온 인류는 하나의 거대하고 나뉘지 않는 통합체이고, 그 존재의 핵심은 살아계시는 성 삼위 하느님이다: "만민의 아버지이신 하느님도 한 분이시다. 그분은 만물 위에 계시고 만물을 꿰뚫어 계시며 만물 안에 계신다."(에페소 4:6)

공통된 기원만이 아니라, 또한 삶에 있어서의 공통된 임무가 사람들을 하나의 가족으로 맺어준다. 사람이 존재하는 목적은 하느님이 주신 잠재성을 실현하고 "하느님을 닮은" 상태로 나아가는 것이다. 다시 말해서 그 목적은 단지 생물학적인 공존의 상태로부터 모든 피조물과 조화를 이루며 사람들 사이에 참된 친교를 이루는 상태로 고양되어가는 것이다. 그런데 이것은 최고의 '아가페적 끼노니아'이자 우리 존재의 원형인 성 삼위 하느님 안에서 발견되는 이타적인 사랑으로 가능하다.

공통의 기원과 목적 외에도, 인류를 하나로 묶어주는 또 하나의 근원적인 특징이 있다. 온 인류는 같은 비극과 같은 죄를 공유한다. 인류의 역사가 시작될 때, 첫 인간들은 성 삼위 하느님을 향하지 않기로 선택했다. 다시 말해서 인간들은 자신들의 존재의 목적인 '신화', 성 삼위 하느님의 사랑의 친교에 참여함으로써 실현될 수 있는 자신들의 '신화'를 추구하지 않기로 선택했던 것이다. 오히려 인간들은 자기 자신에 집착했고, 하느님의 사랑을 거부했고, 자기 자신의 기준과 "너희도 하느님과 같아질 것이다."(창세기 3:5)라는 '악마'의 충동질에 근거하여 '신화' theosis를 이루려 했다.

인류의 이런 비극은 사람에게 자유가 하나의 근본적인 속성으로 주어졌다는 사실과 연관이 있다. 사람에게는, 실제로 그들이 그렇게 한 것처럼, 하느님의 이타적인 사랑을 거부하고 자기중심적인 이기심에 갇힐 자유도 있다. 스스로에게 저지른 추방에도 불구하고, 사람은 신적 기원의 정체성과 유산을 여전히 지니고 있고, 잃어버린 천국을 갈망하고 있다.

정교회는 이처럼 대립되는 힘들이 일반적인 인류역사에서뿐만 아니라 개인의 역사에서도 작용한다는 것을 인식한다. 우리는 이것을 자연 세계 안에서도 볼 수 있는데, 그 안에는 놀라운 조화가 있어서 신적 권능의 존재를 보여주기도 하지만, 다른 한편으로는 모든 가능한 형태의 분열과 부조화를 발생시키는 기생적인 힘 또한 존재한다.

이런 암울한 상황은 다시 한번 성 삼위 하느님의 자발성에 의한 결정적인 사건이 인류역사에 일어났을 때 해소되었다. 사랑의 궁극적 행위를 통해서 "말씀이 사람이 되셔서 우리와 함께 계셨는데 … 그분에게는 은총과 진리가 충만하였다."(요한 1:14) 하느님의 아들이 육화하심으로써, 성 삼위 하느님과의 친교, 그리고 하느님의 형상인 모든 사람들과의 '친교'를 향해 갈 수 있는 새로운 길이 인류에게 마련되었다. 이 메시지를 선포하는 것이 그리스도교 복음의 중요한 요소가 되어왔다.

근본적인 권리들

정교회의 관섬에서, 존엄성, 평등, 자유와 같은 원칙들에 대한 사유는 위에서 개괄한 신학적 토대들에 기반을 둔다.

인간의 존엄성은 어떤 막연한 시민적 자부심 같은 것이 아니라 각각의 인간은 거룩한 인격이며, 인격적인 하느님의 피조물이라는 확신에 근거를 둔 것이어야 한다. 인간의 존엄성은 자기중심적인 오만함이 아니라, 인간의 위대함과 한계를 동시에 깨닫는 것과 상관있다. 존엄성은 타인에 대한 분별력, 배려, 존중을 특징으로 한다. 또한 존엄의 개념은 단지 이론적인 어떤 것이 아니라, 오히려 수많은 사람들에 의해서 체험되어 온 것이다. 수많은 정교회의 성인들은 신도들을 인도하는 모범이자 온 인류를 위한 축복의 근원으로 역할을 했다.[7]

자유는 그리스도교의 가장 중심적인 개념 중 하나이다. 베르자예프가 적절하게 요약하듯이, "자유의 개념은 그리스도교의 중요한 개념 중 하나이다. 자유가 없다면 세계 창조, 인간의 타락과 구원이 이해될 수 없고 믿음의 현상도 설명될 수 없다."[8] 자유에 대한 이런 메시지는 신약의 여러 곳에서 반복된다.(마태오 17:26, 요한 8:32,36, 고린토 후서 3:17, 갈라디아 5:1,13) 정교회의 그리스 교부들은 반복해서 자유로운 하느님이 자유로운 인간을 창조하셨으니, 인간은 자신의 행동에 대해 책임을 진다는 진리를 강조한다.[9] 책임을 지는 것은 인간의 존엄성

---

7) K.E. Tsiropoulos, "A Theological Overview of Basic Human Rights" in *Human Rights* (in Greek) (Athens, 1977), 154-60 ; *Human Dignity* (in Greek) (Athens, 1967).
8) Nicholas Berdyaev, *Freedom and the Spirit* (Russian title *Dukh i realnost*, 1927), 9th ed., (London, 1948), 119.
9) 신학자 성 그레고리오스에 따르면, 이 자유는 방임과는 다르며 하느님의 명령에 제한을 받는다: "태초부터 창조주는 사람들에게 고유의 자유와 자유의지를 허락하셨다. 사람들은 하느님의 명령에 의해서만 구속을 받았다"(*Orations* 14.25 ["On Caring for the Poor"], PG 35:892AB) ; "자유와 풍요는 단지 창조주의 명령을 지키는 것이다"(ibid., 892AB). 니싸의 성 그레고리오스는 "자유란 자기 자신의 주인이 되고 자신을 다스리는 것을 뜻한다. 이것은 태초부터 하느님이 우리에게 허락하신 선물이다"(*On the Soul and Resurrection*, PG 46:101CD) ; 하느님이 선물로 주신 "모든 것 중에서 가장 훌륭하고 소중한 것은 자기 자신의 주인이 되게 해준 것, 자유의지를 갖게 해준 것이다."(*The Great Catechism* 5, PG 45:24C [trans. NPF, 2d ser., vol. 5]). 이 선물을 남용해서 인류는 타락하게 되었다. 참고. A. Marinos, *Religious Freedom* (in Greek) (Athens, 1972).

과 연관이 있다.

사회 질서를 유지한다는 명목으로 자유를 제한하고자 했던 그리스도인들도 물론 적지 않았다. 하지만 결국에는 그리스도교적 양심이 그들을 거부했다.

그런 상황에서 인간의 평등에 관한 확신이 나온다. "여기에는 그리스인과 유다인, … 타국인, 야만인, 노예, 자유인 따위의 구별이 없다. 오직 그리스도만이 전부로서 모든 사람 위에 군림하신다."(골로사이 3:11)는 신약의 유명한 말씀이 있다. 또한 하느님의 아들이신 말씀이 육화하고, 그리스도에 의한 구원을 통해서 온 인류가 높이 올림 받았다는 확신도 있다.

이런 진리들은 정교회의 성찬 예배에서 즉각적으로 드러난다. 정교회 예배에서 사람들은 사회적 지위, 계급, 인종, 국적에 상관없이 하느님 앞에 동등하게 서있고 동등한 가치를 갖는다. 세계 역사상 획기적인 사상이기도 한 이런 견해는 교부들의 중심적인 가르침이다. 그분들은 '오모티미아 ομοτιμία'(모든 사람들이 동등한 가치를 갖는다는 뜻), '이소티미아 ισοτιμία'(모두가 동등한 특권을 가질 권리가 있다는 뜻) 등의 개념을 통해 인간 평등에 대해 지속적으로 가르쳐왔다.[10] 그분들의 관점에서 평등은 인간성의 본질이었기에, 평등에서 벗어나는 것을 부당하다고 보는 것은 절대적이었다.[11]

어떤 인권선언서에도 포함된 적이 없지만 그리스도교 사상에서는 끊임없이 언급되는 인권이 있다. 즉 사랑하고 사랑 받을 권리다. 이것은 사람을 정의내리는 데 있어서 아주 기본적인 특징이다. 왜냐하

---

10) 참고. Basil the Great, *On the Holy Spirit* 20, PG 32:160C-161D.
11) 이외 권권힌 교부들의 견해에 대해서는 이 책의 제6장 "보편적이고 지속적인 변화의 역동성"을 보라, 이전의 세기들은 존엄, 평등, 자유에 관한 교부들의 사상을 채택했다.

면 사랑하고 사랑 받을 때에만 인간은 인간으로서 완전해지기 때문이다. 인간의 마음이 헤아릴 수 없을 정도로 인류를 사랑하신 하느님은 가장 경이로운 방법으로 그 권리를 우리에게 주셨다. 위에서 언급한 모든 것은 인류를 향한 하느님의 사랑, 인류의 하느님 사랑과 "하느님의 형상으로" 창조된 모든 피조물에 대한 사랑을 선언한 그리스도교의 가르침에서 유기적으로 완전하게 표현된다. 이것은 인간의 존엄과 평등에 대한 우리의 관심을 명료하게 해주는 빛이다. 또한 이것은 인간의 존엄과 평등을 현실화하는 데 필요한 힘과 영감을 우리에게 제공해주는 원천이다.

여섯 번째 감각이라고 불릴 수 있는 이 사랑을 가지고, 참된 그리스도인은 사물의 더 깊은 현실을 발견하고, 모든 사람들을 본래의 모습대로 바라보게 된다. 즉, 하느님의 피조물, 하느님의 형상, 하느님의 자녀, 우리의 형제자매로서 보게 된다. 그리스도교의 사랑에서 발견되는 자유는 엄청나게 강한 힘이다. 그 사랑은 타인들이 믿는 바가 무엇인지에 의해 제한되지도 않고, 또 어떤 방해도 그 사랑의 작동을 막을 수 없다.

그리스도교의 기본 원칙들을 수용하지 않는 사람들이 아무리 많다 해도, 그리스도인들이 인권 존중의 근거로 제시하는 그 원칙들의 중요성이 감소되지는 않는다.[12] 타인들이 우리와 다른 견해를 갖는다고

---

12) 예를 들면, 불가지론자들(agnostics)은 이런 관점에 대해 논의하기를 거부한다. 불교 전통을 따르는 사람들은 전혀 다른 사고 체계에서 생각하는데, 그 체계는 신이나 죄를 다루지 않고 인간이 자신의 능력으로 "깨달음"에 이를 수 있다고 믿어 매우 낙관적이다. 힌두교의 어떤 교파들은 브라만과 아트만의 균형을 수정하여 절대적인 경지로 회귀할 수 있는 인간의 신성한 빛이라는 초월적 원칙을 자신의 개념 체계 안에 수용한다. (아프리카나 오세아니아 등) 자연 상태에서 살아가는 민족들에게서 발견되는 종교에서는 유사한 사상이 어렴풋이 발견되지만, 대체로는 직접적인 일치나 뚜렷한 거부도 나타나지 않는다. 이슬람교나 유대교는 아담이 신에 의해 창조되었고 모든 인간이 같은 조상에서 비롯되었다는 것은 믿지만 성 삼위 하느님, 하느님 아버지, 그리스도의 구원 사역에 관한 것은 전부 부인한다. A. Yannoulatos, *Islam* (Athens, 1976), 135-37을 보라.

해서, 그들이 원하는 대로 믿을 자유를 우리는 무시하지 않는다. 또한 타인들이 인간으로서 타고난 평등과 권리를 소유한다는 것에 대해서 우리는 조금도 의심하지 않는다. 왜냐하면 적어도 우리에게 인간이란 하느님의 형상이 지울 수 없게 새겨진 존재이기 때문이다.

정교회 역사에서의 인권

우리는 인권과 관련하여 정교회 역사를 크게 네 개의 시대로 구분할 수 있다.

그리스도교의 초기 3세기

첫 번째 시대는 그리스도교의 첫 3세기 동안에 해당하는데, 이 기간에 교회는 박해를 받고 있었고, 그래서 시민과 국가 사이의 관계를 결정할 수 있는 위치에 있지 못했다. 복음의 메시지에 대한 종말론적인 관점에 몰두한 이 시기의 그리스도인들은 모든 인간의 가치와 평등, 자유, 존엄, 형제애와 같은 인류의 양도될 수 없는 권리에 대해서 의견이 일치했다. 또한 초대 그리스도인들은 그들의 생각과 생활방식과 순교에서 볼 수 있듯이, 이런 권리들에 대한 침해를 정죄했다. 하지만 어떤 구체적인 사회적 교리들을 내세우진 않았다. 교회는 사회·정치적 혁명이 아니라 하느님 나라를 선언하기 위해 존재했다.

비잔틴 시대

4세기에서 15세기까지 이어지는 두 번째 시대는 그리스도교가 공식적인 국가 종교가 된 시기이다. 앞서 언급한 교리들이 교회의 위대한 스승들에 의해 공개적으로 설교되었는데, 그들은 모든 사람의 가치, 자유, 평등을 주장했다. 비록 교회의 이런 지도자들은 어떤 정치 권력을 행사하지 않았지만, 그리스도교 교리에 따라 신도들의 양심을 세우려고 노력했다.[13]

이전 로마 제국에서처럼 비잔틴 제국에서도 입법권은 황제에게 주어졌다. 교회는 국가의 행정기관이 아니었고, 교회 지도자들은 국가 권력을 갖지 못했다. 성직자와 수도자들은 복음의 교리를 본래대로 보존했고, 인간에 관한 성경의 가르침을 발전시킴으로써, 모든 사람을 존중하는 데에 있어서 특별한 감수성을 드러냈다.

비잔틴 황제들은 다양한 나라와 종교적 전통을 포함한 거대한 제국을 조직화하고 단합시키는 일을 담당했다. 지속적인 분열의 위험에 직면한 황제들은 자신들이 가장 우월하다고 믿는 종교를 나라 전체에 부과함으로써 단합과 평화를 확보하려 했다. 그리스도교의 근본적인 교리인 "나를 따르려는 사람은 누구든지"라는 구절은 종종 잊혀지거나 무시되었다. 비잔틴의 통치자들이 종교의 자유를 항상 존중한 것은 아니다. 나지안주스의 성 그레고리오스와 그 밖에 위대한 교부들처럼 반대한 이들도 있었지만, 국가의 일반적 정책은 무력으로 이교들을 뿌리 뽑는 것이었다. 종교적 관용은 유대 종교에게만 주어졌고, 그리고 그들에겐 상당한 특권이 부여되었다.

---

13) 이와 관련하여 이 책의 제6장 "보편적이고 지속적인 변화의 역동성"을 보라.

동산과 부동산의 압수를 동반하곤 했던 종교적 자유의 부정은 분명 비잔틴 역사에서 가장 바람직한 부분에 속하는 것은 아니다. 역사에서 흔히 그렇듯이, 이론상 훌륭한 원칙들은 실천되지 않았다. 오늘날도 인권을 보호하겠다고 공언한 나라들이 당장의 이익이나 다른 명목으로 서슴지 않고 인권을 침해한다. 하지만 모든 역사적 시대는 그 당시의 문화적 상황에 의해서 평가되어야 한다는 점을 우리는 잊지 말아야 한다. 그 시대의 야만적인 관습들을 고려하여 판단한다면, 비잔티움이 인간 삶의 수준을 끌어올린 것은 분명하다.

터키가 지배했던 시대

1453년 비잔티움의 몰락으로부터 19세기 중엽에 이르는 시대인 세 번째 시기에 소아시아와 발칸 반도의 정교회 교인들은 비그리스도교 국가의 압박 속에서 살았다. 이때 정교회는 정복된 민족들의 인권 보호를 위해 애썼고, 인권이 잔혹하게 침해되었을 때 그들을 변호하고 위로했다. 1454년 마호메트 정복자가 지배하에 놓인 그리스도인들에게 특권을 허용해 주었지만, 때때로 오토만의 종교적 광신이 폭발하여 그리스도인들의 기본적인 인권을 끊임없이 침해하였기 때문이다. 예를 들면, 그리스도인들에 대한 경멸, 재산 압류, 사회적 차별, 부당한 세금 징수, 터키 병사들에 의한 그리스도교 아이들의 대규모의 납치와 이슬람교로의 개종 등이다. 그리스도인들에 대한 박해는 끊이지 않았다. 셀림 1세(1512-1520)의 치하에서는 모든 그리스도인들에 대한 이슬람교로의 강제적인 개종이 실행되었다. 이러한 참혹한 시기에 성직자들은 그리스도인들의 인권을 옹호하고 평등, 존엄성, 형제애에 근거한 그리스도교 공동체를 조직하는 등의 지원 활동을 펼쳤다.

지난 두 세기의 시대

네 번째 시대는 발칸 제국에 있던 정교회 민족들이 독립 국가를 세운 19세기에 시작된다. 정교회 민족들은 대부분의 인권에 대해 자발적인 존중을 보여주었고, 오랜 세월 시련을 겪었음에도 불관용이라는 반대 방향으로 돌아서지 않았다. 그리스 혁명의 선구자 중 한 사람인 리가스 벨레스틴리스(1757-1798)는 자신의 '혁명 선언문'에서 "지구상의 어느 누구도 빼앗을 권리가 없고"(제1조) 그리스 사람들뿐만 아니라 모든 사람들에게 예외 없이 존재하는 "자연권"을 주창한다.[14] 그의 기본적인 입장은 "모든 사람들은 어느 누구의 노예가 아닌 자유로운 존재일 권리를 갖는다"(제2조)는 것이다. 리가스는 특히 종교적인 자유를 강조했다. '혁명 선언문'에서 그는 "나는 [모두가 하느님의 피조물이고 아담의 자손이므로] 어떤 종교적 구분 없이, 모든 그리스도인들과 터키 사람들에 관해 말하고 있다"고 언급한다.[15] '인간의 권리'에서 그는 "그리스도인이건 터키 사람이건 모든 사람들은 본질적으

---

14) 리가스(Rigas)의 '혁명 선언문(Revolutionary Manifesto)'에는 '혁명 선언(Proclamation of Revolution)', '인간의 권리(The Rights of Man)', 그의 주저 '새로운 정치적 헌법(A New Political Constitution)', 그리고 'Thourios'(전쟁 찬가)가 포함되어 있다. '혁명 선언'에서 그는 그런 권리가 "하느님에 의해서 사람들에게 부여된 것이므로 신성하고 순수하다"고 말한다. 그리고 35개의 조항에는 "소중한 인권의 공개적 선언"이 있다. 제2조는 "이런 자연권은 첫째, 타인에게 종속되지 않고 동등할 권리 ; 둘째, 타인에게 노예가 되지 않고 자유로울 권리 ; 셋째, 우리의 생명을 부당하거나 임의적으로 빼앗기지 않고, 안전하게 살 권리 ; 넷째, 우리와 우리의 후손에게 속한 소유물을 누구도 빼앗을 수 없는 소유물에 대한 권리"라고 설명한다. L.I. Vranousis, *Rigas Velestinlis (1757-1798)* (in Greek) 2d ed. (Athens, 1963), 116-17, 153-58. [1999 Addendum: 참고. G. Spandonis, *Rigas Velestinlis: The Revolutionary and His Hymns* (in Greek) (Athens, 1995): 이 책에는 '인간의 권리(The Rights of Man)' (225-32)의 전문이 실려 있다 ; P.M. Kitromilidis, *Rigas Velestinlis, Theory and Practice* (in Greek) (Athens, 1998) ; *Rigas Velestinlis Selected Works* (in Greek) (Athens, 1998).
15) L.I. Vranousis, *Rigas Velestinlis*, 153.

로 동등하다"(제3조)는 점을 강조하고, "그리스도교, 이슬람교, 유대교 등, 모든 종교의 자유"(제7조)를 선언한다. 다른 조항들은 의견의 자유, 표현의 자유, 집회의 자유에 관해 자세하게 기술하고 있다. 그 시대 교회 안의 갈등에도 불구하고, 리가스는 정교회 전통 안에서 행동하였다.

1821년 그리스 독립 전쟁 이후에 작성된 모든 그리스 헌법은 인권을 강조하고 평등과 자유의 원칙에 대한 믿음을 선언하는 조항들을 담고 있다. 그것은 압도적으로 정교회를 믿는 백성에 의해 비준되었다.[16] 이러한 헌법의 역사는 자유를 존중하는 정교회의 정서가 박해와 억압의 모진 경험에 의해서도 훼손되지 않았음을 증명해 준다.

19세기 발칸 민족들에 의해 세워진 다른 자유 국가들도 즉시 인권과 세계 인권선언의 조항을 채택했다.

그리스를 제외한 발칸 반도의 대부분의 나라에서 공산 정권이 승리한 후, 정교회는 현재 우리 모두에게 익숙해진 어려움에 처하게 되었다. '종교의 자유'는 문헌에만 존재할 뿐, 실제로는 끊임없이 침해되었다.[17]

지난 6세기 동안의 발칸 역사를 보면, 일반적으로 평등, 존엄, 자유의 권리에 대한 믿음이, 정교회의 도움으로, 억압 받은 사람들의 마음속에 살아남아 있었다. 그 사람들의 생명이 위험한 상황에 있을 때, 그들의 종교 지도자들은 인권을 위한 투쟁에 앞장섰다.

우리 시대를 돌아보면, 정교회는 '세계교회협의회' WCC가 생긴 이

---

16) 참조. A.I. Svolos & G.K. Vlachos, *The Greek Constitution* (in Greek), 2 vols. (Athens, 1954) ; P. Vegleris, *The Treaty on Human Rights and the Constitution* (in Greek) (Athens, 1977) ; A. Manesis, *Individual Freedoms: University Lectures in Constitutional Law* (in Greek) (Thessaloniki, 1979).
17) 알바니아는 1967년에서 1990년까지 발효된 헌법을 통해, 종교적 신념을 표현할 그 어떤 권리도 폐기해 버린 유일한 국가이다.

래로 이 단체에 적극적으로 참여하였고, 교파를 초월한 이 단체를 통해 천명된 인권과 종교의 자유에 관한 선언과 결정을 지지해 왔다. 1948년 암스테르담에서 개최된 이 협의회의 회의에서 정교회 대표단은 "종교의 자유라는 권리는 하느님이 인류를 자유로운 존재로 창조하셨다는 사실의 결과이므로, 종교의 자유를 부여하는 것은 어떤 형태의 정부에도 의존하지 않는다."는 선언에 동참했다. 그 다음 해에 영국의 치체스터에서 열린 이 협의회의 중앙 위원회에 속한 정교회 회원들은 "종교의 자유는 모든 다른 자유에 대한 필수 요건이며 수호 조건이다."라고 강조한 선언에 같이 서명했다.[18] 정교회는 인권 문제에 관해 이 협의회가 제시한 성명이나 선언에도 마찬가지로 동참했다.

인권을 향한 현재의 사회적, 정치적 동요와 노력은 정교회가 성경적 자료를 더 깊이 연구하고 그 '증언'을 재검토해야 할 새로운 이유를 제공한다. 교회는 현대에서 비판적 역할을 요구 받으며, 그 과정은 항상 교회 자체를 비판적으로 재평가함으로써 시작되어야 한다.[19]

인권을 옹호하는 데 있어서, 정교회는 교리뿐만 아니라 심오한 신앙적 경험과 성찬 예배의 생활을 이용한다. 이로 인해 교회는 신도들을 영적으로 인도하고 내적인 자기반성과 회개로 이끌어 그들이 생활에서 정의와 평화와 사랑을 실천할 수 있게 한다. 신앙은 사람들의 의식에 깊은 영향을 주어 그들이 자발적으로 자유, 평등, 존엄, 형제

---

18) *Religious Freedom: Main Statements by WCC 1948-75* (Geneva, 1976).
19) [1999 Addendum: 그리스도교계의 인권문제에 관해서는 각주 22번을 보라. 제3차 범정교회 준비회의는 1986년에 정의와 인권에 관한 선언에서 "정교인들은 하느님의 겸손(divine condescension)을 매일 경험하고 사람들과 민족들을 분열시키는 모든 형태의 광신과 편협함에 맞서 싸운다. 우리는 하느님의 육화와 인간의 신화(deification)를 끊임없이 외침으로써, 모든 사람과 민족의 인권을 옹호한다. 그리스도의 구원을 통하여 자유라는 하느님의 선물을 가지고 살고 있으므로, 우리는 자유가 모든 사람과 민족에게 보편적 가치임을 충분히 드러낼 수 있다."라는 정교회의 관점을 발표했다. *Episkepsis* 17 (1986), issue 369/15.12.1986.]

애, 그리고 이 이상들로부터 파생하는 그 밖의 다른 모든 인권들을 준수하게 한다.

기본적인 인권에 대한 정교회의 견해

인권에 관여한 많은 사람들이 종교적 문제를 회피하려 하지만, 인간 존재의 의미에 대한 질문을 하게 되면 결국 '형이상학적인' 관점을 취하지 않을 수 없다. 그런 문제의 존재 자체를 부정하는 사람들도, 비록 부정적인 방식이라 하더라도, 결국에는 어떤 입장을 취할 수밖에 없다.

'인격'person과 '사람의 인격성'personality 개념의 중요성

대부분의 인권 선언문들과 마찬가지로, '세계 인권선언'은 "인격의 가치"(서문)와 "인격성의 자유롭고도 완전한 발전"(제29조)을 언급하고 있다. 개인의 생활을 표현하는 정치제도나 사회 체제들이 인격성의 개념을 근본적인 원칙들 중의 하나로 인정해야 한다는 사상은 오랜 복잡한 과정을 거치면서 사람들의 마음속에 점차적으로 형성된 것이다. 1789년 프랑스 혁명의 인권선언을 통해 부르주아 계급은 급진적인 개인주의에 바탕을 두고 사회생활의 모든 면을 규정지으려 했다. 하지만 그것은 오랜 숙원이었던 개인의 해방을 가져오지 못했다. 오히려 사회의 치안을 유지하려는 국가의 책임이 끔찍할 정도로 확대되었고 민중의 주장과 요구는 억압되었다. 그런 형태의 급진적인 개인주의는 철학적 자유주의의 생성을 가능하게 했고, 윤리와 법

그리고 사회와 국가를 분리시키는 순수 형식주의로 이어졌다. 자율성의 도덕적 원칙은 인간 생활의 보다 심오한 측면과 인간 존재의 본질적인 문제를 결국 간과하게 되었다.

자유주의적 개인주의 이데올로기는 인격성의 개념을 이용했지만, 그것은 주로 국가의 활동범위를 제한하여 국가가 경제적, 사회적, 문화적 영역에 간섭하는 것을 막기 위함이었다. 개인은 법이 금지하지 않는 것이라면 무엇이든지 자유롭게 할 수 있고, 국가는 법이 명백하게 위임한 것만을 수행할 의무가 있다는 것이 명시되었다.[20]

현대 사회체제는 계속해서 점점 더 다원화 되고 있으므로, 20세기는 국가와 법과 경제를 확립하고 확장시킬 새로운 원칙을 찾고 있다. 결과적으로 현대사회는 점점 더 사람들을 개인적이고 자율적인 실체들로, '인격들'로 보는 경향이 있다. 인본주의는 원래 자율의 개념에 도덕적, 지적 자유를 결부시켰다. 사회경제적 자유주의는 국가의 역할과 간섭을 제한하기 위해 같은 근거를 주장했다. 하지만 사회경제적 자유주의는 사람이 실제로 필요로 하는 것에는 관심이 없고, 그런 것을 이해할 수 있는 위치에 있지 못하다는 것이 여러 사건들을 통해 밝혀졌다.

19세기의 계급투쟁과 20세기의 사회적 정치적 사건들은 논리적인 개념이 아니라, 도덕적 요구로서의 사람의 보편적인 자유에 더욱 이끌리고 있다. 인류가 20세기에 직면한 여러 가지 위기의 결과로서, 인격성이라는 관념은 정치적, 경제적, 윤리적, 법적인 원칙들을 조화롭게 발전시켜줄 수 있는 중추적인 원칙으로 다시 부상하게 되었다.

20세기에 인류는 두 가지 사회체제에 의해 고통을 당하고 억압을

---

20) *The Sociology of Human Rights* (in Greek) (Athens, 1976)에서 G. Vlachos가 분석한 것을 참고하라.

받았다. 첫 번째 것은 불가지론적 개인주의를 양성한 서구의 자본주의 정신이다. 두 번째 것은 노골적인 독재를 통해서, 아니면 여러 가지 선전문구나 새로운 세상을 창조한다는 이념 뒤에 숨은 독재를 통해서, 사람들을 익명적 개인들의 집합으로 탈바꿈시키는 여러 형태의 전체주의적 정권들이다.

인간성에 관한 이론을 발전시키려 한 유럽의 인본주의는 그리스도교적 개념을 회피하거나 대체하고, '인격적 고유성' personhood의 개념을 자율적 윤리학이나 순수 인본주의 철학과 결부시켰다. 하지만 '인격적 고유성'의 의미와 경험은 주로 그리스 교부들에 의해 이루어진 그리스도교 신학 사상 안에서 형성되었다. 인격 person이라는 이 개념은 사람의 실존과 사회에 대한 문제를 이해해 보려던 정교 신학의 모든 시도들의 중심 개념이었다. 이 개념은 "우리 형상에 따라, 우리를 닮도록"(창세기 1:26)이라는 성경구절을 근거로, 사람을 개인들 individuals이 아니라 인격들 persons이라고 해석하는 정교회 신학[21]과 직접적으로 연관된다.[22]

'인격적 고유성' personhood의 발전과 완성

사회라는 개념의 참된 의미는 각 사람의 권리가 다른 모든 사람의 권리와 불가분의 연결 상태에 있음을 함축한다. 권리와 의무는 상호

---

21) 정교회 사상에서의 인격(person)의 개념에 대해서는 I. Zizioulas, "From Mask to Person" in *Festschrift in Honor of the Metropolitan Elder of Chalcedon Meliton* (in Greek) (Thessaloniki, 1967)을 보라.
22) 물론 이 인간학은 인간에 대한 관점에 있어서 다른 종교들과 근본적으로 다르다. 불교의 가르침에 따르면 사람은 자아가 아니라 아나타(anatta, 무아)라서, 감정과 깨달음처럼 끊임없이 변화하는 정신적, 물질적 상태의 융합이다. 많은 종교적, 철학적 체계들은 인간의 능력에만 국한하시만, 그리스도교는 성령을 통해서 세상의 삶과 각 개인의 삶에 시속되고 있는 과성인, 하느님의 역사에의 관여를 선언한다.

의존적이며, 개인의 권리는 사회적, 정치적 권리와 조화를 이루어야 한다. 인간의 존엄성을 존중하기 위해서는, 다원주의 사회에서 특히, 타인들의 권리를 수동적으로 인정하는 것 이상의 것이 요구된다. 타인들의 삶이 위기의 상황에 처할 경우, 우리는 적극적으로 참여해야 한다.

이 시점에서 그리스도교의 사랑, 아가페를 이해하는 것은 매우 중요하다. 각각의 존재가 다른 존재에게 소외되고 무관심한 모래알 더미 같은 상태로부터, 각각의 존재가 다른 존재의 성장에 도움을 주는 살아있는 세포로 구성된 유기체의 상태로, 사회를 변화시킬 수 있는 것은 오직 아가페뿐이다. 각각의 사람은 그 사회의 다른 모든 사람들로부터 사랑 받을 '권리'를 갖는다. 사랑 안에 존재하시는 하느님은 우리에게 이 권리를 주셨다. 진정으로 자유롭기 위해서 모든 사람은 사랑해야 한다. 왜냐하면 자유가 완성되는 것은 사랑 안에서 가능하기 때문이다. 성 삼위 하느님에 대한 정교회 교리에서 '인격적 고유성'과 사회는 조화롭게 연결되어 있다. 즉, 인간은 사회 속에 완전하게 통합되어 있지만, '인격적 고유성'은 온전히 보존되어 있다.

인권에 대한 숭배가 거의 우상숭배의 지경에 이른 우리 시대에 그리스도교 사상과 그리스도교적인 삶의 경험은, 사랑을 위해 자신의 '권리'를 자유롭게 희생하는 인권을 요청한다. 이것은 어느 누구에게 강요되는 것이 아니라 자유롭게 선택되는 것이다. 사랑은 법률 형태의 좁은 차원을 초월하는 적극적인 선택이다. 모세의 율법이나 다른 어떤 인간적 법률들과 달리 사랑은 자유를 준다. "사랑한다는 것은 율법을 완성하는 일이다."(로마서 13:10)

인격적 양심과 진실성

　기존의 다양한 인권선언들은 사회조직에 매우 중요하고, 국가의 규제하는 역할도 그에 못지않게 중요하다. 하지만 우리의 복잡한 사회에는 인권을 회피하거나 위반하는 많은 교묘하고도 냉소적인 행위들이 존재한다. 타인을 이용하여 이익을 얻는 일이 다반사고 아무리 많은 인권선언도 이를 방지할 수 없다. 인권선언 그 자체로는 누구에게도 그것을 자발적으로 지키려는 의지를 이끌어낼 수 없다. 국제적인 차원에서 인권 문제가 위선적인 방법으로 다뤄져왔다는 것은 금세기의 가장 냉소적인 아이러니이다.

　인권을 보호하는 문제는 국가나 정부기관의 차원에 국한되는 것이 아니라, 사람들의 권리를 침해하는 각종 단체들의 행동에까지 확대된다. 종종 사적인 이해관계가 타국 국민들의 인권을 침해하는 국가기관과 함께 작동하고 있다는 것은 세상이 다 아는 일이다.

　문제는 어떻게 기존의 선언들을 지적, 법적인 형태로부터 살아있는 현실로 바꾸느냐에 있다. 법은 범죄를 규정하고 죄의 성격을 밝힐 뿐, 그것을 제거할 수는 없다.

　악의 근원은 자신의 이기적인 목적을 이루기 위해서 교묘하게 법을 위반할 방법을 찾으려 하는 사람의 이기심에 있다. 이것은 타인의 권리를 존중하려 할 때, 인격적 양심과 진실성이 얼마나 중요한 의미를 가지는지를 설명해준다. 올바르게 이성을 사용하고 의지를 발휘하려면, 우리는 지속적으로 우리의 마음을 깨끗하게 해야 한다. 이런 점에서 종교적인 믿음과 건전하고 진정한 종교적 양심의 함양이 중요하다. 인격적 책임감을 발전시킴으로써 우리 각자는, 우리 주변과 우리의 마음 안에서 발생하는 모든 인권 침해에 강고하게 맞서는 저항의 요새가 될 수 있다. 철학적 자연주의에 기반을 둔 물질주의 이론은 이러한 접근과 대조된다. 그들의 이론적 전제는, 불평등이 동물과 식물 세계를 지배하는 것이 논리적 필연이므로 인간은 평등하지 않다는 결론에 이른다. 또한 심리학적으로 그들은 우리 각자의 자기 중심적이고 이기적인 충동을 부추겨, 의지에 의한 어떤 제지도 완벽하게 제거해 버린다.

내적인 자유를 향하여

정교회 전통에서, 자유의 추구는 하나의 다른, 보다 높은 차원을 향한다. 그것은 충만하게 발전된 인격성의 필요조건인 내적인 평화를 얻는 것으로 향한다. 자유를 추구하는 것은 정교회의 삶과 사상의 핵심적인 특징이다. 그것은 자기 절제, 금욕적 생활, 자신의 필요를 제한하기, 금식 등을 정교회가 왜 강조하는지를 설명해 준다.

사람들이 파편화된 인격으로 끝나지 않고, 진정한 인간으로 변하기 위해서는 이기적 자아가 드리우는 위협으로부터 보호되어야 한다. 그리스도교 사상은 타인들의 압제뿐만 아니라, 우리 자신의 억제할 수 없는 충동의 압제로 인해 우리의 권리가 침해당할 위험이 있다는 점을 강조한다. 그리스도교 사상은 인류를 위협하는 자기 파괴적인 실존주의의 깊은 구렁에 빛을 밝혀준다.

'나의 권리'는 절대적인 것이라는 사상과 대조를 이루는 그리스도교의 해방의 가르침을 우리는 들을 수 있다. 즉 나 자신을 찾으려면 나 자신을 희생해야 한다는 것이다.(마태오 16:24 참고) 이 말에 담겨있는 사고방식은 '나의 권리'를 절대적인 것으로 보는 것과 정반대이다. 왜냐하면 그것은 스스로 십자가를 지는 자유롭고도 실존적인 선택을 옹호하기 때문이다. 온 세상의 평등과 형제애를 증진시키는 힘과 수단은 십자군 전쟁이 아니라 자유의지로 십자가를 받아들이는 것이다.

정교회 전통이 우리 삶의 모델과 최고의 인격적 표본으로 제시하는 사람은, 사회적 존경을 받고 올바르고 적당한 삶을 영위하면서 조심스럽게 개인의 권리를 보호하는 남부럽지 않은 부르주아가 아니고 성인聖人과 순교자와 수도자이다. 즉, 돈, 재산, 명예, 혹은 사회적 명망에 대한 어떤 욕망으로부터도 자유롭고, 내적인 자유의 기쁨과 완성을 경험한 사람이다. 하지만 "성령의 인도를 따라" "그리스도 안에서" 산다고 해서 물리적인 신체를 무시하고, 영적인 요소에만 관심을 두고 사는 것을 의미하는 것은 아니다. 오히려 그들은 주변의 사회생활에 참여하면서도 성령의 인도를 받아 어떤 형태의 이기심으로부터도 자유롭기 위해 노력한다. 당연히, 삶에 대한 이러한 접근은 법으로 강요될 수도 없고 수립될 수도 없다. 그것은 개인적인 자유의 표현이고 십자가에 달리시고 부활하신 주님에 대한 사랑의 분출이다. 그리고 그것은 사랑 안에서 발견되는 자유가 사람을 하느님 '같은' 존재로 만들어 준다는 확신에서 비롯된다.

이 내적인 자유는 감옥이나 강제 수용소 혹은 가혹한 압제 권력 아래서처럼 인권이 전혀 존중되지 않는 힘든 상황에서도 꿋꿋할 수 있는 힘을 준다. 왜냐하면 어떤 외부적인 힘도 그것을 억누르거나 파괴할 수 없기 때문이다.

다양한 시대에 인권을 옹호하기 위해 기록되고 선언된 것을 폄하하는 것은 나의 목적이 아니다. 나의 목적은 정교회가 인류를 위해 "구속력 있고 필요하며, 옳고 고유한" 것이라고 여기는 것, 그리스어로 '네온δέον'이라고 여기는 것을 상술하는 것이다. 정교회의 '데온'

은 그 범위와 권능에 있어서 인권의 한계를 넘어서는 것이다.

그리스어 '디께오마따δικαιώματα'(권리)는 초대 그리스도교 이래로 정교회 예배에서 지속적으로 사용되었다. 이 단어는 시편에서 자주 나타나고, 시편을 통해서 하느님의 명령, 율법, 계명의 의미로 교회 성가에 삽입되었다. 시편 119편이 좋은 예이다. "주여, 당신의 사랑이 땅에 넘치옵니다. 당신의 뜻을 나에게 알려주소서,"(64절) "당신 뜻을 어기지 않고 굳굳하게 살도록 해주소서,"(5절) "주여, 찬송을 받으실 분이여, 당신 뜻을 가르쳐주소서."(12절) 이런 관점에서 정교회는 사람의 디께오마따를 하느님의 디께오마따와 관련지어, 다시 말해 하느님의 정의와 진리와 사랑의 관점으로 바라본다. 인권의 결실에 가장 비옥한 땅을 인류에게 마련해 주는 제도와 의무와 원칙들 아래에는 항상 하느님의 디께오마따가 놓여 있었다.

미래 세대의 권리

자제와 금욕적 삶은, 자연과 동물 세계를 포함하는 훨씬 더 넓은 유기체에서 인류가 어떤 위치를 차지하는지에 대한 자각, 우리 자신만을 위해 자연자원을 낭비하는 것은 정당화될 수 없다는 깨달음과 관련된다.

우리가 인권에 대해서 말할 때, 우리는 대개 우리와 같은 시대에 사는 사람들의 인권에 대해서만 생각한다. 하지만 역사는 지속되고 다음 세대들이 우리 뒤를 이을 것이라는 점을 고려하면, 우리는 그들의 권리에도 더 민감해야 한다. 즉, 자연과 건강을 향유하고 이 우주 안에서 편안하게 살아갈 권리 말이다. 환경파괴, 해양오염, 오염된

음식, 에너지 자원의 낭비와 같이 수많은 난제들은 미래 세대의 인권과 관련 있는 문제들이다.

온 인류의 궁극적 권리: 창조된 목적대로 되는 것

마지막으로, 정교회의 기본적인 사상이자 믿음은 우리가 창조된 바의 목적에 이를 권리를 갖는다는 흔들리지 않는 확신이다. 우리의 가장 중요한 권리는 우리의 가장 심오한 본질을 실현하고 은총을 통해 "하느님의 자녀"가 되는 권리이다. 삶이 줄 수 있는 여러 가지 혜택들이 우리 존재의 기본인 이 권리를 무시한다면 우리는 가야할 방향을 잃게 되고, 결국 우리로 하여금 가장 본질적인 것, 우리의 주의를 항상 기울이게 하는 그리스도교의 신성한 선언, 다시 말해, 죄의 성향을 극복하고, 죽음을 이기고, '신화'를 향해 나아가기 위해서, 하느님의 은총으로 얻은 능력을 사용할 권리와 의무를 인간이 갖는다는 사실에 무관심하게 만들 수 있다.

* * *

정교회 사상은 우리로 하여금 인권의 의미를 더 깊게 탐구하게 하고, 인권선언이 딱딱한 법적 문서로 남아있지 않게 한다. 그것은 또한 우리로 하여금 인권의 범위를 확장하게 하여, 우리 자신의 진정한 본질과 삶의 목적을 추구할 권리 같은 본질적인 문제들이 그 안에 포함되게 한다.

그리스도인들은 역사의 발전에서 자신들의 중요한 위치를 포기하지 않는다. 인류의 여러 가지 성취에 그들은 기뻐하지만, 또한 그보다 더욱 본질적인 것을 추구하기를 멈추지 않는다. 그들은 "어떤 인권 선언도 완벽하거나 최종적이지 않고, 그런 선언들은 항상 역사의 특정한 순간의 윤리적 양심과 문화에 조응한다"는 것을 안다.[23] 이런 이유에서 그리스도인들은 주의를 기울여 지속적인 개혁과 재평가를 통해서 사회의 법적, 정치적 체제가 좀 더 포괄적이도록 노력해야 한다.

그리스도교 교회가 인권 운동에 나름의 기여를 하고자 한다면, 면밀한 분석과 조언에만 국한하지 말고, 현실 속에서 교회의 본래 목적 그대로를 구현해야 한다. 즉, 인격이 형성될 수 있는 도덕적, 영적 감화의 중심이 되어야 하고, 하느님 왕국이 지상에서 나타나는 장소가 되어야 하며, 삶의 차원을 단지 생물학적으로 공존하는 개인들의 집합체로부터, 교회에서 끊임없이 찬양되시는 성령의 친교를 모범으로 삼는 '인격들 간의 친교'로 승화시키는 장소, 헌신적인 사랑의 배양소가 되어야 한다.

정교회는 사람의 자유를 깊이 존중하고 그리스도교적 관점을 채택하게 하려는 어떤 강요도 하지 않음으로써 사람들을 있는 그대로 받아들이려는 태도를 장려한다. 그래서 다른 종교인들이나 다른 이데올로기를 가진 사람들과 쉽게 대화할 수 있다. 이것은 또한 인권을 보편적으로 수용하게 하고, 인권을 보호하기 위해 타인들과 협력하려는 열망과 인권에 대한 깊은 존중심을 불어넣어 준다.

---

23) *Human rights* (in Greek) (Athens: Euthyni, 1977).

후기: 인권과 종교

 "세계의 종교 정치 전통들의 인권에 대한 입장"에 대해 논의하기 위한 기념회의가 1979년 유네스코의 주관으로 개최되었다. 12월 3일에서 7일까지 방콕에서 열린 이 회의는 다음의 사항에 대해 토론했다. 첫째, 힌두교, 불교, 유대교, 정교회, 로마 가톨릭 교회, 개신교회, 신토교, 이슬람교 등 주요 종교 사상들의 인권에 대한 관점이었고, 두 번째는 1979년 3월 14일 유엔인권위원회에서 결의한 대로, '종교적 믿음에 근거한 모든 편협, 억압, 차별을 방지하기 위한 선언'을 준비하는 것이었다. '종교와 신념에 근거한 모든 불관용과 차별 폐지 선언'은 1981년 11월 25일에 공식적으로 발표되었다.

 그 회의에서 다음의 사항에 대해 의견이 일치되었다. 인권선언과 이와 관련한 유엔의 다른 노력들은 인간의 가치와 존엄성을 인정하기 위한 중요한 단계이다. 어떤 특정 종교에서 인권을 어떻게 해석하느냐에 상관없이, 인권문제는 세계의 거의 모든 종교에서 중요한 문제이다. 인권에 대한 존중과 사람의 거룩함에 대한 일반적인 인식은 종교 공동체들로 하여금 인권문제와 연관 있는 국제기구들과의 협력을 촉진한다.

 다른 기준에 따라 움직이긴 하지만, 여러 종교의 대변인들은 모든 사람들에게 각각의 고유성이 존재한다는 등의 여러 가지 기본적인 사항에 동의할 수 있었다. 개인적인 혹은 사회적인 권리들 이외에도, 사람들은 초월적이고 거룩하고 신성한 다른 차원의 현실과 항상 연결될 수 있고 또 그것에 접근할 수 있다.

 개인의 인권은 타인들의 권리와 사유를 인정해야 할 책임을 전제로 한다. 물론 각각의 종교는 다른 기준을 사용하고 다른 원칙을 염두에 두고 이 문제에 접근한다. 대부분의 종교 전통들에게는, 초월적이고 수직적 차원과 수평적이고 사회 역사적 차원을 단절시키는 그런 간격이 존재하지는 않는다. 하지만 많은 종교들이 인간의 삶에 있어서 경제적, 종교적 요소들을 어느 정도로 강조해야 할지 모르고 있다.

악의 문제를 다루는 것은 인권을 이해하는 데 근본적인 요소이다. 비록 대부분의 종교인들은 이 문제에 대한 그들의 역할이 유엔의 인권선언을 장려하는 것만으로는 완성되지 않고, 1948년 선언의 근거들이 이질적이거나 심지어 자신들의 전통에는 용납하기 어려운 것이라고 주장한다. 하지만, 결국 그들은 이런 선언이 모든 종교에게 자신을 검토하고, 동시에 오늘날 인류가 겪는 억압의 무게를 줄이기 위해 세계의 다른 지역 사람들과 협력할 수 있는 기회를 마련한다는 점

---

24) [1999 Addendum: 방콕 회의에서 발표한 로마 가톨릭과 개신교 논문들은 *Christianisme et Droits de l'homme* (E. Hirsh ed., Paris, 1984)에 출간되었다. M. Schooyans, "Le catholicisme et les Droits de l'Homme," 13-41 ; M. Lienhard, "Le protestantisme et les droits de l'homme," 43-67 ; Pope John XXIII, "Pacem in terris" (selections), 69-78 ; J.M. Aubert, "Les droits de l'homme interpellent les église," 81-111이 실려 있다. 지난 20년 동안 인권과 종교 전통에 관한 많은 책들과 논문들이 출간되었다. 참조. U. Schenner, "Les droits de l'homme à l'intérieur des Eglise protestantes," in *Revue d'histoire et de philosophie religieuse* 58 (1978): 379-97 ; E. Weingartner, *Human Rights on the Ecumenical Agenda* CCIA Background Information 3 (Geneva, 1983) ; *L'Eglise et les droits de l'homme*, Commission Pontificale "Justitia e Pax" 11:17, 3d ed. (Cité du Vatican, 1983) 참고. G. Filibeck, *Les droits de l'homme dans l'enseignement de l'Eglise: de Jean XXIII à Jean-Paul II*, Recueil de textes du Magistère de l'Eglise catholique de Mater et Magistra à Centessimus Annus (1961-1991) (Vatican, 1992) ; L.S. Swidler, ed., *Religious Liberty and Human Rights in Nations and Religions* (Philadelphia, 1986) ; *Forms of Solidarity: Human Rights* (Geneva, 1988) ; N. Koshy, *Religious Freedom in a Changing World* (Geneva, 1992) ; E. Roukounas, *The International Defense of Human Rights* (in Greek) (Athens, 1995) ; K.Delikostantes, *Human Rights: Western Ideology or Universal Ethic?* (in Greek) (Thessaloniki, 1995) ; J.D. Van der Vyver and J. Witte, Jr., eds., *Religious Human Rights in Global Perspectives*, 2 vols., in the series Religious Perspectives (The Hague, Boston, and London 1996): 선별된 참고문헌 목록이 들어있다. ; K. Bey, ed., *Religious Freedom: Theory and Practice in Greek Society and Legal Order* (in Greek) (Athens, 1997) ; N.S. Iwe, *The History and Contents of Human Rights* (New York, Berne, and Frankfurt, 1986) ; P. de

은 인정한다. 그들은 이 거대한 과업의 책임을 져야한다는 사실과 그
어려움을 인식한다. 또한 그들은 인권을 실현코자 하는 노력에서 스
스로가 추진력이 될 수 있고, 또 되어야 한다는 점에 동의한다.[24]

Senarclens, "Les droits de l'homme ont-ils un avenir?" in *Festschrift in Honor of Ph. Vegleres* (in Greek and French, 프랑스어 제목은 *Mélange en l'honneur de Ph. Vegleris*) (Athens, 1988), 363-83 ; K.N. Kakouri, "The Universality of Human Rights-The Right to Be Different: Some Observations" (in Greek), *To Syntagma* 1 (1994): 5-20 ; C.S. Nino, *The Ethics of Human Rights* (Oxford, 1994), reprinted as "The Relativist Challenge and Related Matters" in *Human Rights Quarterly* 19 (1997), 461-507 ; T. Stahnke and J.P. Martin, eds., *Religion and Human Rights Basic Documents*, Center for the Study of Human Rights (New York, 1998) ; S. Agourides, *Human Rights in the Western World: A Historical and Social Survey* (in Greek) (Athens, 1998) ; B. van der Heijden and Bahia Tahzib-hie, *Reflections on the Universal Declaration of Human Rights: A Fiftieth Anniversary Anthology* (The Hague, Boston, and London, 1998).

인권에 대한 연구와 여러 국제기구들에 의한 저서와 논문이 크게 늘어났다. *Yearbook of the European Convention of Human Rights* (Council of Europe, 1955년부터 출간됨) ; *Human Rights: A Compilation of International Instruments of the United Nations*, United Nations Publication Sales, no. E.88 XIV, 1 (Geneva and New York, 1988), 최근의 참고문헌에 관한 것은 *Documentation Sources on Human Rights* (Strasbourg, May, 1998)를 보라.

세네바에 있는 유엔 사무국(인권 센터)은 일반 독자들을 위한 책자인 *Human Rights Fact Sheet*의 시리즈를 발행한다. 매호마다 인권 문제에 아주 흥미로운 주제를 다루고 있고, 25호는 1996년 5월에 발행되었다.

3장

문화와 복음

정교회 전통과 경험에 근거한 신학적 관찰

* 이 글은 1984년 6월 '세계선교와 복음주의 분과(Department of World Mission and Evangelism)'가 주최한 이탈리아 리아노(Riano)에서 열린 신학 학회에서 "문화와 복음(Culture and Gospel)"이란 제목으로 발표한 논문이다. 이 글은 *International Review of Mission* 74 (1985): 185-98에 "Culture and Gospel: Some Observations from the Orthodox Tradition and Experience"라는 제목으로 출간되었다. 그 이후로 이 주제는 '세계기독교교회협의회의 세계선교와 복음주의 위원회(World Council of Chruch's Commission on World Mission and Evangelism)'가 다루는 중심 주제가 되었다.

문화현상은 수세기에 걸쳐 사람들의 눈부신 성취와 놀라운 다양성을 보여주었고, 그래서 그 현상은 한 마디로 정의내리기가 쉽지 않다. 복음의 메시지는 또한 그리스도교의 현재 형태의 다양성으로 인해, 여러 가지 변형된 방식들로 표현되어 왔다. 따라서 문화와 복음의 관계와 상호영향을 관찰하기 전에 먼저 이 두 용어의 본래 의미를 살펴보는 것이 유용하겠다.

'문화' 와 '복음' 의 뜻 살펴보기

'문화' 라는 용어

　일반적으로 문화는 인류와 사회의 어두운 면에 대한 인간의 승리이고, 생물학적인 인간 존재의 초월이다. 문화는 인간의 삶과 그 물리적 환경을 규정하고 규제하려는 인간의 의식적인 행동이고, 또 문화는 "다양한 정도로, 여러 가지 방법을 통해 이루어진 인간 잠재성의 구체적인 실현이다."(막스 베버) 인류 문화의 엄청난 다양성에도 불구하고, "모든 문화의 항수들 constants"이라고 불릴 수 있는 어떤 변하지 않는 요소들이 관측될 수 있다. 그 요소들은 다음과 같이 간단하게 요약될 수 있다. (1) 의사소통의 체계나 코드 즉, 언어 창조 (2) 음식과 거처와 같은 인간의 생존 문제를 해결하는 기본적인 기술과 경제의 개발 (3) 종족번식을 위한 기본적인 인간 사회의 단위, 남녀관계에 대한 규제 (4) 사회관계를 한정하는 부족, 종족, 국가와 같은 사회조직 형태 (5) 무엇이 옳고 그른가를 결정짓는 사회 규범의 확립 (6) 개인과 사회의 신념이나 관심사를 표현하는 예술 형태 (7) 종교적 신념이라는 형태를 통해서 일상생활 너머에 존재하는 '성스러운' 존재의 체험 등이다.[1]

좀 더 구체적으로 말하면, 문화는 존재의 기본적인 범주들에 대한 일련의 반응과 해결을 마련하고 또 그런 해결들에 의해 재형성된다. 문화는 생존(경제 구조), 선과 악(윤리), 진리(철학과 과학), 정의(법), 미(예술)를 규정한다.

과거에 유럽인들은 그리스 사람과 야만인에 대한 고대의 대립을 지속시켜, '문명인'과 '야만인'을 구분했다. 하지만 현대 인류학 연구는 문화란 모든 인류에게 보편적인 것임을 보여주었다. 모든 사회는 비록 그것이 초기 단계의 것이라 할지라도, 어떤 형태의 문화를 소유하고 있다. 인종학적 기록은 자연 상태에서 살았던 종족들, 즉

---

[1] 또 다른 관점은 종교, 언어, 문화는 세 개의 다른 독립적인 인간 현상이며 언어와 종교는 문화 영역에 놓여서는 안 된다고 본다. A. Hilkman, "Geschichtesphilosophie, Kulturwissenschaft, Soziologie," *Saeculum* 12:4 (1961): 405-20. 언어와 종교는 분명히 특별한 구조를 갖지만, 문화의 다른 표현들과 긴밀하게 상호의존적이다. N.I. Louvari, "Culture" (in Greek), MEE 20:459-60 ; R. Benedict, *Patterns of Culture* (London, 1935) ; A. Papaderos, "Culture" (in Greek), ThEE 10:507-14 ; K. Spetsieres, *The Philosophy of Society and Culture* (in Greek) (Athens, 1946) ; D. Zakythenos, *Introduction to the History of Culture* (in Greek) (Athens, 1952) ; G. Simmel, *Philosophic Culture* (New York, 1957) ; T.S. Eliot, *Notes toward the Definition of Culture* (London, 1962) ; I. Theodorakopoulos, *Lectures in the Philosophy of History and Culture* (in Greek) (Athens, 1963) ; R. Williams, *Culture* (London, 1981).

'원시적인' 민족들 가운데 300여개의 문화적 그룹이 있었음을 보여준다. 문자가 없는 언어가 존재하기도 하고 기술적인 업적이 없는 문화도 존재한다. 보다 발달한 문화를 구분하기 위해서 여러 시대에 걸쳐 여러 가지 기준이 사용되었다. 예를 들면, 스펭글러는 고등문화의 수를 8개로 나누었고,[2] 토인비는 가장 중요한 인류문화를 21개의 그룹으로 나누었다.[3]

문명과 문화의 구분도 종종 이루어져서, 전자는 문화의 기술적, 물질적인 면을, 후자는 지적, 정신적 차원을 가리킨다. 이러한 구분은 특히 서양에서 흔히 볼 수 있고, 이상주의 영향 하에서 정신과 물질의 구분을 강조하는 시대와 관련 있다. 하지만 정교회의 시각에서는 물질적 측면과 정신적인 측면이 서로에게 영향을 주고 불가분하게 통합되어 있다. 따라서 우리는 물질과 정신을 창조적인 인간 능력의 두 가지 측면으로 생각하길 원한다.

문화는 단순히 개인적 요소들의 합이 아니라 자율적이고 독립적인 통합체요 총체라는 것을 우리가 인식할 때, 통합이라는 이 원칙은 더욱 분명해진다. 문화는 인간의 책임과 자유의 영역 안에서 작용하는 고유의 이성적 '엔텔레키아 εντελέχεια' (본래적이고 자기 통제적이며 자기지시적인 목적)를 지닌 일종의 유기체이다.[4]

---

2) O. Spengler, *Der Untergang des Abendlandes*, 2 vols. (Munich, 1918–22).
3) A.J. Toynbee; *A Study of History*, 12 vols. (London, 1951–61) ; *The World and the West* (London, 1953).
4) [1999 addendum. On culture, 참조. J. Chay, ed., *Culture and International Relations* (New York, 1990) ; M. Featherstone, ed., *Global Culture, Nationalism, Globalization and Modernity* (London, 1990) ; M. Marrithers, *Why Humans Have Cultures: Explaining Anthropology and Social Diversity* (Oxford and New York, 1992) ; R. Williams, *Culture and Society* (London, 1993) ; A. Milner, *Contemporary Cultural Theory, An Introduction* (London, 1994) ; H. Bhabha, *The Location of Culture* (London, 1994 ; T. Goodal, *High Culture, Popular Culture: The Long Debate* (St. Leonard, Australia, 1995).]

그리스도교의 복음

그리스도교 신앙에 따르면, 하느님이 한 인간으로서 위격적으로 hypostatically 역사 과정에 들어오셨을 때, 즉 "말씀이 사람이 되셔서 우리와 함께 계셨을 때,"(요한 1:14) 문화와 인간 창조성의 영역 안에, 다시 말해 일련의 가치들과 지침들에 기초하여 작동하는 이 영역 안에 결정적인 계기가 발생했다. 새로운 로고스, 즉 새로운 이성 혹은 이유가 인간의 실존을 위해 확립되었고, 문화적 창조성에 새롭고도 생동하는 초점을 부여하였다. 새로운 엔텔레키아(생명력)가 도입되어, 피조세계 안에서 인간의 요소를 인도하고, 피조세계의 나머지는 그를 따라 하나의 새로운 '텔로스 τέλος'(목적), 하나의 새로운 목적과 종말을 향해 나아가게 되었다.

여기에서 결정적으로 새로운 것은 석가모니와 같은 현인이나 모하메드와 같이 어떤 계시를 받은 예언자가 설교한 사상이나 원칙이나 진리가 아니라, 하느님인 동시에 인간이며, 유일하고 전례 없는 방법으로 신성과 인성을 통합하고, 피조세계 안에 있는 인간적 요소 즉 모든 인류와 위격적으로 하나가 되신 예수 그리스도라는 인간이다. 역사를 영원에 결합한 이 사람은 "우리 인간을 위하여, 우리의 구원을 위하여" 십자가에 못 박히시고 죽은 자 가운데서 부활하시어 하늘에 오르시고 온 세상의 재판관으로 다시 오실 분이다. 그분은 단지 인류를 옳은 길로 인도하거나, 그가 발견한 원리들에 근거하여 우리를 치료해주시는 분인 것만은 아니다. 그보다 그분이 증거하시는 것은 그분 자신이 "길이요 진리"이며 "부활이요 생명"(요한 11:25-26)이라는 것이다. "어제나 오늘이나 또 영원히"(히브리서 13:8) 그리스도는 우리의 인간 본성과 계속해서 연합되어 계시며, 우리를 '신화' theosis, θέωσις로 인도하신다.[5] 이것이 복음의 핵심이다.

'그리스도의 복음'이 인간성의 염색체를 바꿨다고도 말할 수 있겠다. 그것은 인류를 위한 새롭고도 비밀스런 진화의 코드를 확립했다. 즉 인간 존재에서 '테안드로포스 theanthropos, Θεάνθρωπος'(신인神人적 존재)로, 이성과 논리의 발전에서 인간과 말씀의 연합, 인간이 신성한 사랑이신 로고스와 맺는 친교로의 진화 말이다. 동시에 복음은 인간과 엮여 있는 모든 자연의 변화 방향을 또한 결정한다. 이 계시를 믿지 못하는 사람들에게는 그것은 '장애물'이고 '어리석음'으로 남아있다. 하지만 문화적 배경이 어떠하든지, "부르심을 받은 사람들"에게 십자가에 달리시고 부활하신 주님은 "하느님의 힘이며 하느님의 지혜"이다.(고린토전서 1:24)

"하느님 영광의 복음"은 단순히 지성을 통해서 혹은 어떤 사상체계를 통해서만이 아니라, 오히려 인간의 모든 수용 능력을 열어서 받아들여야 하는 것이다. 따라서 그것에 가장 적합한 때와 장소는 바로, 눈에 보이는 모든 것들이 변화되어 마침내 살아계시는 그리스도와 하나가 되게 해주시길, 모든 생명이 성령과 화합하게 해주시길, 또 온 우주가 성 삼위 하느님의 거룩한 에너지의 빛으로 변화되게 해주시길, 성령께 기도하고 호소하는 예배이다.

복음은 과거나 현재의 어떤 특정한 그리스도교 공동체로 표현되는 그 어떤 현실적 형태의 '그리스도교'와 동일시되어서는 안 된다. 인간의 실패와 불신앙은 복음의 힘이나 본질을 훼손할 수 없다. 20세

---

[5] A. Theodorou, *The Teaching of the Greek Church Fathers on the Deification of Humanity, Down to John of Damascus* (in Greek) (Athens, 1956) ; G.I. Mantzarides, *The Teaching of Gregory Palamas on the Deification of Humanity* (in Greek) (Thessaloniki, 1963) ; P.N. Trembelas, *The Dogmatics of the Orthodox Catholic Church* (in Greek) (Athens, 1959 61) ; I. Karmires, *Dogmatic and Doctrinal Documents of the Orthodox Catholic Church* (in Greek), 2 vols. (Athens, 1960-68).

기 동안 교회 안에서 이해되어온 바의 복음은 지금까지 있어왔던 모든 형태의 그리스도교에 표준으로 그리고 심판으로 남아있다. 그리스도교 공동체에서 일어났던 모든 부흥은 복음의 핵심에 대한 재발견, 복음을 순수하고도 충만하게 살아내려는 결단에서 비롯되었다. 복음에 대한 참된 설교자는 단순히 성경에 정통한 지식인들이 아니라, 복음의 신비를 이해하고 체험하며 성령이 주시는 빛으로 끊임없이 변화되고 그들의 행동이나 존재에서 거룩한 빛과 사랑이 빛나는 사람들이다.

문화와 종교적 체험

신학적 접근

문화는 인간의 성취인 반면 복음은 세상에 개입하신 하느님을 드러내준다는 관념은, 비록 그것이 우리에게 명쾌한 느낌을 주고, 또 중요한 진리를 비춰주는 것임에도 불구하고, 극단적으로 모호함을 배제하고 확정적이길 원하는 모든 주장들이 그렇듯이, 사태를 지나치게 단순화한다. 문화는 낮은 세계의 창조물이고 복음은 높은 곳으로부터 우리에게 온 것이라는 주장도 내 생각에는 마찬가지로 불충분하다. 하느님의 모습으로 창조된 인간의 행위나 업적으로 이해되는 문화는 결코 하느님의 거룩한 에너지의 영역 밖에 존재하는 것이 아니고, 모든 것들 즉 "보이지 않는 것과 보이는 것 모두"를 관장하시는 성령의 권세 밖에 벗어나 있지 않다.

인간이 자연 세계 안에서 창조력을 발휘하는 것은 하느님이 아담과 이브에게 주신 선물이요 명령이요 능력이다. 그것은 그들 안에 새겨진 '하느님 형상'의 결과요, '하느님의 형상'이 되려는 그들의 본능적 충동의 결과이다.[6] 따라서 인류는 하느님 뜻의 지시와 성령의 에너지를 받을 능력을 유지해 왔다. 문화의 뿌리에서 우리는 하느님의 선물과 명령을 발견한다.(창세기 2:15) 하느님은 인류에게 피조세계를 다스릴 권리와 능력을 주셨다.(창세기 1:28-30) 성경의 첫 장들은 하느님께서 문화의 길을 따라 인류를 인도하신 여러 가지 방법들을 우리에게 보여준다. 인간의 불순종에도 불구하고, 하느님은 세상을 떠나 어떤 접근할 수 없는 하늘로 가버리지 않으시고,[7] 계속해서 인간들과 관계를 맺으시고 대화하시며 '계약'을 맺으셨다. 하느님은 인간들이 회복의 과정을 걷도록 첫 번째 조치를 취하셨다. 그분은 자발적으로, 온 인류의 대표들인 아담과 이브, 홍수로부터 구원해주신 노아와 그 주변 사람들, 그리고 구세주의 조상 민족의 시조인 아브라함, 그리고 해방을 위한 하느님의 계획에 특별한 임무를 부여받은 이스라엘의 지도자이며 입법자인 모세와 일련의 계약을 맺으셨다.

다른 문화에 관련해서 취할 수 있는 신학적 입장은 성경의 틀을 벗어나 있는 종교적 신념이나 실천을 어떻게 이해하느냐와 밀접한 연관이 있다. '컬쳐culture'(문화)라는 말의 어원이 문화가 숭배 행위에서 기원함을 암시하는 '컬트cult'(종교적 숭배)에서 비롯되었는지 아닌지에

---

[6] "하느님의 형상에 따라"에 관해서 다음을 보라. P. Bratsiotes, "Genesis 1:26 in Orthodox Theology" (in Greek), *Orthodoxia* 27 (1952): 359-72 ; *Human Beings in the New Testament* (in Greek) (Athens, 1955) ; N. Bratsiotes, *Humanity as a Divine Creation*, volume 1 of *The Anthropology of the Old Testament* (in Greek) (Athens, 1967).

[7] 하느님이 어떤 접근할 수 없는 하늘나라로 가버리셨다는 사상은 많은 아프리카 지역에서 발생한다. E. Dammann, *Die Religionen Afrikas* (Stuttgart, 1963); J.S. Mbiti, *African Religions and Philosophy* (London, 1969 ; reprint 1970) ; A.Yannoulatos, *Ruhanga the Creator: A Contribution to Research on African Beliefs concerning God and Humanity* (in Greek) (Athens, 1975).

상관없이, 거룩함을 경험하고 신의 존재를 숭배하고 형이상학적인 존재에 이르려고 하는 이 모든 것이 전부 문화와 상호 연결되어 있다는 것은 엄연한 역사적 사실로 존재한다. 토인비가 "주요" 문화라고 규정한 21개는 모두 "성스러움"(신성함에 대한 직접적인 지식과 경험)이라는 전제로부터 발전했다. 따라서 비성경적인 종교적 신앙과 실천에 대한 정확한 이해는 다른 문화 형태들을 올바르게 이해하는 데 매우 중요한 도구이다.

그리스도교 이외의 종교들에 대한 개신교의 태도는 최근 몇 세기 동안 시계추처럼 정반대되는 의견들 사이에서 오락가락했다. 예를 들어, 바르트와 그 추종자들의 변증법적 신학처럼 극도로 부정적인 입장에서부터, 오토, 하일러, 벤츠와 같이 그리스도교를 상대화한 종교학파의 극도로 긍정적인 입장에 이르기까지 다양했다.[8] 이들의 다양한 이론들은 비그리스도교 종교들에 대해 극단적인 거부와 극단적인 수용이라는 두 가지 정반대의 태도를 취했다. 다양한 지역 문화와 문화적 경계에 두루 접하며 타종교의 사람들과 2천년 동안 지속적으로 공존해 오면서도, 10세기까지의 분리되기 이전의 교회 전통을 그대로 유지해 온 정교회에서는, 균형과 이해를 추구하면서도 보편되고 충만한 우리 전통과의 조화 속에 머물고자 하는 태도가 지배적인 경향이었다. 신약성경이 확정되던 시기의 그리스도인들이 다른 종교의 사람들에게 더 화해적인 태도를 취했다는 것은 주목할 만하다. 그리스 철학은 "그리스도 안에서 완전해지는 길을 여는 준비"[9]이고, 그리스 사람들은 "거룩한 말씀의 어떤 조명"[10]을 받았다고 말한 알렉산

---

8) 이 책의 제5장 "타종교 이해를 향한 신학적 접근"을 보라.
9) Clement of Alexandria, *Stromata* 1.5, PG 8:728A (trans. ANF, vol. 2).
10) Clement of Alexandria, *Exhortation to the Heathen* 7, PG 8:184A (trans. ANF, vol.2).

드리아의 성 클레멘트(+215)의 견해만큼이나, '로고스의 씨앗' spermatikos logos, σπερματικός λόγος이라는 관념을 설파했던 순교자 성 유스티노스(+165)의 관점[11] 또한 잘 알려져 있다. 케사리아의 에브세비오스(+339)는 모든 나라, 모든 민족에게 신성한 계시가 있다고 말함으로써 계시의 보편성을 주장했고, 모든 사람들이 다 종교적 감정을 타고난다는 관념을 강조했다. 이 위대한 교회 역사가는 "종교는 자연적으로 사람들 안에 내재했다"[12]는 것을 인정했고, 그래서 신을 사랑하며 "의로운 삶으로 증거"하길 기뻐했던 모든 시대의 모든 사람들을 "사실상의 그리스도인들"로 간주했다.[13]

초대 교회와 그 이후 정교회에 바탕이 되는 기본 핵심은 인간은 "하느님의 형상에 따라" 창조되었고 그 거룩한 '시민권'을 결코 완전히 잃어버린 적이 없다는 것이다. 문화 영역에서의 그들의 창조력은 "하느님을 찾으려는 열망"[14]과 관련되어 있다. 자신들의 삶에서 질서를 만들고, 있는 그대로의 자신을 초월하려는 사람들의 열망은 하느님이 주신 본능이요 '엔텔레키아 εντελεχεια'(참된 현실성)이다. 인간 정신의 업적들은 하느님의 계획과 도움과 사랑 바깥에 존재하지 않는다. 인간의 지성은 "하느님을 닮았고" 그래서 "신성하다."[15]

인류 문화에 대한 체계적인 연구는 놀라운 이중성을 발견했는데, 그것은 악마적인 힘의 활동이 거룩한 것에 대한 열망과 공존한다는

---

11) 그리스 철학자들에 대해 성 유스티노스는 이렇게 말했다: "각 사람은 씨앗의 말씀을 얼마나 소유하느냐에 따라 말을 잘했다. … 어떤 것이든 모든 사람들 중에서도 가장 올바르게 말하는 것, 그것은 우리 그리스도교인들의 특징이다." *The Second Apology* 13, PG 6:465 (trans. ANF, vol. 1).
12) Eusebius of Caesarea, *Praeparatio Evangelica* 2.6, PG 21:140B.
13) Eusebius of Caesarea, *The History of the Church* 1.4, PG 20:77C (trans. NPF, 2d ser., vol. 1).
14) Gregory of Nazianzus, *Orations* 28.15 ("Second Theological Oration"), PG 36:45.
15) Ibid., 17, PG 36:48.

것이다. 그것은 향상과 퇴보의 과정이라는 이중적인 진행 과정을 드러낸다.[16]

일반적으로 동방교회의 사상은 "하느님을 두려워하며 올바르게 사는 사람이면 어느 나라 사람이든지"(사도행전 10:35)라는 베드로의 신념과 "우리는 그분 안에서 숨 쉬고 움직이며 살아간다."(사도행전 17:28)라는 아테네에서의 바울로의 선언에 근거하여 발전했다. 사람의 일은 무엇이든 '의로운 태양' 아래서 일어난다. 그리스도교적 경험과 낙관주의와 희망은 하느님의 은총이 온 세상에 펼쳐져 있다는 사실에 근거하고 지지된다. 하느님의 본질이 아무리 범접할 수 없고 초월적이고 알 수 없다 하더라도, 하느님의 본성의 혹은 하느님의 영광의 창조되지 않은 에너지들은 하늘과 지상의 모든 형태의 생명과 존재에 퍼져있다.[17]

복음 전파에 있어서 문화의 중요성

그리스도교의 메시지는 원래 구체적으로 셈족 세계라는 배경 속에서 형성되었다. 하느님 말씀의 육화는 진공상태가 아니라 특정한 장소, 특정한 시간, 특정한 민족 안에서 실현되었다. 그리스도가 육신을 취해 고난을 당하고 십자가에서 죽은 것은 그처럼 보일뿐 실제로 그런 것은 아니었다고 주장하는 모든 형태의 가현설docetism은 교회에 의해 철저하게 거부되었다. 따라서 육화의 교리는 지금 여기서 논의 중인 문제에 관한 어떤 탐구나 적절한 개요에 있어서도 근원적이고 근본적인 것이다.

---

16) N. Arseniev, *Revelation of Life Eternal: An Introduction to the Christian Message* (New York, 1965), 38-39.
17) 이 책의 제2장 각주 5번과 제5장 "타종교 이해를 향한 신학적 접근"을 보라.

비록 하느님 나라는 셈족이라는 환경에서 아람어로 처음 선포되었지만, 그리스도인들의 첫 세대가 끝날 무렵에는 이미 이 초기의 문화적 경계를 확실하게 넘어서 버렸다. 초대 교회의 발전은 셈족 지역뿐만 아니라 그리스 로마 지역에서 일어났고, 복음은 초기 설교 언어였던 아람어와는 아주 다른 그리스어로 전파되고 기록되었다. 이처럼 초기 단계에서도 문화는 다른 문화에 대해 수용적이었고 권위적이지 않았음을 볼 수 있다.

오순절의 불꽃은 언어적, 인종적, 문화적 경계를 허물었다. 문화는 한편으로는 수용되었지만 그와 동시에 초월되었다. 복음은 그 영원하고 신적인 특징을 강조하면서도 각 시대의 구체적인 문화 체제 안에 육화되는 데 아무런 어려움이 없었다. 초대 교회 안에서의 여러 문화들(그리스, 로마, 시리아, 이집트)의 공존은 뛰어난 창조력의 근원이었다. 현대 시대가, 복음이 신적이며 동시에 인간적이라는 신비를 받아들이기 어렵게 되었다는 것은 분명 유혹의 원천이다. 하르낙처럼 그리스도교에서 셈족의 정신을 되찾기 위해 복음 안에서 그리스 문화의 영향을 받은 모든 요소를 제거하려는 사람들이 있다. 또 복음의 문자적 해석에 몰두하고 예속된 나머지, 복음을 확립했던 살아있는 교회의 신비체 안에서 작동하는 생명의 정신을 잃어버린 사람들도 있다. 이런 시각들은 모두 육화의 교리를 무시한다. 하지만 말씀과 그 말씀과의 신비로운 친교에 관한 모든 담론들은 세상의 문화라는 육신을 취했다.

세상의 구원자이신 메시야가 역사상 특정한 전환기에 오셨다는 사실이나, 그분이 특별하게 유대적 배경과 결부되었다는 사실이나, 초대 교회가 그리스 문화에 의해 형성된 특정한 환경에서 발전했다는 사실, 그 어느 것도 하느님의 거룩한 섭리 밖에 존재하는 것은 없다.

인간의 이성을 보편적인 최고의 가치로 전제하고 배양시켰고, 또 차초스가 지적하듯이, 수세기 동안 이런 궤적을 추구했던 그리스 문화는 이전에 이미 이성을 초월하는 최고의 존재라는 개념에 도달했었다.[18] 그래서 그리스 이성은 스스로의 능력으로 이성 영역의 경계까지 도달해, 표현할 수 없는 존재의 중요성을 인식했을 뿐만 아니라 그것을 모든 가치 중의 최고의 가치로 여겼으며, 그 존재 앞에서 이성의 한계를 스스로 고백하기에 이르렀다.

그리스 이성은 스스로를 넘어선 어떤 것, 그리고 표현할 수 없는 본질과 근원, 자신의 능력으로는 이해할 수 없는 어떤 것을 오래전에 이미 추구하기 시작했다. 이성은 복음을 수용함으로써 바로 이것들을 깨닫고 알게 되었다. 게다가 이성은 인간의 논리를 초월해서 존재하는 믿음과 희망을 발견했다. 그 뒤의 종합을 통해서, 그리스 세계는 십자가에 달리시고 부활하신 그리스도에 의해 계시되었던 진리, 그 형용할 수 없는 진리를 섬기고 설교하기 위해 가능한 모든 문화적 표현 수단들을 사용했다.[19]

아르메니아, 이집트, 에티오피아와 같이, 지역 교회가 공고하게 세워진 동방의 여러 곳에서도 마찬가지로 처음부터 지역 문화의 유사한 수용의 예들이 있었음을 우리는 볼 수 있다. 여러 문화들이 처음부터 수용되어 세례를 받고 변화되었다. 초기 단계에서 문화적 표현의 가장 중요한 수단인 지역 언어는 복음을 표현하고 전파하기 위한

---

18) K. Tsatsos, "The Zenith of the Greek Spirit" (in Greek), in *Klassikos Ellenismos B* (Classical Hellenism II), IEE 2B (1972), 244-47. 더 일반적으로는, "The Culture of the Classical Period" (in Greek), ibid., 242-570 ; V. Kyrkos, "The Universality of Greek Culture and Its Encounter with Christianity" (in Greek), in *Ellenismos kai Rome* (Hellenism and Rome), IEE 6 (1976), 392-95.
19) I. Zizioulas, "Hellenism and Christianity: The Meeting of Two Worlds" (in Greek), in *Ellenismos kai Rome* (Hellenism and Rome), IEE 6 (1976), 519-59.

수단으로서 전폭 수용되었다. 그런 다음에는 사람들로 하여금 복음을 알 뿐만 아니라 그것을 또한 경험할 수 있도록 하기 위해서, 그 언어들은 예배에 사용되었다. 그래서 언어는 변화되어 새로운 능력과 새로운 활력을 얻게 되었다. 성경과 예배서가 여러 가지 언어로 번역되었고, 이것은 신도들이 진정한 지역 공동체를 형성하는 데 이바지하였다. 동방에서는 초기 몇 세기 동안 40여 언어로 된 리뚜르기아(성찬예배)가 생겨서 사용되었고, 다양한 관습과 생활 방식이 교회에 의해서 채택되었다.

이것이 바로 대표적인 비잔틴 선교사들에 의해 고수되었던 정책이고 전통이었다. 성 끼릴로스(827-869)와 성 메토디오스(815-885)가 슬라브 민족들에게 슬라브어로 복음을 전파하기를 고집하여 라틴 성직자로부터 이 새로운 시도에 대해 비판받았을 때, 성 끼릴로스는 이렇게 말했다고 한다.

"3개의 언어만을 인정하고 다른 언어들은 귀가 먹고 벙어리라고 말하다니 부끄럽지 않소? … 많은 민족들이 자신들의 언어로 책을 읽고 하느님을 찬양하고 있소. 아르메니아, 페르시아, 아바스고이, 이베리아, 소그디안, 고스, 아바르, 터키, 카자르, 아랍, 이집트 등등."[20]

슬라브어 사용을 확립하려던 그들의 노력은 미래의 슬라브 지역과 전체 그리스도교 세계에 크게 중요했다. 교회 역사에서 그렇게 중요한 사건은 없었다. 서방 그리스도교는 이런 정책을 채택하는 데 엄청나게 오랜 시간이 걸렸다. 개신교는 이로부터 7백년이 지난 후 종교개혁 때, 로마 가톨릭 교회는 천 백년의 기간이 지난 후 제2차 바티

---

20) A. Yannoulatos, "Byzantium: The Work of Spreading the Gospel" (in Greek), ThEE 4 (1964), col. 44 ; *Methodius and Cyril: Signposts of Journey* (in Greek) (Athens, 1966).

칸 공의회에서 이런 정책을 채택했다.

복음을 전파할 때, 비잔틴 사람들은 복음의 영감을 통해 그들이 발전시켰던 문화적 창조물과 구조들을 전달하는 데 깊은 관심을 두었다. 그들은 예술, 그림, 음악, 건축 등의 방법으로 자신들이 가진 최선의 것들을 제공했다. 그들은 최고의 예술가들을 보내어 하느님 영광의 상징으로서 탁월하게 아름다운 교회를 건축하게 했다. 그들은 이렇게 예술적 감수성, 즉 세상을 변화시키는 미적 감각을 배양했다.

그들은 또한 삶의 사회 정치적인 면과 교육에 관심을 두었고, 복음을 수용하고 소화시키려는 노력 속에서 얻었던 모든 전문성을 제공했으며, 각 민족들이 고유의 창조적 능력을 발전시키도록 도왔다. 그들은 새로 빛을 받은 민족들이 참된 국가로 나아가고, 자신들을 발견하고 형성하며, 자신들의 특별한 능력과 인격과 고유의 문화를 발전시키는 데 필요한 모든 것들을 제공했다.[21]

그리스도교의 '일치'에 대한 비잔틴의 시각은 서방에서처럼 획일성을 강제할 의견 결정과 행정의 중심을 만드는 데에 있지 않다. '일치'는 견해, 언어, 관습, 정치체제의 다양성에 의해 손상되지 않는다. 비잔틴 사람들은 모든 사람을 획일적인 무리로 만들려 하지 않고, 각 사회의 개별적 특성과 고유성을 장려하려 했다.

러시아 선교사들은 비잔틴 그리스도교로부터 이어받은 방법을 독특하고도 과감하게 적용하여, 자신들의 선교 사업에서 비잔틴의 전통을 충실히 따랐다. 즉, 언어적, 신학적인 세부 사항들을 꼼꼼히 살

---

21) 참조. F. Dvornik, *Les Slaves, Byzance et Rome au IXe siècle* (Paris, 1929) ; K.S. Latourette, *A History of the Expansion of Christianity* (*The Thousand Years of Uncertainty*) (London, 1938) ; M. Spinka, *A History of Christianity in the Balkans* (Chicago, 1933) ; G. Konidares, "Byzantium: The Ecumenical Spirit" (in Greek), ThEE 4 (1964), cols. 58-84.

피면서 전례서들을 지역 언어로 번역했고, 지역 성직자들을 교육시키고, 지상에서의 하느님 영광을 상징하는 교회의 아름다움을 강조하고, 지역 문화(알라스카, 중국, 일본 등)를 연구하고, 지역 전통을 수용했다.[22] 정교회는 오늘날에도 아시아와 아프리카에서 이런 노력을 계속하여, 기존의 문화적 자료들과 아프리카의 상징들을 연구하고, 각 종족의 긍정적인 문화 요소들을 조사하며, 전례서들을 번역하고, 지역 언어로 성찬예배를 거행한다. 이것은 새로운 전략이 아니라 동방정교회의 2천년 된 전통을 충실히 따르는 것일 뿐이다.

복음이 그 충만한 보편성 안에서, 모든 곳, 모든 시대에 체험되기 위해서는 온 세상 모든 지역의 모든 민족들이 복음을 면밀히 재검토하고, 자신들의 문화 안에서 경험하며, 자신들의 목소리와 정신으로 표현할 수 있어야 한다. 모든 국가는 복음을 알리는 노력에 있어서 고유의 특정한 기풍과 표현을 사용할 수 있어야 한다. 국가적, 언어적, 인종적 특징을 지닌 고유문화의 긍정적인 가치를 채택하고 발전시키는 것은 모든 지역 교회의 태도에 달려있다. 또한 스스로를 정화하기 위해서 모든 지역 교회는 복음에 계시된 인간 존엄과 운명에 대치되는 모든 문화적 요소들을 비판적으로 검토해야 한다. 이와 동시에 지역적 정체성을 손상시킴 없이, 모든 교회는 과거 현재 미래의 교회, "하나의 거룩하고 보편적이고 사도적인 교회"와의 유기적인 친교와 일치 그리고 그 전통을 경험함으로써 그 보편성을 발전시켜 나가야 한다.

---

22) 참조. A. Yannoulatos, "Orthodoxy in Alaska" (in Greek), *Porevthentes* 3 (1963): 14-22, 44-47 ; "Orthodoxy in China" (in Greek), ThEE 7 (1965), cols. 566-81 ; *The Dawn of Orthodoxy in Japan* (in Greek) (Athens, 1971) ; "Les Missions des Eglise d'Orient," *Encyclopaedia Universalis* 2 (Paris, 1972), 99-102.

문화가 복음으로부터 받는 힘

교회가 문화와 만날 때, 교회는 세 가지 과정을 밟아간다. 첫째, 복음 메시지와 조화되는 요소들을 수용한다. 둘째, 복음과 양립될 수 없는 측면들은 거부한다. 셋째, 그 문화에 새로운 피와 새로운 정신을 불어넣어, 긍정적인 것들을 비옥하게 만든다.

그리스 문화의 새로운 활력

초대 그리스도교 몇 세기 동안, 그리스의 세례와 함께, 이미 쇠퇴하고 있는 문화에 새로운 활력과 힘과 영화로움을 부여한 부흥의 내적 과정이 시작되었다. '선'the Good의 플라톤적인 형태에 새로운 폭과 깊이가 주어졌다. 그리스 사상은 이성과 감각 세계 사이의 종합을 이룩했고, 후자는 이제 형언할 수 없는 차원으로 승화되었다.[23]

교부들의 철학적 사고는 인간 존재에 관한 오래도록 해결되지 않

---

23) 참조. C.H. Dodd, *The Bible and the Greeks* (London, 1935) ; H. Rahner, *Griechische Mythen in christlicher Deutung* (Zurich, 1957) ; J. Pépin, *Mythe et Allégorie. Les origines grecques et les contestations judéo-chrétiennes* (Paris, 1958) ; W. Jaeger, *Early Christianity and Greek Paideia* (Cambridge, MA, 1962) ; A. Wifstrand, *L'Eglise ancienne et la culture grecque* (German translation *Die alte Kirche und die grieschische Bildung*) (Paris, 1962) ; J.B. Skemp, *The Greeks and the Gospel* (London, 1964) ; H. Chadwick, *Early Christian Thought and the Classical Tradition* (Oxford, 1966) ; M. Siotes, *Greek Thought and Christian Faith* (in Greek) (Athens, 1971). 또 각주 17, 18번을 보라.

24) 참조. S. Runciman, *Byzantine Civilization* (London, 1933) ; B. Tatakis, *La philosophie Byzantine* (Paris, 1949) ; H.W. Haussing, *Kulturgeschichte von Byzanz* (Stuttgart, 1959) ; H.A. Wolfson, *The Philosophy of the Church Fathers* (Cambridge, MA, 1970) ; G. Podskalsky, *Theologie und Philosophie in Byzanz*, Byzantinisches Archiv 15 (Munich, 1977) ; E. Ahrweiler-Glykatze, "Hellenism and Byzantium" (in Greek), in *Byzantinos Ellenismos, Protobyzantinoi Chronoi (324-642)* (Byzantine Hellenism, The Early Byzantine Years), IEE 7 (1980), 6-29 ; N.A. Matsoukas, *The History of Byzantine Philosophy* (in Greek) (Thessaloniki, 1981 ; expanded ed. 1994).

은 질문들에 새로운 해결과 대답을 주었다.[24] 비잔틴 예술은 표현의 새로운 형식들을 발견했다. 그 예술은 물질세계를 단지 모방하거나 복사하는 것이 아니라 그것이 표현하고자 하는 초월적인 존재와의 접촉 수단이 되었다. 복음은 새로운 법적 원칙들을 규정했는데, 이로 인해 인간관계는 권위와 자유, 개인과 사회, 현실주의와 이상주의와 같이 오래도록 화해될 수 없었던 대립들 사이에 조화를 일궈내도록 조직될 수 있었다. 오늘날의 서양 문명을 낳은 것은 바로 이러한 그리스 정신과 그리스도교 원리의 종합이었다.[25]

그리스 문화에 새로운 방향을 제시한 것은 다음과 같은 새로운 요소들이었다.

- 영혼의 가치는 측정 불가능하다는 가르침에서 표현된 바와 같은, 인간 고유의 가치에 대한 복음의 강조
- 인간의 자유와 책임에 대한 강조
- 예외 없이 모든 사람에 대한 형제애와 평등의 선포
- 인간의 다양성과 자유 사이의 조화를 이룸으로써, 인간관계를 완전히 새로운 바탕 위에 세운, 이타적이고 희생적인 사랑이라는 최고의 법의 계시
- 과학적 진리를 포함하여, 사물들의 현상 너머에 놓여있는 모든 형태의 진리를 추구하고 발전시키도록 자극함으로써, 불가피해보이는 것들을 극복하도록 동기를 제공해주는, 논리적으로 불가능해 보이는 것에 대한 믿음

---

25) 참조. P. Kanellopoulos, *Christianity and Our Era, From History to Eternity* (in Greek) (Athens, 1953) ; *The History of the European Spirit* (in Greek), 4 parts (Athens, 1966-74).

- 영적인 삶에서 끊임없이 진보하고, 모든 인간 능력을 확장시키며, "영광에서 영광으로" 지속적으로 나아가게 하는 도전과 소명

　복음은 부차적인 현상에 관심을 두지 않고 직접적으로 근원으로 다가간다. 그리고 그것을 다시 살려냄으로써, 인간 존재 안에서 가장 심오한 부분을 변화시키려고 한다. 모든 것에 활력을 주는 것은 바로 이 내적인 갱생이다. 복음은 삶의 기본적인 원칙들을 바꾸어 놓았다. 그것은 사람에게 깊은 믿음을 불어넣었고, 인간의 기원('하느님의 형상') 과 그 미래('신화'), 그리고 개발되지 않은 잠재성을 드러냈다. 이 모든 것은 예술에는 창조적인 정신을 불어넣어 주었고, 사상과 과학에는 새로운 아이디어와 예언적 통찰을 부여했으며, 사회적 정치적 삶을 향상시키려는 의지를 강화시켰다.
　비잔틴 문화 안에서 이룩된 그리스 전통과 그리스도교의 종합은 침체에 빠져들지 않았다. 오히려 문화의 모든 면에서 복음을 살아냄으로써, 모든 세대에서 계속 성인들을 배출해냈다. 성인들은 문화의 여러 감각적 현상들을 예언자적으로 판단하여 그 위험한 일탈을 지적했다. 그들은 또한 삶으로 "진리를 증거"한 비범한 통일성을 소유한 개인들이었다. 따라서 복음은 변화시키는 역할과 힘뿐만 아니라 비판하고 부흥시키고 회복시키는 역할을 끊임없이 유지해왔다. 그것은 삶의 모든 면을 파고들었다. 인간의 삶의 현실 전체가 오순절의 불로 다시 주조되어야 한다. 인간의 삶의 어떤 영역도 하느님의 활동 밖에 존재하지 않는다. 영적인 세계도 물질적인 세계도 이 변화의 과정에 함께 동참하도록 요구받았다.

변화의 근본적인 원리들: '복음적 표준들'

정교를 채택한 사회에서 정교가 발전시킨 역동적인 문화 정책을 규정하자면, 그것은 성만찬적 변화의 원리에 근거한다고 감히 말할 수 있을 것이다. 이 성만찬적 변화 안에는 주님의 육화, 주님의 변모, 주님의 십자가 희생, 주님의 부활, 오순절 성령강림과 같은 일련의 영적 '핵심들'이 존재한다.

감사의 성찬 예배는 생명을 분명하게 드러낸다. 정교회 신앙이 퍼진 모든 곳에서는, 수백만 명의 신도들이 자신들의 생각과 사상과 태도와 의지를 정화하기 위해, 그것이 큰 도시의 대성당이든, 외딴 수도원이든, 작은 교회이든, 감사의 성찬 예배의 신비로운 제단 주위에 모여든다. 사랑, 희망, 평화, 믿음, 기쁨, 진리, 영예롭고 바른 행실을 위해 새로운 힘을 얻은 후, 그들은 삶의 일상적인 현실로 들어가 그것들을 퍼뜨리려고 노력한다.

교회의 예배는 우리의 온 생명을 조직한다. 하나의 거대한 심장처럼 그것은 끊임없이 박동하면서 사회의 피를 깨끗하게 하고, 복음의 진리라는 폐를 통과하게 하여 회복시키고, 사회라고 불리는 다형적인 유기체의 가장 먼 혈관에까지 그것을 보낸다. 복음은 단순히 가르침이나 설교의 형태로만이 아니라 사람의 존재 자체를 변화시키는 사건으로서 인간에게 수혈된다. 그것은 성령 안에서 사람들을 일깨우고 변화시키고 거룩하게 만든다. 삶에 나타나는 모든 나머지 것들은 그리스도 안에서 사람이 변화된 결과이며 효과이다.

정교회는 영적 혹은 종교적 관념의 영역과, 신적 활동 범위 밖에 위치하는 물질적 영역에 대한 그 어떤 관념론적 분리도 결코 받아들인 적이 없다. 말씀의 육화는 모든 차원에서 그 모든 결과로 경험되었다. 물질적인 것과 영적인 것을 관념적으로 구분하려는 모든 시도를 거부한 정교회 신학은 인간 본성의 통일성을 강조했고, 하느님의 활동은 영적인 것이든 물질적인 것이든 모든 존재를 변화시킨다고 주장했다. 정교 신앙에서, 그리스도의 십자가 죽음과 부활은 별개의 사건이 아니라 하느님의 영광을 나타내는 하나의 사건으로 존재한다. 사람과 하느님을 화해시킨 것이 십자가 희생이라는 것을 부인하지 않으면서도, 정교회는 이 비극이 죽음에 대한 궁극적 승리로, 근본적으로 새로운 생명의 수여로 변화될 때, 하느님 사랑의 신비는 그 절정에 달한다는 것을 역설한다. 이처럼 부활을 강조하는 것은 동방 정교회 교리의 핵심적인 요소이다. 그것은 모든 생각과 행동에 스며들어 있고, 기적에 대한 믿음을 굳게 하고, 인간 삶의 모든 어려움은 결국 극복될 것이라는 깊은 확신을 갖게 한다. 그것은 인류의 미래에 대한 낙관주의로 영혼을 채워준다. 그것은 부활의 빛으로 변모되려는 우리의 노력에 큰 희망과 힘을 불어넣는다.

성령이 세상에 오신 오순절 이래로, 인류는 성령의 영향 아래서 끊임없는 변화를 함께 경험하도록 부름 받았다. 인간은 세상 창조의 이유이기에, 성령은 인간의 변모의 과정 안에서 세상의 나머지 모든 것을 또한 끌어들이신다. "앞에 놓인 것을 향해 나아감"[26]은 인류에게 주어진 운명이자 사명이다. 그리스도인은 가는 도중에 한 순간이라도 현실에 만족할 수 없다. 우리 각자가 우리의 성취 즉 우리의 문화뿐만 아니라 우리 자신도 끊임없이 비판하는 것은 그리스도교가 기능하는 근본적인 방식이다. 회개를 통해 우리는, 끊임없는 갱신을 목표로 삼고 있는 하나의 역동적인 과정을 시작한다. 이 점이 바로 그

---

26) Gregory of Nanzianzus, *Orations* 19.7 ("On Julian"), PG 35:1052A.

리스도교 문화를, 겨우 스스로 발견했다고 믿는 법들에 근거해서 기존의 세계와 사회적 질서를 정당화하려 하는 다른 문화와 분명하게 구분지어 준다.

복음의 능력을 통해서, 문화는 인간의 모든 잠재력을 실현하고 그렇게 해서 온 세상이 변화되는 과정이 된다. 이러한 지속적인 확장의 비전은 궁극적인 종말에 대한 우리의 기대에 의해서 더욱 강화된다. 인류와 세상은 하나의 역동적인 진보의 과정 안에 있고, 그 안에서 그들은 능동적인 참여자가 된다. 그 과정의 목표는 자유로운 인간들의 사랑이 승리하는 것이다. 즉, 우리의 모델이신 성 삼위 하느님과 함께 살아가는 삶의 조화와 평화이다. 이 종말론적 비전은 비할 수 없는 내적 힘을 인간의 노력에 제공해 준다. 저 너머에 존재하는 것들은 우리를 최면 상태의 몽환으로 몰아넣는 것이 아니라 현재의 우리에게 힘의 근원이 된다.

육화, 변모, 십자가 죽음, 부활, 오순절, 종말론적 대망, 이것들은 단지 교회의 중심 교리일 뿐만 아니라, 문화의 주체가 된 신자들의 정신적 기풍을 결정하고 의식적이고 잠재의식적인 마음을 형성하는, 사고와 행동의 기본 원리들을 구성한다.

그렇다고 해서 정교회에서는 모든 것이 이상적인 형태로 이루어진다는 인상을 주고 싶지는 않다. 역사를 보면, 이 안에도 많은 잘못과 이탈이 있었다. 하지만 중요한 것은 우리가 올바르다고 믿는 모범들이 근본적인 원리들로 강력하게 살아있다는 사실이다. 우리 자신을 이 기초 위에 둘 때, 주어진 새로운 문제들에 대한 새로운 해결들을 추구하고 얻을 수 있다. 복음의 근본을 모르거나 무시할 때, 혹은 성령이 우리에게 주시는 능력을 사용하지 않을 때, 우리는 잘못을 저질렀고, 또 계속해서 잘못을 범할 것이다. 하지만 이것은 실수나 일탈이지, 우리 신앙의 기본 원리에 대한 거부는 아니다. 복음의 영적인 '항수들'은 가장 단순한 사회에서 가장 발전한 사회까지, 과거의 농경사회에서 미래의 전자 사회에 이르기까지, 모든 사회에서 모든 시대에 걸쳐 명백하게 작동하고 있다.

* * *

정교회의 시각으로 본 문화와 복음에 대한 간략한 신학적 견해를 요약하면서, 복음은 채택하고 변화시킨다는 점을 나는 강조하고 싶다. 즉, 복음은 새로운 조건 아래서 육화되고, 성령 안에서 문화를 재탄생시켜, 그것에 새로운 존재론적 의미를 부여한다.

창조적인 문화는 한 종교나 한 민족만의 것으로 정의되지 않는다. 그것은 닫힌 원이 아니라, 모두에게 항상 열려있다. 그것은 획일성이 아니라 정신과 마음의 다양한 음성들이 이뤄내는 일치이다. 문화적 다양성의 수용은 항상 정교회의 특징이었다. 모든 민족은 '복음의 항수들(변함없는 요소들)'에 대한 경험을 스스로 자유롭게 표현하고 창조할 수 있었으며, 동시에 자기 자신의 개성과 고유한 천성적 기질들을 유지할 수 있었다. 지속적인 갱신과 자기초월은 그리스도교 복음의 역동성이다.

우리는 여기에서 인류의 궁극적인 운명에 확고하게 시선을 고정한 채 중단 없이 확장해 나가는 과정에 대해 이야기하고 있다. 이 세상의 어떤 문화형태 안에 갇히는 것은 용납될 수 없다. 국수주의적이고 폐쇄적인 집단은 결코 정당화 될 수 없다.

특별한 문화적 특성을 지닌 지역 교회들의 개성은 여러 민족들이 하나의 정신이나 하나의 마음이 되는 것을 막지 않는다. 그것은 '신성한 리뚜르기아'(성찬 예배)라는 신비로운 중심에 닻을 내린 '일치'의 깊은 의미를 방해하지 않는다. 감사의 성찬예배는 모두를 그리스도 안에서 '하나' 되게 하고, 그분 안에 만물의 궁극적인 총괄됨, 사랑의 최종적 승리, 하느님을 찬양하는 자유로운 사람들의 친교를 신비롭게 선포한다.

＊＊＊

[아래의 간략한 내용은 그리스도교가 두 개의 역동적이고 인접한 문화와 가졌던 관계에 관한 것이다.]

복음에 기초하여 생긴 문화가 이슬람과 공산주의라는 두 세계와 가진 관계는 특히 흥미롭다.

이 두 문화들이 정교회 공동체가 이미 발전한 지역에서 공고해졌다는 것과 이들이 정교회가 배양한 중요한 문화적 요소들을 채택하여 활용했다는 점은 중요하다. 혹자는 이 두 문화가 그리스도교의 이단적이거나 파편적인 형태라고까지 말하고 있으니 말이다.

초대 그리스도교 시대(1세기에서 4세기까지)와 초기 이슬람 시대(7세기에서 11세기까지)를 비교하면 상당한 차이점들이 발견된다. 하지만 초기 이슬람을 같은 시기에 번영했던 비잔틴 문화(7세기에서 11세기까지)와 함께 고찰하면, 중요한 유사점과 영향을 볼 수 있다. 비잔틴 문화, 그리스 철학, 과학적 연구, 다양한 예술이 이슬람 문화의 발전에 끼친 영향은 여러 형태로 나타났고, 또 이는 흡수하고 동화하는 이슬람의 능력과 결합된 전자의 매력과 찬란함에서 연유한 것이었다.[27]

공산주의가 수십 년 동안 지배한 지역에서 그리스도교는 공산주의 보다 먼저 존재했고, 공산주의 이데올로기가 그리스도교의 기본 교리를 부정한다는 사실에도 불구하고, 공산주의는 그리스도교로부터 중요한 요소를 채택했다. 즉, 인간의 평등에 대한 강조, 인간의 삶의 물질적인 요소의 중요성, 역설적인 것에 대한 믿음, 새로운 사회와 보다 공평하고 아름다운 세상에 대한 깊은 기대 등이다.

이슬람과 공산주의의 특징은 이들이 그리스도교의 여러 기본 교리를 변조하고, 추종자들을 강제로 자신들의 집단에 편입시키는 폭력적이고 강제적인 요소를 첨가했다는 사실이다. 그들은 복음에서 "누구든지"라는 말로 강조되는 개인의 자유를 이렇게 "불명예스런" 방식으로 수정하려 했다. 도스토옙스키가 『카라마조프가의 형제들』에서 대심문관을 묘사하면서 상세하게 언급되었듯이, 같은 유혹이 그리스도교 집단들에게도 영향을 주었다.[28]

정교회는, 앞에서 언급했던 "복음의 변함없는 요소들"을 잘 활용함으로써, 그리고 사람들에게 순교자들의 정신과 그들에 대한 기억을 불어넣어 십자가의 신비와 부활의 희망을 살아가게 함으로써, 이러한 압력을 이겨내고 견뎌낼 수 있었다. 15세기부터 18세기까지, 동유럽과 근동 지역의 교회들이 오토만의 억압 하에서 큰 시련을 겪었을 때, 정교회는 복음을 가르치고 실천함으로써 정교인들의 문화적 정체성과 불굴의 정신을 유지하게 했다. 이로 인해 정교인들의 문화는 지속될 수 있었고, 그 후에는 자유를 얻을 수 있었다. 타타르족에 정복되었던 16세기 러시아에서도 유사한 일이 발생했다. 정교회의 공헌에 대한 기억은 이런 나라의 백성들로 하여금 깊은 감사와 경배로 그리스도의 복음 앞에 서게 했다.

---

27) A. Yannoulatos, *Islam: An Overview* (in Greek) (Athens, 1976 ; 4th ed. 1985).
28) F. Dostoevsky, *The Brothers Karamazov*, trans. Richard Pevear and Larissa Volokhonsky (New York, 1991).

과거에는 이슬람교에 대해 일어났고, 오늘날에는 공산주의에 대해서 일어나곤 하는 십자군 정신, 즉, 폭력과 적의와 적대적인 방법들은 서방 그리스도교 안에서 그 지지자들을 발견했다. 십자군이 이룬 것은 그들의 의도와는 정반대의 것이었다. 결국 그들이 불구로 만들고 치명적인 부상을 입힌 것은 이슬람이 아니라, 가장 활발하고 번영한 문화 중 하나인 비잔틴 문화였다. 그리고 그들은 그 후의 수세기 동안 그리스도인들과 이슬람교도들 사이에 두려움과 의심을 더욱 증폭시켰다.

이슬람이나 공산주의/마르크스주의가 지배하는 나라에서 복음은 계속해서 문화에 빛을 비추었고, 그리스도교인들은 주로 소리 없는 현존과 저항으로 자신들의 신앙을 증명했다.

신자들이 하나의 공동체로서 예배를 위해 모였을 때, 그들은 하느님에 대한 열망과 찬양으로 복음을 영접했고, 신성한 감사의 성찬 예배를 통해서 복음의 능력에 친숙해졌다.

삶을 하나의 리뚜르기아(성찬예배)로 변화시킴으로써, 신자들은 일상의 현실에서 내적인 평화, 희망, 부활의 기쁨을 경험했다. "그리스도께서 부활하셨습니다!"라는 외침은 그들의 확신과 여러 가지 외적 압박들에 대한 저항을 잘 요약해준다. 러시아의 수도자, 사로브의 세라핌 성인이 했던 격려의 말은 특히 사랑 받았다. "내적인 평화를 얻으라. 그러면 당신 주변의 수천 영혼이 구원을 찾을 것이다."

그리스도의 복음 안에 있는 평화의 메시지는 알려지지 않은 또는 잘 알려진 순교에 의해서 확인된다. 지난 5세기 동안, 수백만 명의 순교자들이 정교회 품 안에 안겨졌다.

정교회 문화가 창조해낸 것들의 뛰어난 아름다움은 매력의 주요 축이 되었다. 복음의 감화로 창조된, 그리스도교 문화의 위업인 비잔틴 성화, 성당, 음악, 문학은 단지 각 민족의 영혼 한 부분으로 수용되었을 뿐만 아니라, 다시 역으로 복음의 담지자들로 변모되었다. 이 위대한 작품들을 만들어냈을 뿐만 아니라, 또한 그 작품들 안에 고스란히 담긴 깊은 믿음은 다시 한번 "내부로부터 보내져" 외부로 투영되었다.

인간이 자신을 초월하도록 부름 받았고 또 그렇게 할 능력이 있다는 확신을 그리스도인들은 창조적인 생각과 비판적인 시각을 통해 전달했다. 그들은 인간 존재와 개인의 자유의 헤아릴 수 없는 중요성을 강조한다. 이 중요한 입장은 가능할 때마다 다양한 대화 속에서 표현되었다. 그런 대화에서 그리스도인들은 공산주의가 물질적인 것을 강조함으로써 지나친 관념주의로 향하는 경향으로부터 현대 인류를 벗어나게 하고, 또 사회 형성과 문화적 구조들 안에서 경제적인 요소들이 가지는 의미를 잘 드러내는 데 일조했다는 점을 인정한다.

동시에 그리스도인들은 모든 것을 경제적인 시각으로, 경제 구조의 부차적인 현상으로 보려는 것, 선험적으로 '과학적'이라 표현되는 독단적인 패러다임을 강요하는 것에는 강력히 반대한다. 후자는 사상에 있어서 독재를 강요하는 구실로 사용되었고, 그래서 학술적인 탐구와 인간의 창조성에 매우 위험스런 정체를 초래하게 되었다. 더 나아가 그리스도교의 비판은 변증법적 유물론이, 가치 척도의 기준이 되는 인간적 기준을 결여함으로써, 물질이란 개념과 그 관념적 구조 안에 스스로를 가둬버렸음을 지적한다. 결국 어떤 것도 초월되지 않았다. 오히려 인간에 의해 창조된 이 패러다임은 그 자체가 신성불가침의 존재가 되고 말았다. 사람의 인격과 개인적인 자유의 중요성을 부인하는 일당 독재 사상은 진정한 문화 창조의 여지를 주지 않는다. 획일성과 단조로운 문화를 강요하는 것은 인류를 끔찍한 불모의 상태로 이끌 위험이 있다.

  이러한 모순들의 결과로, 사상의 영역과 "삶의 대화"에서, 더 오래된 형태의 문화와 좀 더 진정한 복음의 경험이라는 지평 위에 뭔가 새로운 것이 놓여 있으리라는 희망이 커지고 있다. 인류의 추락과 불운을 통해서도, 인류와 모든 피조물을 변모시키시려는 하느님 사랑의 계획은 꾸준히 진행되고 있다.

4장

정교회의 시각에서 바라본 이슬람과의 대화

* 이 논문은 1986년 10월 16일에 비엔나에서 '프로 오리엔트 재단'(Pro Oreinte Foundation)에 의해 개최된 "이슬람과 그리스도교의 대화"라는 국제 심포지엄에서 원래 독일어로 발표되었고, 후에 "Der Dialog mit dem Islam aus orthodoxer Sicht"라는 제목으로 그 회의의 발표문으로 출간되었다: XLVI Ökumenisches Symposion, 16 October 1986 in Wien, R. Kirchschläger, A. Stiernemann (Hersg.), Ein Laboratorium für die Einheit, *Pro Oriente*, XIII, Tyrolia Verlag (Innsbruck and Wien, 1991), 210-22. 영어로는 다음을 참조하라. "Byzantine and Contemporary Greek Orthodox Approaches to Islam," *Journal of Ecumenical Studies* 33:4 (1996): 512-28.

동방정교회는 이슬람교가 처음 발생한 이후로 계속 접촉을 해왔고, 이 두 종교 사이의 대화는 다양한 형태로 이루어졌다. 이슬람교는 정교회가 이미 번영하고 있던 지역과 인접한 곳에서 발생했고, 후에 이슬람은 정교회가 초기에 발전했던 지역(팔레스타인, 이집트, 시리아, 소아시아 등)의 많은 부분을 정복했다.

정교회와 이슬람교의 만남은 군사적인 충돌이나 대립의 형태로 일어나기도 했지만, 수세기 동안 지속된 평화로운 공존으로 발전되기도 했다. 이런 관계는 종종 신학적 대화의 형태를 통해 매우 지적인 수준에서 전개되기도 했는데, 그 대화에서는 양자의 종교 경험의 차이를 밝히고 각자의 입장을 규정지으려는 노력이 있었다.

역사적인 개관

비잔틴-이슬람 대화의 세 단계

무함마드는 632년 7월 8일(히즈라 시대 11년 라비 알 아왈Rabi' al-awwal의 13일)에 사망했고, 그가 죽은 지 수십 년 만에 이슬림의 군사직 팽창이 순식간에 이루어졌다. 무함마드가 사망한 지 백 년이 지나기도 전에 "이슬람의 집" 무슬림 국가는 피레네 산맥에서부터 히말라야와 중국 평야에 이르기까지 확장되었다.[1]

이 신흥 종교의 공격적인 힘을 인식한 그리스도교 비잔틴제국은 사회적, 정치적으로 방어를 위한 모든 수단을 동원했다. 이런 상황에서 이슬람교와 그리스도교 사이의 대화나 '토론' 형식으로 쓰인 다량의 신학적인 글들이 등장했다. 이 글들 중 어떤 것들은 그리스도인들과 무슬림들 사이에 있었던 실제 대담이나 토론을 요약한 것들로 보인다.

비잔틴 사람들은 무슬림 세계의 요람과 근접한 곳에 살았기 때문에 이슬람 자료를 통해 이슬람을 잘 알 수 있게 되었다. 지리적, 사회적, 정치적으로 이슬람으로부터 멀리 떨어져 있었던 서방 그리스도교에서는 이런 일이 훨씬 나중에 일어났다. 포티오스Photios 총대주교 시대 직전, 9세기에 이미 비잔틴 사람 니키타스Nicetas는 꾸란Qur'an 전체에 대한 비평적 분석의 글을 썼는데, 그것은 그리스어로 번역된 많은 꾸란 인용문들도 포함하고 있었다. 꾸란이 라틴어로 처음 완역된 것은 훨씬 뒤인 12세기 중엽이었다.

이슬람교에 대한 비잔틴 사람들의 신학적 태도는 여러 단계를 거쳤다. 8세기 중반부터 9세기 중반까지에 해당하는 첫 단계에는 이슬람교를 대체로 우습게 여기고 무시했다. 다마스쿠스의 요한 성인(+750년 혹은 784년)은 이슬람교를 다룬 첫 그리스도교 저자들 중 한 분이었는데, 새로 발생한 이 종교를 별로 중요하게 생각하지 않았다. 성인은 신학적인 측면에서 이슬람교를 미개한 사람들에게나 어울릴

---

1) A. Yannoulatos, *Islam: An Overview* (in Greek), 4th ed. (Athens, 1985), 221-22.

만한 날조된 것으로 보았고 "웃음거리"라고 표현했다.[2] 다마스쿠스의 성 요한은 이슬람교를 "그리스도교의 이단"으로 간주했다. 성인은 주요 작품인 『지식의 근원』의 한 부분인 "이단에 맞서"Against Heresies에서 이스마엘의 후손, 하갈의 후손, 또는 사라센 종족을 "백한 번째" 이단이라고 규정했다.[3] 요한 성인에게 '이단'이란 말은 보다 넓은 의미로 쓰였고, 다른 종교뿐만 아니라 그리스 철학 학파도 포함되었다. 아부 쿠라Abu Qurrah로 알려진, 메소포타미아의 하란Harran(로마의 카르헤Carrhae)의 주교 테오도로스(+820년 혹은 825년)는 좀 더 체계적으로 이슬람교를 다루었다. 대화 형식으로 쓰인 『유대교와 사라센 이단 논박』[4]은 본격적으로 이슬람교를 이해하고 반박하려는 시도였다. 테오도로스 주교는 적절한 예를 제시하면서 그리스도교를 설명하고, 그 모든 외적 약점에도 불구하고 그리스도교가 자신의 현존을 느끼게 하는 데 성공했다는 사실로부터 그 진리의 명백성을 입증함으로써, 그리스도교에 대한 이슬람의 비판을 반박한다.

동방 그리스도인들과 이슬람 사이의 문학적인 대면이 일어난 이 첫 기간에는, 칼리프의 권좌가 위치했던 시리아가 중심지였다. 위에서 언급한 두 신학자들의 저서들은 무슬림들과의 직접적인 대화에 근거한 실제 경험을 바탕으로 한다. 두 신학자들은 무슬림들 사이에서 살았고, 원어로 된 꾸란을 알았다.

9세기 중반에서 14세기 중반에 해당하는 두 번째 단계에는 반이슬람 문학의 중심이 비잔틴 국가의 수도로 옮겨간다. 이슬람교의 괄목할 만한 성공과 확산은 비잔틴 사람들에게 근심거리가 되었다. 그들은 그 기이한 논리적 윤리적 특징에도 불구하고, 아니 어쩌면 그 이

---

[2] John of Damascus, *The Source of Knowledge*, PG 94:765A, 772D.
[3] Ibid, PG 94:764-73.
[4] Theodore, *Against the Jewish and Saracen Heresies*, PG 97:1462-1609.

유 때문에 이 종교가 비잔틴 제국의 큰 위협이라는 것을 깨달았다. 그래서 그들은 더 적대적인 정책을 시행했다. 사모나 가지스[5], 에프티미오스 지가비노스[6], 니키타스 호냐티스[7], 에데사의 바르톨로메오스[8] 등이 이 주제에 대해 저술한 저서들이 이 시기에 많은 주목을 끌었다. 이 저서들 중에서 가장 대표적인 것은 비잔티움의 니키타스가 쓴 『아랍인 무함마드가 꾸민 책에 대한 반박』[9]인데, 저자는 전통적인 주장을 펼치며 이슬람이 앞뒤가 안 맞는 종교라는 것을 증명하려 한다.[10]

비잔티움이 이슬람에 맞선 세 번째 단계는 14세기 중반에서부터 15세기 중반까지로, 온화함과 객관성이 그 특징이다. 이 논쟁과 대화의 중심 인물들은 저명한 비잔틴 신학자 그레고리오스 팔라마스 성인(+1359년)[11], 수도사 요셉 브리에니오스(+1425년)[12]와, 요한 6세 칸타쿠제노스(+1383년)[13], 마누엘 2세 팔레올로고스(+1425년)[14]와 같은 황제

---

5) Samona Gazes, *Dialexis with Ahmed the Saracen*, PG 120:821-32.
6) Euthemios Zigavenos, *Dogmatic Panoply*, paragraph 28, PG 133:1332-60.
7) Nicetas Choniates, *Treasury of Orthodoxy*, paragraph 20, PG 140:105A-121.
8) Bartholomaios of Edessa, *Censure of the Haragene*, PG 104:1384A-1448A.
9) Nicetas, *A Refutation of the Book Forged by the Arab Muhammad*, PG 105:669-805.
10) 이 시대에 대한 것은 다음을 참고하시오. C. Güterbock, *Der Islam im Lichte der byzantinischen Polemik* (Berlin, 1912) ; W. Eichner, "Die Nachrichten über den Islam bei den Byzantinern," *Der Islam* 23 (1936): 133-62, 197-244 ; E.D. Sdraka, *The Polemic of Byzantine Theologians against Islam* (in Greek) (Thessaloniki, 1961) ; J. Meyendorff, "Byzantine Views of Islam," *Dumbarton Oaks Papers* 18 (1964): 115-32 ; A.T. Khoury, *Les théologiens byzantins et l'Islam, Textes et auteurs (VIIIe-XIIIe s.)*, 2e triage (Louvain et Paris, 1969) ; and A.T. Khoury, *Der theologische Streit der Byzantiner mit dem Islam* (Paderborn, 1969).
11) St Gregory Palamas, "To the Atheist Chionai, A Conversation Recorded by the Physician Taronites, Who Was Present and Witnessed the Event," *Soter* 15 (1892): 240-46 ; "Letter Sent to the Church from Asia, Where Its Author Was Being Held Captive," *Neos Hellenomnemon* 16 (1922): 7-21 ; and "Letter to David the Disypatos, a Monk," *Deltion tes Istorikes kai Ethnologikes Etaireias* (Bulletin of the Historical and Ethnological Society) 3 (1899): 229-34.
12) Joseph Vryennios, "Conversation with an Ishmaelite," *Epeteres tes Etaireias Byzantinon Spoudon* (Yearbook of the Society for Byzantine Studies) 35 (1966), 158-95.

들이다. 비잔틴 제국 마지막 세기에 비잔틴 사람들은 무슬림들과의 대화에 더 큰 흥미와 열망을 보여주었다. 요한 칸타쿠제노스 황제는 이렇게 언급한다:

> 무슬림들은 그리스도인들과 대화하는 것을 막는데, 그렇게 의견을 교환하여 진리를 명확하게 알려는 것을 방해하려는 것이 이유인 것 같다. 하지만 그리스도인들은 자신들의 신앙이 순수하고 자신들의 교리가 옳고 진실하다는 확신이 있어서 의견 교환을 막지 않는다. 오히려, 모든 그리스도인들은 원하는 사람 누구와도 대화할 수 있도록 허용되어 있고, 그럴 권한이 있다.[15]

비잔틴 시대에 이슬람교와 그리스도교 사이에 있었던 대화의 이론적 바탕은 다음과 같이 요약될 수 있다.

처음에 비잔틴 사람들은 이슬람교를 아리우스주의의 변형이나 재기로 보았다. 그리스도교에 대한 무슬림의 비판은 주로 예수 그리스도의 신성과 성 삼위 하느님의 교리였다. 그리고 무슬림은 그리스도인들의 신앙적 불일치와 예배 형식을 비판했다.

그리스도인들은 이슬람교 창시자인 무함마드가 과연 예언자로서의 자격을 가졌는지 의심하며 이슬람을 비판했다. 창시자에 대한 예

---

13) 요한 칸타쿠제노스(John VI Cantacuzenus)의 반이슬람 저작(PG 154:372-692)은 크게 두 부분으로 나뉜다. 첫째 부분인 *Against the Muhammedans* 는 네 개의 호교론으로 구성되었고, 두 번째 부분인 *Against Muhammad* 는 네 개의 논쟁으로 구성되었다. 많은 점에서 저자는 플로렌스의 도미니크회 수도사 리콜도(Ricoldo da Monte Croce. +1320)의 저작 *Confutatio Alcorani*(PG 154 : 1037-1152)에 의존하고 있어 보인다. 이 저작은 디미트리오스 키도니스(Demetrius Kydones)에 의해 그리스어로 번역되었다.
14) Manuel II Palaeologus, *Dialogue with a Persian of the Rank of Mouterizes in Ancyra, Galatia*, PG 156:125-174.
15) John Cantacuzenus, *Against the Muhammadans*, PG 154:380BC.

언자들의 예언이 없었고, 그는 자신의 계시를 뒷받침하는 어떤 증거도 제시하지 못했으며, 아무런 기적을 행하지 못했고, 미래를 예언하지도 못했으며, 그의 삶은 윤리적인 차원에서 예언자에 어울릴 만큼 숭고하지도 못했다는 점들이 그리스도인들의 비판 사항이었다. 대부분의 비잔틴 사람들은 무함마드를 적그리스도의 종이라거나 세상 종말의 선구자로 보았다. 어떤 사람들은 심지어 무함마드 자신을 적그리스도라고 보기도 했다. 하지만 후에는 이처럼 극단적인 평가는 적어도 공식적인 글에서는 사라졌다. 아무튼 비잔틴 사람들이 무슬림과의 신학적인 논쟁에서 선호했던 분야는 두 종교 창시자인, 예수와 무함마드의 가르침과 생애를 비교하는 것이었다.

그리스도교 저술가들은 꾸란에 시선을 집중했고, 꾸란을 성경과 비교하면서 어처구니없는 왜곡이나 잘못된 해석, 불일치를 지적했다. 더 나아가 그들은 꾸란이 하느님의 창조되지 않은 말씀이라는 무슬림의 믿음을 논박하는 데 열을 올렸다. 꾸란과 그 가르침에 대한 역사적인 분석을 통해, 그들은 이슬람의 꾸란은 신학적, 윤리적 가르침의 퇴보라고 결론 내렸다. 그들은 또한 결혼이나 성적인 행동에 관한 법을 비롯한 이슬람의 가족법이나, "성전"holy war이나 노예제도, 식도락이나 성적인 만족에 대한 묘사를 포함하는 물질적 관념으로 도배된 내세관에 대해서 비판의 날을 세웠다.

이슬람교에 대한 그리스도교의 비판에서나 무슬림의 비판에 대한 그리스도교의 변론에서나, 비잔틴 사람들은 성경의 확실성과 철학사상을 기반으로 삼았다. 그들의 주장이 설득력이 있든지 없든지 간에, 비잔틴 저자들의 글들은 이 두 종교가 공통적인 개념을 공유했기 때문에 대화가 가능했다는 점을 보여준다. 그리스도교가 타종교와 대화할 때 이런 종류의 공통된 신학적 언어가 항상 존재하는 것은 아니다. 인도의 종교들이 그런 한 예이다.

그리스도교와 이슬람교의 진지한 대화의 선구자들

오늘날 국제적인 차원에서 고무되고 있는 그리스도교와 이슬람교 간의 대화를 선도한 것은 비잔틴 사람들이라고 할 수 있다. 이 점은 세 가지 대표적인 예들만 보아도 분명하다.

그리스도교와 이슬람교 사이에 대화가 이루어진 상황은, 아토스 성산의 수도자였고, 후에는 테살로니키의 대주교가 된 그레고리오스 팔라마스 성인이 쓴 현존하는 짧은 글에서, 그 특별한 진지함과 호소력을 발견한다. 실제의 대화를 요약한 것으로 보이는 이 글에서[16] 성인은 그리스도교 입장을 분명하고 일관성 있게 제시하는 한편, 무슬림의 반응에 대해서는 온화함과 인내심을 보여주었다. 그의 목적은 상대방을 설득하는 것이었으므로 두 종교에 공통된 지점을 근거로 하여 논지를 펼쳤다. 예를 들어, 성인은 무슬림이 받아들이는 하느님에 대한 정의, 그리스도를 하느님의 말씀logos으로 간주하는 꾸란의 증언으로 논의를 시작했다.

> 하느님은 한 분이시고, 항상 존재하셨고, 영원하시고, 시작도, 변화도, 끝도 없이, 불변하시고, 나누이지 아니하시고, 혼란이 없고, 무한하십니다. [성인은 하느님을 아버지라고 부르는 것은 피하셨다] … 시작도 없는 유일한 하느님은 비이성적이지 않으시고 … 지혜가 없지 않으시므로, 하느님의 로고스는 또한 하느님의 지혜입니다.[17]

---

16) 각주 11번을 보시오.
17) "To the Atheist Chionai," 241.

로고스(말, 언어, 이성)는 영 spirit 없이는 존재할 수 없다는 것을 당신들 터키 사람들도 인정합니다. 그리스도가 하느님의 로고스라고 말함으로써, 당신은 또한 그가 하느님의 영이라고 말하는 것입니다. 그가 거룩한 영과 결코 분리되지 않는다는 의미에서 말입니다. … 왜냐하면 하느님은 영이나 이성 없이는 존재하지 않았고 존재하지 않을 것이기 때문입니다.[18]

끝으로 하느님의 세 위격을 언급하면서, 성인은 태양의 이미지를 사용한다.

태양으로부터 발산하는 찬란한 빛이 태양에서 나오듯이, 태양의 광선들 또한 태양으로부터 나옵니다.[19]

여기에서 그레고리오스 팔라마스 성인이 사용한 논증은 노련하고 정교하다. 성인은 핵심 문제를 회피하지 않고, 피상적인 화합을 유지하려 하지도 않는다. 무함마드에 대한 의견을 묻는 질문에 성인은 정중하면서도 분명하게 대답한다: "스승의 말을 믿지 않는다면, 당신은 스승을 사랑할 수 없습니다. 그게 바로 우리가 무함마드를 사랑하지 않는 이유입니다."[20] 팔라마스 성인은 비잔틴의 선조들과 같은 시각으로 무함마드를 보았다. 즉, 무함마드는 그를 증언한 예언자들이 없었고 아무런 기적도 행하지 않았으므로, 찬양할 만하지 않다는 것이다.[21] 이슬람의 성공과 승리가 우월함을 증명한다는 무슬림의 흔한 주장에 대해서, 성인은 "[무함마드가 연루된] … 전쟁, 칼, 학살, 약탈은 가

---

18) Ibid., 241-42.
19) Ibid., 242.
20) Ibid., 245.

장 선하신 하느님과 아무 상관도 없는 것들"이라는 점을 상기시켰다.[22]

대화 내내 그레고리오스 성인은 상대방의 종교적 감정을 상하게 하지 않으려고 특별히 주의했다. 비록 의견이 일치되지 않아도, 존중과 상호 존경의 분위기는 유지되었다. "결국 터키 지도자들은 일어나서 테살로니키 대주교에게 정중히 인사하고 자리를 떴다."[23] 상대방이 난처한 상황에 처할 때, 성인은 친절하고 상냥하게 재치 있는 유머로 긴장된 분위기를 금세 누그러뜨렸다. "나는 이맘(이슬람 성직자)에게 부드럽게 미소를 지어 그들을 다시 기분 좋게 만들었고, '이 문제에서 일치에 이른다면 우리는 같은 종교를 믿을 것이요'라고 대답했다."[24] 비록 의견이 일치되지는 않았지만, 우호적인 분위기는 그렇게 유지되었다. 그리고 한 무슬림은 "우리가 서로의 의견에 동의하는 날이 오기를 바란다"는 기대감을 표현했다.[25]

그리스도교와 이슬람교의 대화에서 논쟁점들을 정중하고 점잖게 다루었던 또 한 분의 저명한 비잔틴 사람은 마누엘 2세 팔레올로고스 황제이다. 그가 남긴 저서는 분명 마누엘 황제가 브루사Brusa에 있는 터키 왕궁에 머물렀던 때인 1390년과 1391년에 있었던 "대화"[26]에 대한 기술적 묘사이다. 거기서 그는 무슬림 지식인들과 신학적 주제들에 대해 의견을 교환할 수 있는 기회를 가졌다. 처음 26개의 대

---

21) "우리는 무함마드에 관한 예언자들의 증언을 발견하지 못했고, 누구도 그분이 행한 기적의 증거나 우리의 신앙에 가치가 있는 어떤 것을 제시하지 않았으므로, 우리는 그분과 그분이 쓴 책을 믿지 않습니다." "Letter to David the Disypatos," 232.
22) Ibid., 233.
23) "To the Atheist Chionai," 246.
24) "Letter to David the Disypatos a Monk," Deltion tis Istorikis kai Ethnologikis Etairiai (Bulletin of the Historical and Ethnological Society) 3 (1899): 233 ; 참고. "Letter Sent to the Church from Asia," 19.
25) "Letter to David the Disypatos," 233.
26) 각주 14번을 보시오

화는 이슬람의 여러 가지 견해에 대한 비판이고, 그 이후의 대화는 기본적인 그리스도교 교리와 윤리적 가르침에 대한 신학적 증명을 다루고 있다. 황제의 저서는 그 이전 비잔틴의 반이슬람 문학에 나타났던 경멸과 폄하의 표현이나 언어들을 피했다. 진실하고 객관적인 대화에 대한 그의 열망이 고스란히 스며들어 있다. 첫 대화는 이렇게 시작한다.

저녁을 마치고 나는 여느 때처럼 무슬림 원로가 앉아있는 난로 옆에 앉아있었다. 거기에는 아버지의 대화에 종종 참여하곤 했던 지성과 지혜를 겸비한 그의 두 아들도 함께 있었다. 그 원로는 나에게 말했다: "괜찮으시다면, 제가 마음속에 두고 있던 몇 가지 문제에 대해 황제님의 의견을 듣고 싶습니다. …"[27]

이 책은 황제가 대단한 신학자이고 통찰력 있는 능변가였으며, 무슬림과의 진지한 대화에 깊은 관심이 있었음을 잘 보여준다.

터키가 콘스탄티노플을 정복한 지 몇 년이 지난 후에도 진지한 대화에 대한 열망은 지속되었다. 그 도시가 함락된 직후, 1455년 혹은 1456년 초반 경에, 정복자 메흐메트Mehmet는 그리스도교에 관한 정확한 정보를 얻고자 궁정의 신학자들을 대동하고 새로 선출된 게나디오스 총대주교를 방문하였다. 그리스도교 가르침에 대한 총대주교

---

27) PG 156:133B.
28) Gennadius, *Concerning the Only Road toward Human Salvation*. 이 책의 다음 긴 제목 전체는 이 책이 쓰인 그 역사와 정신을 잘 말해주고 있다: 『스콜라리오스(Scholarius)라는 성씨로 이미 세상에 알려진 수도사이자 가난한 그리스도인들의 총대주교인 게나디오스가, 인간 구원을 향한 유일한 길에 관하여 총대주교청에서 있었던 대화 후에 군주의 요청으로 쓰게 되다. 그 후에는 축약본이 만들어지고 이 두 책들은 아랍어로 번역되어 군주에게 증정되다』. L. Petit, X. Sidéridès, and M. Jugie, *Oeuvres complètes de Gennade Scholarios* 3 (Paris, 1930), 434-52.

의 설명은 그 정복자에 감명을 주었지만, 군인이었던 그는 신학자가 말한 철학적 내용을 전부 이해할 수는 없었다. 그래서 그는 토론 중에 설명된 모든 것을 요약해서 써달라고 총대주교에게 부탁했고, 총대주교는 요청을 받아들여 『인간 구원을 향한 유일한 길에 관하여』[28]를 썼다. 이 책은 유능한 그리스 번역가에 의해서 오토만 아랍어로 번역되어 그 이슬람 군주에게 증정되었는데, 그때 그 군주는 더 간결하고 쉽게 써줄 것을 다시 요청했다. 총대주교는 이전 책의 많은 부분을 생략하고 간소화하면서 새로운 설명을 추가하여, 『신앙 고백』[29]이라는 요약된 새 책을 썼다.

이 책에는 터키의 종교 사상에 그리스도교의 관점을 맞추려는 노력이 기울여져 있다. 여기서 그리스도교 가르침을 대표하는 책임을 맡은 이는, 모든 권력을 지닌 무슬림의 군주를 대면한 교회의 신학자요 지도자였다. 따라서 안전한 곳에서 멀리 있는 적을 비판함으로써 같은 생각을 가진 사람들에게서 쉽게 찬사를 받을 수 있었던 비잔틴 시대의 다른 작가들과는 달리, 총대주교는 그들이 즐겨 사용하곤 했던 강력한 논조나 경멸적인 언어를 철저히 피했다.

총대주교는 이슬람교와 직접적으로 비교하지 않고 그리스도교에 관해 가능한 한 객관적으로 쓰려고 했다. 다시 말해서, 이슬람을 비판하지 않고 자신의 종교적인 견해를 체계적으로 상술했다. 그분은 성 삼위 하느님과 그리스도에 관한 교리처럼 두 종교 사이에 신학적으로 논란이 되는 문제들을 상대방이 쉽게 받아들이고 이해할 수 있

---

29) *Confession of Faith*. 『콘스탄티노플과 새로운 로마의 총대주교이자, 가장 현명하고 영예로운 신사인 게나디오스가 그리스도인들의 참되고 흠 없는 신앙에 대해서 하갈의 후손들에게 고백하다. 에미르 술탄 메흐메트가 '당신들 그리스도인들은 무엇을 믿소?' 라고 묻자 총대주교는 다음과 같이 대답하다.』 in Peti et al., 453-58 ; and I. Karmires, *Dogmatic and Doctrinal Documents of the Orthodox Catholic Church* (in Greek), 1, 2d ed., enlarged and amended (Athens, 1960), 429-36.

는 언어로 상술하려고 했다. 성 삼위 하느님 교리를 좀 더 생생하게 설명하기 위해서 불꽃의 이미지가 사용되었다: "우리는 불꽃에서 빛과 열이 나오듯이 이성 logos, λόγος과 영 pneuma, πνεύμα이 하느님의 본성에서 나온다고 믿습니다."[30] 총대주교는 이슬람교나 무함마드 예언자에 대한 어떤 모욕적인 암시도 피했다. 토론은 진지하고 간결하고 객관적이었다. 정교 신앙을 엄격하게 따랐던 그는 무슬림과 대화할 때 엄격하고 독단적이기보다는 이해하기 쉽고 의사소통을 더 용이하게 하는 언어를 사용했다. 그가 역사적으로 결정적인 순간에 매우 책임감 있는 방식으로 사용했고, 그래서 오늘날의 종교 간의 대화에서도 적용될 수 있는 이 원칙은 『신앙 고백』의 끝 부분에 있는 각주에 훌륭하게 요약되어 있다.

우리 신앙에 대한 우리의 특별한 신념에 관해서 문외한에게 설교할 때는, 이 책이 보여주듯이 처음에는 아주 엄격한 방법보다는 잘 받아들여질 수 있는 방법으로 해야 하고, 가능한 한 명확하게 표현되어야 한다. 그래서 여기에 쓰인 것들이 아랍어로 잘 번역된 것처럼, 그 설교는 한 언어에서 다른 언어로 쉽게 번역될 수 있어야 한다.[31]

약 15년 후에 무슬림 지도자들과 대화할 수 있는 또 한 번의 기회가 총대주교에게 찾아 왔다. 1470년 상사로부터 명령을 받은 한 터키 군인이, 속세를 떠나 프로드로모스 수도원에 거주하고 있던 총대주교를 페라이 Pherae와 가까운 곳으로 모셔왔는데, 그곳에는 꾸란조차도 하느님의 말씀과 영으로 인정하는 예수 그리스도의 신성에 관

---

30) Karmires, 433.
31) Ibid., 436.

해 알기를 열망하는 두 명의 사령관들이 기다리고 있었다.

신학적, 철학적 무기를 잘 활용하는 현명한 총대주교는 독실한 무슬림들이 이미 수용하고 있는 지점들을 취해서 그리스도교의 관점을 설명하는 출발점으로 삼았다. 그는 꾸란이 하느님의 말씀이자 영으로 인정하고 있는 예수 그리스도가 자기 자신에 대해 가졌던 자의식을 특히 강조했다. 그는 그리스 신화의 여성 예언자 시빌레 Sibyl의 예언과 같은 이교도의 "신탁"도 하느님의 메시지의 수단으로 간주하여 사용하기를 주저하지 않았다. 비그리스도교적인 믿음에 관해서, 그는 구원을 위한 계획을 수행하는 데 악마의 행위도 하느님께서 이용할 수 있다는 점을 부인하지 않았다. 그는 하느님이 무한한 인내심으로 인간을 가르치신다는 점을 또한 강조했다.[32]

이런 저서들을 통해, 엄격한 정교회 신학자이자 총대주교였던 그는 이슬람과의 신학적 대화에 새로운 길을 열었고, 새로운 역사적 상황에 의해 조성된 난관에 대처했다. 그는 악감정을 피했고, 무슬림 종교 교리를 사용할 줄 알았으며, 신앙의 차이에 개의치 않고 사랑과 존경으로 그들을 대하면서, 정교 신앙을 배반하지 않으면서도 가능한 한 단순하게, 상대방의 신학적 영적 수준에 맞춰 그리스도교를 설명하려고 노력했다.

침묵과 독백의 시대

불행하게도, 제국의 마지막 백 년 동안에 비잔틴 사람들이 만들어가기 시작한 이 분위기는 곧 변해버리고 말았다. 그 후, 터키가 지배

---

32) *Questions and answers concerning the divinity of our Lord Jesus Christ*, in Petit et al., 458-75.

했던 15세기 중반부터 19세기 중반까지 대화는 중단되어 네 번째 단계에 이르게 된다. 발칸 반도의 정교회 신자들에게 이 기간은 오랜 침묵과 저항의 시기였고, 무슬림들에게는 권좌로부터 흘러나오는 독백의 시기였다.33)

이 네 번째 단계에서 동방교회는 큰 시련을 겪었다. 오토만 국가의 일부 개화된 지도자들의 간헐적인 관용이 있긴 했지만, 무슬림의 극단주의가 빈번하게 발생하였고, 여러 가지 사회, 정치적인 억압이 소아시아, 발칸과 크레타 지역에 이슬람화 정책을 불러일으켰다.34) 소위 '숨어있는 그리스도인'이란 것이 처음 등장한 것도 바로 이때였다. 이들은 상상할 수도 없는 사회적, 정치적 강압 아래서 살아가던 그리스도인들로서, 형식적으로 이슬람교를 믿도록 강요받았지만, 가정이나 개인의 삶에서는 비밀리에 그리스도교 신앙을 지킨 사람들이다.35) 몇몇 예외적인 경우에는 이런 비밀이 몇 세대 이상 지속되기도 했지만, 결국 그들의 후손들은 지배적인 이슬람에 흡수되었다.

---

33) 이슬람에 관한 보다 심화된 비판과 분석에 대한 비잔틴 사람들의 큰 관심, 이 문제에 대한 수세기 동안의 경험과 사색, 그리고 신학적 지침이 필요하다는 각성 등은 그리스인 막심(Maxim the Greek, 1470-1556) 성인에 의해 러시아에 전해졌다. 막심은 러시아어로 이슬람에 대한 3개의 논문을 썼고, 그의 뛰어난 신학 저서들은 러시아 사람들이 이 문제에 잘 대처하게 도와주었으며 이슬람의 압력에 대한 영적인 저항을 강화시켜 주었다. Gregorios Papamichael, *Maxim the Greek: The First Enlightener of the Russians* (in Greek) (Athens, 1950), 176-86.

34) 이슬람화에 대해서 다음을 보시오. I.K. Vogiatzides, "Historical Studies: Turkification and Islamization of Greeks in the Middle Ages" (in Greek), *Epistimoniki Epeteris Philosophikis Scholis Panepistemiou Thessalonikis* (Scholarly Yearbook of the Philosophical School, University of Thessaloniki) 2 (1932): 95-155 ; E. Petrovitch, "Islamization" (in Greek), *Seraika Chronika* 2 (1957): 160-74 ; S. Vryonis, *The Decline of Medieval Hellenism in Asia Minor and the Process of Islamization from the Eleventh through the Fifteenth Century* (Berkeley, Los Angeles, and London, 1971) ; A.E. Vakalopoulos, *The History of Modern Hellenism: Turkish Rule 1453-1669* (in Greek), 2, 2d ed., expanded and revised (Thessaloniki, 1976), 51-73 ; P. Chidiroglou, "Islamization on Crete," *Proceedings of the Fourth International Conference on Cretan Studies*, (in Greek), Herakleion, 29 August-3 September 1976, vol. 3 (Athens, 1981), 336-50.

정교회는 신성한 감사의 성찬 예배와 수난과 부활의 대대적인 경축을 중심으로, 더욱 철저한 전례적 삶을 유지함으로써 오토만의 강요와 독백에 대처했다. 그들은 살아있는 경험을 통해 그리스도의 십자가 신비를 함께 공유했다. 그것은 부활절을 대망하며 수세기 동안 지속되어 온 성 대 금요일이었다. 그것은 특별히 신비로운 대화였으니, 이 대화 속에서 정교 신자들은 하느님의 역설적인 뜻과 인류의 종말론적인 기대에 시선을 고정시킨 채, 하느님에 대한 기도와 찬양으로 충만해져, 인내와 침묵으로 그 모든 외적인 억압을 견디어 냈다.

현대 시대

적어도 정교회에 관해서는 우리 시대에 이르러 그리스도교와 이슬람 사이의 대화가 다섯 번째 단계에 들어섰다고 우리는 말할 수 있을 것이다. 지난 30년 동안 그리스도인들과 무슬림들 간의 토론은 더욱 빈번해졌다. 이런 대화는 주로 학계에서 두 종교의 대표자들이나 연구 기관들이나 국제적인 그리스도교 단체들에 의해 장려되었다. 우리 시대에 두 개의 매우 중요한 획기적 사건이 있었다. 첫 번째는 제2차 바티칸 공의회로, 이 공의회는 특별히 교회와 비그리스도교와의

---

35) 비밀 그리스도인들(crypto-Christians)에 대해서 다음을 보시오. G.K. Lameras, *On the Crypto-Christians of Asia Minor* (in Greek) (Athens, 1921) ; A.A. Papadopoulos, "The Crypto-Christians of the Pontus" (in Greek) *Hemerologion Megales Ellados* (1922), 169-80 ; N.P. Andriotes, *Crypto-Christian Literature* (in Greek) (Thessaloniki, 1953) ; N.E. Meliores, *The Crypto-Christians* (in Greek) (Athens, 1962) ; A.C. Terzopoulos, "The Klostoi or Crypto-Christians of Sourmenoi" (in Greek), *Archeion Pontou* 30 (1970-71): 398-425 ; E.I. Nikolaides, *The Crypto-Christians of Spathia: From the Early Eighteenth Century to 1912* (in Greek) (Ioanina, 1979) ; and P. Chidiroglou, *Islamization on Crete* (in Greek) (Athens, 1981).

관계에 대한 공의회의 선언을 통해, 이 주제와 관련된 로마 가톨릭 교회의 태도와 행동을 근본적으로 바꿔놓았다.[36] 두 번째는 세계교회 협의회의 주도로 시작된 신앙 간의 대화로, 이 대화모임은 1970년대 에 이르러 "다른 신앙과 이념을 가진 사람들의 대화"라는 이름의 상 시적인 분과가 되었고, 나중에는 "살아있는 신앙을 가진 사람들 사 이의 대화"라는 명칭으로 변경되어 지속되었다. 세계교회협의회가 출범한 이후, 정교회는 이 분과에 깊은 관심을 갖고 참여해 왔다. 나 자신도 여러 해 동안 이 분과의 창립 멤버들 중의 하나이다.

그리고 그리스도교와 이슬람교 간의 대화에 대한 특별한 관심이 '유럽교회회의' Conference of European Churches에 참여하고 있는 다양한 교파 교회들 안에서 증대되었다.[37] 정교회는 그리스도교와 이슬람교 간의 진지한 대화를 모색하고 활발하게 참여하려는 진정한 의지를 가지고 있다는 것을 나는 내 개인적인 경험을 통해 확언할 수 있다.[38]

---

36) 참조. W.M. Abbott, ed., *The Documents of Vatican II, with Notes and Comments by Catholic, Protestant and Orthodox Authorities* (New York, 1966), 660-61.
37) 이 주제에 대해서 오스트리아에서 두 번의 회의가 열렸는데, 첫 번째는 1978년 2월 잘츠부르크 (Salzburg)에서, 두 번째는 1984년 3월 푈텐(Pölten)에서 열렸다. [1999 Addendum: 그 다음 의 회의는 1990년 6월 레닌그라드에서 열렸다. 참조. A. Yannoulatos, "Dialogue and Mission: An Eastern Orthodox with Special Reference to Islam," *Bul.* 26 (1991): 61-76.]
38) [1999 Addendum: 1986년 11월에 정교회와 무슬림들 사이의 체계적인 대화가 세계총대주교 청 정교센터(Orthodox Center of the Ecumenical Patriarchate, Chambesy, Geneva)와 왕립 이슬람 문화 연구 아카데미(Royal Academy for research into Islamic culture, Al Albait Foundation, Amman, Jordan)의 협력으로 시작되었다. 참조. Metropolitan of Switzerland Damaskinos Papandreou, "The Interfaith Dialogues of the Orthodox Church," in M. Konstantinos and A. Stiernemann, eds., *Christian-Islamic Dialogue as a Mutual Responsibility* (in Greek) (Thessaloniki, 1998), 31-35. 또한, 정교회와 이슬 람간의 대화에 관한 특별 자료에 관해서는 35-42를 보라. 또 참조. *Episkepsis* 27:532 (1996): 10-21 ; 28:545 (1997): 4-23 ; 28:548 (1997): 8-13 ; 그리고 29:563 (1998): 11-24.]

현 단계의 상황과 논점들

새로운 조건들과 지평들

그리스도교-이슬람교 대화의 현재 단계는 새로운 환경 하에서 새로운 관점과 함께 발전되었다.

지난 150년 동안 학문적인 연구는 심각한 오해를 제거하고 논쟁거리를 더 정확하게 밝히고 그 중요성을 인식하게 하여, 이슬람에 대한 우리의 이해를 향상시켰다. 하지만 아직도 많은 논쟁거리들이 객관적인 연구를 기다리고 있다.

적어도 그리스도교 쪽에서 크게 변한 것은 태도와 의지이다. 오늘날 많은 그리스도인들은 자신들의 견해를 재검토하고, 무슬림들이 보존해 온 영적인 보물에 대한 더 큰 이해와 존중을 보여준다. 이슬람교는 이제 역사상 활기 있는 종교적 세력으로 인식되고 있다. 과거에는 그리스도교와는 다른 점과 부정적인 측면들이 부각되었다면, 오늘날에는 두 종교 간에 존재하는 공통의 영적 기반과 영적인 경험과 함께, 긍정적인 요소들이 강조되고 있다.

21세기가 시작되면서, 우리는 이슬람교를, 인류의 상호의존성이 점점 더 심화되어가는 하나의 거대도시인 이 작은 지구에서, 같이 살고 협력해야 할 수백 수천만 명의 사람들에게 영향을 미치는 사상과 교리의 체계로 바라본다. 우리 시대의 난국을 해결하려면, 우리는 서로 맞서서 대결하듯이 말하는 태도를 피해야 한다. 우리는 우리 시대의 새로운 난관을, 시대의 새로운 징조를 함께 연구하기 위해 노력해야 한다.

오늘날 종교 간의 대화에서, 그리스도교 측은 여러 교회들에 의해 대표된다. 아래에서 볼 수 있듯이, 그리스도인들과 무슬림들 사이의 대화에 있어서 정교회의 활발한 참여는 특별한 도움이 되었다.

교착 상태와 미래에 대한 전망

대화의 목적이 서로의 종교적 견해와 경험을 진지하고 객관적으로 이해하는 것일 때, 그것은 이슬람교와 그리스도교가 기본적인 교리의 상당 부분을 서로 공유한다는 것을 드러내줄 수 있다. 정말로 몇 가지 점에서, 그것은 우리 그리스도인들이 잊기 쉬운 기본적인 계명들, 즉, 하느님의 초월성에 대한 강렬한 경험, 하느님의 뜻에 순종, 하느님을 영접할 때의 경외감, 기도할 때 몸과 마음을 포함하는 존재 전체를 동원해야 한다는 권고 등을 재발견하는 데 도움을 줄 수 있다.

그럼에도 불구하고, 너무 낭만적으로 보아서는 안 된다. 대화는 쌍방이 그런 관계를 맺으며 탐구하려는 열망을 전제로 한다. 하지만 현재까지 이런 태도는 그리스도교 쪽에서 더 장려되어 왔다. 거의 예외 없이, 무슬림 쪽으로부터는 그와 유사한 열망을 발견할 수 없었다. 오히려 이란, 리비아, 터키, 알제리 등에서 볼 수 있듯이, 불관용의 증가뿐만 아니라 "이슬람의 순수성"을 지지하는 자들이 선동하는 근본주의의 새로운 증가를 보여주는 최근의 예들이 적지 않다. 따라서 그리스도교-또는 그리스도인들-와 이슬람교 사이의 대화라기보다는 일부 그리스도인들과 극히 몇 안 되는 무슬림과의 대화라고 말하는 것이 더 정확하다.

그런 대화는 오래 지속된 오해나 잘못된 인식을 넘어서는 데 도움을 줄 수 있지만, 결국 두 종교 간의 근본적인 차이점에 이르면 그 한계를 드러내기 마련이다. 근본적인 차이점들은 성 삼위 하느님의 신비, 말씀의 육화 신비, 다시 말해서 예수 그리스도의 신성에 대한 믿음과 같은 그리스도교의 핵심적인 교리에서 나타난다. 알다시피, 무슬림들은 예수님을 위대한 예언자로 존경하지만, 십자가와 그것이 온 인류의 구원과 관련하여 갖게 되는 의미는 부정한다.[39]

종교적 경험의 기본적인 단계에서는 의견 일치가 있더라도, 무슬림들은 이 기본 단계에 머물러 있을 뿐, 그리스도 안에서 성령을 통해 누리는 하느님과 인류의 친교 경험이라는 더 깊은 그리스도교적 경험으로 나아가거나 수용하는 것은 거부한다. 이런 대화는 불편한 내용을 완화시키거나 광신적이고 선동적인 주장으로 인해 왜곡된 것을 수정하여, 각 종교가 설명되는 방법을 개선하고 유사한 종교적 경험을 좀 더 진실되게 표현하는 정도일 뿐이다. 결국 계속 남아있는 것은 선택의 자유와 함께 두 종교 사이에 존재하는 더 분명한 차이일 것이다.

그리스도인들과 무슬림들이 서로의 차이를 존중하는 가운데, 기술 중심의 시대와 새로 부상하는 세계 공동체에서 발생하는 새로운 문제와 난관을 토론하기 위해 마주 앉을 때, 그리스도교와 이슬람교 간의 대화는 성공할 가능성이 더 높아진다. 이런 중대한 문제들을 어떻게 접근할 것인가 설명하기 위해 각자 자신의 심오한 종교적인 확신과 경험의 깊이를 보여주면서 깊이 사고하는 데 할애된 시간은 분명 정보를 공유하게 할 뿐만 아니라, 영적인 교류와 접촉을 형성하게 해

---

[39] 무슬림의 고전적인 사상에서, 십자가는 "불명예"이고 "어리석음"이다. 그 사상은 성찬예배에서 일어나는 그리스도와의 인격적 친교 경험 등 예배에서 그리스도인들이 근본적으로 경험하는 것들에 대해 여전히 부정적으로 반응한다. 과거 무슬림들이 그리스도교 성당을 이슬람교 성전으로 개조할 때마다, 그들은 세 가지를 서둘러 제거했다. 즉, 십자가상, 제단, 그리고 "그리스도 안에서" 살았던 성인들의 성화가 그것이다. 콘스탄티노플의 '성 소피아(Hagia Sophia) 내성당'을 방문한 사람들은 십자가를 "T"자로 바꿔놓은 것을 발견하게 된다.

준다. 그 중대한 문제들의 예로는 세속화, 사회의 비인격화, 자연 환경의 파괴, 인권, 세계 정의와 평화 등이 있다.

종교 사상들 간의 상호관계가 더 깊게 탐구될 수 있는 보다 폭넓은 종교간 만남에 참여하는 것이 그리스도인들과 무슬림들 간의 이 같은 관계 개선 과정을 도와주었다는 것은 일반적으로 인정되고 있는 사실이다.[40]

양자 간의 대화 범위는 동시에 우리가 이 공통된 경험을 서로 공유하고 있다는 사실, 그리고 다양한 종교의 대표자들이 이런 공동의 목표를 추구한다는 사실에 의해 더욱 확장되었다. 이 과정은 또한 유일신과 예언적 종교 경험을 믿는 종교들 사이에 존재하는 공통적인 기반을 잘 드러내준다.

정교회의 특별한 기여

분명히 동방 그리스도교의 문화적 전통과 유산은 우리로 하여금 수백 년 동안 공존해왔던 무슬림 세계와 훨씬 가깝게 한다. 서로의 큰 신학적인 차이와 과거의 격한 충돌에도 불구하고, 우리는 여러 가지 의미에서 공통적인 문화적 배경 안에서 살아간다.[41]

학문적인 연구로부터 관찰된 중요한 사항 중 하나는 동방 그리스

---

40) 스리랑카의 콜롬보(1974)에서 개최된 첫 번째 종교 간의 회의에서 나는 이 관계 개선 과정에서의 정중한 태도를 느낄 수 있었다. 그 회의는 "세계 공동체를 향하여"라는 주제로 WCC에 의해 조직되었다. 그런 정중함은 국제 인권 선언에 관한 여러 종교의 입장을 검토하기 위해 유네스코에 의해 방콕(1980)에서 개최된 종교 간의 회의와 나이로비(1984)에서 열린 '종교와 평화를 위한 세계회의'에서도 목격되었다. 이 회의에서는 세계의 종교인들이 어떻게 세계 평화와 비무장화를 위해 노력할 것인가에 대해 토론했다.
41) 아테네 대학 학생들의 교재로 주로 쓰인 이슬람교에 관한 나의 저서(각주 1번을 보라)는 에필로그에서 다음과 같이 기술한다: "모든 현존하는 종교에서 이슬람교는 영적으로나 지리적으로 정교회와 가장 가깝다. … 두 종교는 많은 가능성으로 존재하는 공동의 의무를 가지고 있다. 그것은 바로 두 세계의 영적인 풍부함을 서로 깊이 이해하는 것이다."

도교와 이슬람교의 기원 사이에 존재하는 긴밀성이다. 이슬람교의 여러 가지 사상과 견해를 이해하는 정교인이라면, 비록 변형된 형태이긴 하지만 상당히 많은 점이 유사하다는 것을 인정할 것이다. 중동 지역의 종교적 경험에는 공통적인 측면들이 분명히 존재한다.[42] 이 점에 대해서 개략적으로 설명하고자 한다. 꾸란이 무함마드가 동방 그리스도교 세계와의 간접적 접촉을 통해 이해한 그리스도교의 많은 개념들을 흡수하고 채택하고 재형성하였다는 점은 의심할 여지가 없는 사실이다. 무함마드가 동방에서 온 한 명 이상의 그리스도교 수도사와 만나고 접촉했다는 충분한 기록이 남아있다. 꾸란의 기본 신학 노선에 대한 연구는 저자가 유대-그리스도교적인 관점과 은밀하게 대화했음을 드러내준다. 이 대화는 하느님과 천사와 예언자에 대한 믿음, 기록된 계시에 대한 신앙, 인간 예수와 빠나기아 동정녀 마리아에 대한 공경 등에서는 긍정으로 귀결되었지만, 아버지로서의 알라Allah(하느님), 예수 그리스도의 신성, 십자가 죽으심과 부활, 성 삼위 하느님 신앙 등에 대해서는 완고한 거부를 보여준다.

많은 무슬림들은 그리스도교를 이슬람교의 변형되고 왜곡된 형태라고 간주하고, 정교는 이슬람교를 그리스도교를 깊이 이해하지 못한 결과로 생긴 그리스도교의 타락한 형태로 간주한다. 이슬람교 가르침의 많은 부분은 그리스도교의 견해가 제대로 이해되지 않아, 피상적으로 묘사되고 해석될 수밖에 없었던 '성급한 대화'의 결과이다.

신심 생활의 형식적인 측면에서 볼 때, 이슬람교의 일상적인 기도 형태에는 동방 수도원에서 실천되던 기도 형태의 영향이 드러난다.

---

[42] 한 이론에 따르면, 이슬람교는 여러 가지 측면에서 무함마드가 당시 유행하던 변질된 그리스도교석 관섬을 숭 몇몇과 행한 잘못된 형식의 "대화"의 열매로서 시작되었다. 의견 차이의 핵심 영역은 무함마드가 동방 그리스도교와 직접 접촉하여 직접 알게 된 비의 유대-그리스도교적 개념들을 꾸란이 얼마만큼이나 채택했느냐 하는 문제이다. A. Yannoulatos (1985), 74-75.

성 요한 까시아누스(+435년)는 동방 수도원에서의 기도를 이렇게 묘사한다:

> 동방의 모든 수도자 공동체(특히, 이집트)에는 기도와 영창에 대해 다음과 같은 규율이 있다. 형제들이 기도시간에 모이면 영창이 끝나자마자 즉시 무릎을 꿇지 않고, 무릎을 꿇기 전에 잠시 동안 서서 손을 뻗은 채 기도한다. 그러고 나서 땅에 무릎을 꿇고 그 상태에서 잠시 동안 다시 기도한다. 그 다음 그들은 모두 동시에 일어나서 손을 뻗은 상태에서 더 열렬하게 기원을 마무리한다. 기도를 인도하는 사람이 먼저 꿇거나 일어설 때까지 아무도 무릎을 꿇거나 일어나지 않는다.[43]

이러한 묘사는 무슬림의 기도 동작 라카 Rak'ah의 기본 단계를 설명하는 것처럼 보인다.

또한 이슬람교의 후속적 발전은 주로 동방의 그리스도인들과의 지속적인 대화 속에서 이뤄졌다. 무슬림들이 처음 서방 그리스도인들을 알게 된 것은 십자군 전쟁 때 전쟁터에서였다. 이슬람의 수피 Sufi 교도들은 무슬림들과 동방교회의 수도사들 사이에 있었던 대화에서 많은 영향을 받았다. 동방의 그리스도인들은 무슬림의 철학과 과학의 발전에 상당한 역할을 했다. 예를 들어, 페르시아의 그리스도인들은 아바스 왕조 때 많은 그리스 철학과 의학 서적을 아랍어로 번역하였다.[44]

---

[43] *Evergetinos* (in Greek), 6th ed., vol. 2, proposition 11 (Athens, 1978), 166.
[44] R. Walzer, "Greek into Arabic," *Oriental Studies* 1 (Oxford, 1962) ; B. Spuler, "Hellenistisches Denken in Islam," *Speculum* 5 (1954): 179-93 ; and A. Yannoulatos (1985), 165-66.

첫 8세기 동안 이슬람은 그 위대하고 훌륭한 이웃인 비잔티움 정교회와 지속적이고 생산적이고 문화적인 대화를 전개했다. 꾸란의 주해Tafsir에 묘사된 바와 같이 꾸란을 해석한 방법이나 사본 기술, 세밀화 기법, 음악, 멜로디 필사, 그리고 무슬림 철학의 많은 부분들은 이미 발전된 비잔티움의 기술을 흡수하고 이용한 이슬람의 능력을 보여주는 증거이다. 비잔틴 제국이 정복된 후에도, 무슬림들은 계속해서 정교회 건축의 영향을 받았을 뿐만 아니라, 비잔티움의 가장 뛰어난 걸작인 '하기아 소피아' 성당과 같은 건축물들을 그대로 모방하기도 했다. 그들은 동방 그리스도교의 이 위대한 업적을 영감의 근원으로 삼았고, 중동지역에서부터 말레이시아까지의 현대 무슬림 건축에서 볼 수 있듯이, 이것은 무슬림의 성전 건축 설계를 거의 규정하게 되었다.

정교회는 무슬림과 오랫동안 공존했었기 때문에 —우리는 이것을 "살아있는 대화"라고 부를 수 있으리라— 현대의 그리스도교와 이슬람교 간의 대화에 중요한 균형을 제공할 수 있다. 즉, 정교회는 무슬림의 박해로 인해 치러야 했던 희생과 고통에 대해 증언할 수 있는데, 그 박해는 서방이 저지른 많은 큰 잘못들을 상쇄한다. 아시아와 아프리카의 많은 무슬림들은 19세기와 20세기에 그리스도교 국가들의 식민화 과정에서 겪은 억압으로 인해 매우 비판적이다. 무슬림들의 이런 비판에 대한 반응으로, 정교회는 정교회만이 겪은 그에 상응하는 고통을 그리스도교 입장에서 제시할 수 있고, 그 책임은 전체 그리스도교가 아니라 유럽의 특정 "그리스도교" 국가들에 있다는 점을 상기시킬 수 있다. 반면 동방교회 그리스도인들은 무슬림 국가들이 가한 억압과 고통으로 인한 시련의 오랜 역사를 지적할 수 있다.

이와 동시에 정교회는 과거 서방이 그리스도인들과 무슬림들 사이의 관계에 깊은 상처를 주었고, 그 첫 번째 희생자는 동방교회였다는 점을 서방의 형제들에게 깨우쳐줄 의무가 있다. 비록 과거의 일이긴 하지만, 십자군들이 비잔틴 그리스도교 제국을 약화시켰고 무슬림에게는 불신을 조장했으며, 무슬림 광신주의를 낳게 했고 아바스 왕조 때에 배양된 균형과 화목을 파괴했다는 사실이 잊혀서는 안 된다. 십자군들은 동방 그리스도인들을 몹시 분노케 했고, 그래서 15세기에 이 고통을 겪은 동방 그리스도인들은 로마의 '보호' 보다 차라리 '이슬람'이 더 낫다고 말했을 정도다.

최근 제2차 세계대전 이후 많은 서방 "그리스도교" 세력들은 소아시아의 그리스도인들을 방치하고 배반하여, 콘스탄티노플과 북부 키프로스에 있는 정교인들이 강제 이주 당했을 때 다소 무관심하게 방관했다. 끝으로 서방 교회의 많은 선교 사업들은 중동지역의 무슬림들로 하여금 그리스도를 영접하게 하기보다는 도리어 정교회를 분열시키고 상처를 주었다.

문제는 이런 일들이 과거에만 일어나는 것이 아니라는 점이다. 오늘날 많은 지역 정교회들이 아직까지도 정교회를 인정하지 않으려는 무슬림의 지배 하에서 살고 있다. 이들 지역에 있는 정교회는 대화를 하려 하기보다는 조심스럽게 피함으로써 생존하려 한다. 왜냐하면 대화란 권력자들에 대한 공포가 아니라 동등한 위치에서의 사상의 만남과 자유를 전제하기 때문이다. 무슬림들이 압도적인 다수를 차지하고 국가 권력을 완전히 통제하는 곳에서는 대화에 필수적인 조건들이 갖춰지지 않는다.

서방의 실수들로 다시 돌아와서 추가로 한 가지 더 언급할 것이 있는데, 그것은 바로 그리스도교와 이슬람교의 대화에 호의적인 분위기를 조성하겠다는 명목 하에, 현재 무슬림들이 지배하는 지역에서 가난과 박해 속에 살아가고 있는 소수의 정교인들을 잊어버리거나 희생시키는 일이 없도록, 새로운 오류들을 미연에 방지하기 위해 각별한 주의를 기울여야 한다는 점이다. 서방에 살고 있는 무슬림들에 대한 배려와 존중이 있어야 하듯이, 아프리카와 아시아의 강경파 이슬람 지역에서 억압 받고 있는 그리스도인들과의 진정한 결속이 또한 있어야 한다. 현대의 그리스도교와 이슬람교의 대화는 세계적 사건들의 현재적 위기, 보다 광범위한 세계 상황, 점증하는 국제적 상호 의존성 등을 고려해야 한다.

정교 신앙 경험에서 볼 때, 대화는 과연 우리의 믿음을 긍정하는가? 아니면 부정하는가?

종교 간의 대화가 그리스도인들에게 끼칠 수 있는 위험성에 관해 정교회에서는 많은 토론이 있었고 의견이 갈라지기도 했다. 대화가 결국 우리의 믿음을 손상시키거나 약화시킬 것인가? 대화는 그리스도교 밖에 있는 타종교에 대한 이해라고 하는 보다 일반적인 문제와 더불어서, 다른 믿음(그것이 종교이든 아니든)을 가진 사람들에 대해 어떻게 행동하는 것이 옳은가 하는 문제와 관련이 있다.

우리 정교회의 풍부한 신학적 자료와 유산, 그리고 영적인 경험에 근거하여 핵심적인 사항을 아래와 같이 간략하게 정리할 수 있다.[45]

동방 그리스도교는 문화, 언어, 종교가 다양한 환경에서 오랜 기간 동안 성장했기 때문에 기본적으로 다른 종교인들을 이해하고 존중하고 관용하는 태도를 갖고 있다. 정교회의 기본적인 신학적 확신은, 모든 인간 존재가 하느님을 향하는 성향과 하느님을 찾는 열망 그리

---

45) 제2장이 가주 5번을 보시오

고 나지안주스의 그레고리오스 성인이 "하느님을 닮은 것" 혹은 "신성한 것"이라고 묘사한 바 있는 지성(그리스 말로 νους, nous)을 통해서 하느님을 직접 알 수 있는 가능성에 의해 인도된다는 것이다. 종교적인 경험은 하느님이 최초의 사람들과 맺으신 살아있는 관계 안에 그 "생물학적" -감히 이런 표현을 쓴다면- 뿌리를 갖는다. 우리가 "하느님의 형상으로" 창조되었다는 것은 타락의 결과로 사라져 버린 것이 아니며, 여전히 계속해서 우리가 하느님의 의지와 존재를 느낄 수 있게 해준다.

다른 사람들이 믿든 안 믿든 상관없이, 그리스도인들에게는 한 분 하느님이 있을 뿐이다. "이 세상과 그 안에 있는 모든 것을 만드신 하느님"(사도행전 17:24), "만민의 아버지이시고, 만물 위에 계시고 만물을 꿰뚫어 계시며 만물 안에 계신 하느님"(에페소 4:6)이 있을 뿐이다. 하느님은 세상과 역사 안에서 끊임없이 일하시고 영광을 드러내신다. 사람들이 신에 대해 여러 가지 생각들을 가질 수는 있지만, 다른 신은 존재하지 않는다. "이 세상과 그 안에 가득한 것이 모두 주 하느님의 것, 이 땅과 그 위에 사는 것이 모두 주 하느님의 것"(시편 24:1)이다. 인류 역사의 모든 흥망성쇠에 하느님은 항상 계셨으며 인류를 위해 마음을 쓰시고 온 세상의 구원을 위해 걱정하신다. 그 결과, 종교적인 경험은 인류로 하여금 최고의 실재를 향하게 하는 지속적인 동력일 뿐만 아니라, 또한 우리는 이 세상에서 하느님 영광의 신성한 빛을 흡수한다는 사실을 드러내준다.

결정적인 "새 계약" -하느님이 그분의 아들을 통해 인류와 맺은 새로운 계약- 이외에도, 보다 광범위하고, 보다 구체적인 내용을 지닌 다른 중요한 "계약들"도 있다. 첫 번째는 온 인류를 대표하는 아담과 이브와 맺은 것이고, 두 번째는 홍수(창세기 9:8,13,16)로부터 구원

받은 새로운 인류와 노아와의 것이며, 세 번째는 하느님의 구원 계획에서 근본적인 역할을 담당하게 될 한 민족의 조상 아브라함과 맺은 것이다.(창세기 15:18) 아브라함을 숭앙하는 무슬림들도 역사 속에서 특별한 단계에 고유한 방식으로 이 계약에 참여한다. 하지만 온 인류를 대표하는 "새 아담"이신 예수 그리스도를 통한 최종적 계약은 온 인류 전체를 포함하는 잠재성을 갖는다. 우리에게 그리스도는 "이 세상에 와서 모든 사람을 비추"는 "참 빛"으로 계속 존재한다.(요한 1:9) 그리스도의 몸에서 나는 광채는 무슬림들에게도 희미하게나마 빛나고 있다. 비록 그것이 여러 가지 이교적인 해석의 안개로 가려지고, 그리스도에 대한 단편적인 이론의 렌즈로 왜곡되긴 했지만 말이다.

정교의 신학 사상은 특별히 성령의 역사에 규정하고 설명하고 자질을 부여하는 것 이상의 보다 넓은 시야를 부여한다. "말씀의 경륜"과 함께, 동방 정교회는 희망과 겸손으로 "성령의 경륜"을 고대한다. 거의 모든 정교회 예배의 시작 기도는 성령이 "어디에나 계시며 모든 것을 채워주시며" 온 세상의 구원을 충만케 하고 완성하기 위해 쉬지 않고 일하신다는 확신을 담고 있다. 하느님 사랑의 활발하고 결속시키는 힘으로서 "바람은 제가 불고 싶은 대로 분다."(요한 3:8) "성령은 보이는 것이든 보이지 않는 것이든 모든 것을 빼놓지 않고 관장하신다"고 우리는 끊임없이 노래한다.[46]

동방교회 신학을 통틀어 살펴보면, 성령은 인간의 생각이나 상상력을 초월하고, 그 결과 어떤 신학적 패러다임, 묘사, 사고로도 온전히 표현될 수 없는 방법으로 역사하신다는 확신을 우리는 만나게 된다. 고귀하고 참으로 선한 모든 것은 성령의 역사하심이고, 성령의 열매는 조화로운 공존을 위한 최상의 초석, 즉, "사랑, 기쁨, 평화,

---

46) 『8조 예식서』(Parakletike), 주일 아나바트미, 5조.

인내, 친절, 선행, 진실, 온유, 그리고 절제"(갈라디아 5:22)이다. 사도 바울로의 이런 확신은 이런 열매가 존재하는 곳은 어디든지 성령의 역사가 식별될 수 있다는 결론에 이르게 한다. 많은 무슬림들의 삶에서도 그런 증거가 많이 존재하는 것 같다.

결국, 모든 인간 존재와 나누는 우리의 관계와 대화는 모든 것과 모든 사람을 사랑해야 한다는 의무에 의해 규정된다. 왜냐하면 이것이야말로 그리스도교의 핵심이기 때문이다: "하느님은 사랑이시다. 사랑 안에 있는 사람은 하느님 안에 있으며 하느님께서는 그 사람 안에 계신다."(요한1서 4:16) 다른 신앙에 속한 사람들도 근본적인 정체성, 즉 영적인 시민권은 잃지 않는다. 아무리 그들이 이것을 무시한다 하더라도, 그들 또한 하느님의 형상으로 창조된 하느님의 자녀임을 멈추게 하지는 못하므로, 그들은 여전히 우리의 형제자매들인 것이다.

이러한 원칙 안에서 다른 사람들을 이해하려고 노력하는 가운데 이뤄지는 대화는 결코 혼합주의로 이어지거나 그리스도교 진리를 희석시키지는 않는다. 하지만 대화가 진지하고 결실을 맺으려면 그리스도교에 대한 올바른 이해와 일관성과 회개가 요구된다. 다시 말해서, 그것은 겸손과 참된 사랑으로 우리의 신앙을 지속적으로 재경험하는 것을 필요로 한다. 이것이 바로 모든 형태의 "두려움을 몰아내고" 우리를 희망으로 가득 차게 하는 "완전한 사랑"(요한1서 4:18)이다. 하느님의 진리의 힘은 인생의 곤경에서 탈출하도록, 예상치 못하게 문을 열어준다. 하느님께서 우리에게 허락하신 깊은 영적인 경험과 확신을 다른 사람들과 나누는 것은 우리의 책임이다. 그리고 우리는 그것을 거만하지 않고 평화롭게, 감사와 이해심으로, 우리와 대화하는 사람들의 인격과 자유를 항상 존중하면서 수행해야 한다.

5장

타종교 이해를 향한 신학적 접근

* 이 글은 원래 1987년 8월에서 9월까지 메사추세츠의 브루클린에 있는 Holy Cross Theological Seminary에서 개최된 'the Third Conference of Orthodox Theological Schools'에서 발표된 것이다. 참고문헌은 1988년 저술까지 확장되었다. 또한 다음과 같은 제목으로 출판되었다: "Facing People of Other Faiths, From an Orthodox Point of View," *The Greek Orthodox Theological Review* 38 (1993): 131-52, 그리고 이 주제에 대한 이전 저술: "Emerging Perspectives of the Relationships of Christians to People of Other Faiths," IRM 77 (1988): 332-46 ; and "How Christianity Addresses Other Religions" (in Greek), *Greek Educational Encyclopedia* 21 (*Religions*), 423-27.

여러 국가들 사이의 더욱 긴밀해진 상업적, 문화적 연대와 기술의 급격한 발전으로, 지구는 사상과 가치의 다양성이 지배하는 하나의 거대한 정치 형태가 되어 가고 있다.
　세계화 시대에 우리는 그리스도교 사상과 근대 유럽 사상 이외에도 다른 여러 지역, 특히 아시아에 깊이 뿌리를 둔 다른 유형의 사상들을 접하게 된다. 우리가 평화와 정의를 추구하며 세계 공동체로 나아감에 따라, 그리고 국가들과 민족들 간의 상호의존이 계속 증가함에 따라, 종교에 대한 오랜 질문들이 더욱 강력하게 재부상하고 있다. 오늘날 인류의 3분의 2 이상이 그리스도에 대한 우리의 희망을 공유하지 않는다는 사실을 우리는 더 이상 무시할 수 없다.[1] 다른 종교 사상들이 현재뿐만 아니라 미래에도 우리와 더불어 살아야 하는 수백만 이웃들의 생각과 의식과 무의식을 형성한다는 사실도 우리는 무시할 수 없다.
　이 논문은 우리 그리스도인들이 우리의 신학적 사상, 경험, 영성의 렌즈를 통해 타종교를 바라보고 평가하는 방법, 그와 동시에 우리가

---

[1] 1987년에 세계 총인구는 5,004,622,800명이었는데, 그리스도인의 숫자는 1,646,007,800명으로 32.9퍼센트였다. D. Barret, "Annual Statistical Table on Global Mission: 1987", *International Bulletin of Missionary Research* 11 (1987): 25.

그리스도교 교리에 계속해서 충실하게 머물러 있을 수 있는 방법에 초점을 두고자 한다.

그리스도교적 관점에서 다른 종교를 어떻게 이해할 것인가 하는 문제는 신학적 관심사인 것만은 아니다. 그것은 또한 인류의 미래와 관련된 보다 일반적인 함의뿐만 아니라, 우리 시대의 영적 탐구를 바라보는 그리스도인의 태도에 다양하고도 실천적인 함의들을 가진다.

역사적 개관

대립의 시기들

우리 앞에 놓인 매우 심각한 신학적 주제를 다루기 전에, 먼저 이런 문제가 오늘날에 와서 처음으로 등장한 것은 아니라는 사실을 상기할 필요가 있다.[2] 그리스도인들은 그리스 로마의 종교 사상과 직면해야 했던 그리스도교의 첫 6세기 동안 이미 유사한 문제들을 다룬 적이 있었다. 그것은 그리스도교가 조직적으로나 신학적으로 틀을 잡아가고, 또한 교회가 3세기 동안 로마 제국의 지속적인 박해를 받았던 시기에 발생했다. 오늘날 우리는 전혀 다른 시각에서 이 문제를 바라본다. 그럼에도 불구하고 초기 그리스도교 시대는 현대의 신학적 문제와 관련하여 중요한 지침들을 아직도 계속해서 제공해준다.

그리스 로마의 종교 관습에 대해, 그리스도교는 다신교와 민간 신앙에 대한 이성적 비판을 채택함으로써, 그리스 철학과 동맹을 맺었

---

[2] 역사적 배경과 참고 문헌에 관해서는 다음을 보라. Anastasios Yannoulatos, *Various Christian Approaches to the Other Religions: A Historical Outline* (Athens, 1971).

다.[3] 클레멘트와 오리게네스가 이끄는 알렉산드리아 학파는 그리스 종교 철학과 그리스도교 교리 사이의 밀접한 연관성을 보여주려고 시도했다.

밀라노 칙령과 함께 주변 세계와의 관계에서 그리스도교의 외적인 상황은 변했지만, 그때까지 존재했던 신학적, 윤리적 차원의 갈등은 지속되었다. 고대 종교와 그리스도교와의 대립은 더욱 복잡해졌다. 왜냐하면 그리스도교는 같은 시기에 내부의 이단들과 제2의 투쟁을 전개하고 있었기 때문이다. 교부들이 오늘날 우리에게도 도움이 되는 수많은 신학적 이론들을 형성하고 발전시킨 것은 바로 이러한 다원적인 환경과 격렬한 신학적 대립의 상황 하에서였다.

7세기에서 15세기에 해당하는 두 번째 시기의 그리스도교는 종교적으로나 사회적으로 통합된 완성체가 되었다. 이때 교회는 기존의 종교적 신념들이나 체계들뿐만 아니라 하나의 새로운 종교, 즉 종교적 열의, 군사적 열망, 세계를 지배하려는 야망을 지니고 역사의 전면에 등장한 이슬람교와 직면하게 되었다. 새로 확립된 이 종교는 구약과 신약의 모든 계시를 능가하고 하느님의 모든 계약들의 완결이요 완성이라고 자처했다.

이슬람교의 빠른 확산은 그리스도교 세계로 하여금 이 위험한 적을 저지하기 위해 보다 강경한 자세를 취하게 만들었다. 그 결과 첫 번째 시기에 타종교에 대해 보여주었던 주요한 신학적 입장들은 무

---

3) J. Daniélou, *Message évangélique et culture Hellénistique aux IIe et IIIe siècles* (Tournai, 1961) ; W. Jaeger, *Das frühe Christentum und die griechische Bildung* (Berlin, 1963) ; E.R. Dodds, *Pagan and Christian in an Age of Anxiety: Some Aspects of Religious Experience from Marcus Aurelius to Constantine* (London, 1965) ; H. Chadwick, *Origen contra Celsum* (Cambridge, 1965) ; and idem, *Early Christian Thought and the Classical Tradition: Studies in Justin, Clement and Origen* (Oxford, 1966).

시되거나 잊혀졌다. 그리스도인들은 단호하게 자신들을 방어해야 했다. 그들은 이슬람교를 진리를 왜곡하는 종교 정치 체제라고 보았다. 종말론적 시각에서, 그들은 이슬람교의 등장이야말로 요한묵시록에 묘사된 최후의 대결을 암시하는 것이라고 느꼈다. 처음에는 동방이 직접적인 공격을 받았고 나중에는 서방까지도 공격을 받게 된 그리스도교 세계는 모든 방어 체제를 동원했다. 이처럼 긴장감이 팽배한 분위기 속에서도 비잔티움에서는 그리스도인들과 무슬림들 사이의 교류를 담은 "대화" 형태의 신학적 저술들이 등장했다.[4] 이 시기에 신성하고 거룩한 모든 것을 보호하기 위한 비잔티움의 군사적 방어와 반격은 보다 체계적으로 조직되었다.

수도회들의 영향과 기사도 정신 아래서 서방의 그리스도교는 십자군으로 절정에 이른 군사 이데올로기를 발전시켰는데, 결과적으로 십자군은 동방 그리스도교에 심각한 타격을 주었을 뿐만 아니라 무슬림과 그리스도교의 관계에도 해를 끼쳤다.[5] 이에 반해 이 시기의 서방에서도 아벨라르두스, 토마스 아퀴나스, 쿠사의 니콜라스와 같

---

4) 이슬람에 대한 비잔티움의 태도에 관해서는 다음을 보라. A. Yannoulatos, *Various Christian Approaches to the Other Religions*, 32-40 ; E. Fritsch, *Islam und Christentum in Mittelalter* (Breslau, 1930) ; W. Eichner, "Die Nachrichten über den Islam bei den Byzantinern," *Der Islam* 23 (1936): 133-162, 197-244 ; H.G. Beck, *Kirche und theologische Literatur im byzantinischen Reich* (München, 1959) ; E.D. Sdraka, *The Polemic of Byzantine Theologians against Islam* (in Greek) (Thessaloniki, 1961) ; J. Meyendorff, "Byzantine Views of Islam," *Dumbarton Oaks Papers* 18 (1964): 115-32 ; A.-T. Khoury, *Les théologiens byzantins et l'Islam* (Paderborn, 1969). 참고. A.-T. Khoury, *Der theologische Streit der Byzantiner mit dem Islam* (Paderborn, 1969), 특히 자세한 참고문헌은 319-29 ; idem, *Polémique Byzantine contre l'Islam* (Münster, 1966, 2d ed. Florence, 1969) ; and D. Sahas, *John of Damascus on Islam: The "Heresy of the Ismaelites"* (Leiden, 1972).

5) C.H. Becker, "Christliche Polemik und islamische Dogmenbildung," *Islamstudien* 1 (Leipzig, 1924): 432-49 ; E. Fritsch, *Islam und Christentum in Mittelalter* ; R.F. Merkel, "Der Islam im Wandel abendländischen Verstehen," *Studi e materiali di storia delle religioni* 13 (1937): 68-101 ; J.I. Addison, *The Christian Approach to the Moslem* (New York, 1966), 11-40.

은 인물들은 타종교 사람들에게 호의를 보여주기도 했다.

이 시기, 한 가지 구별되면서도 거의 연구되지 않은 측면이 있는데, 그것은 바로 페르시아와 인도의 그리스도인들이 아시아 종교에 대해서 취한 태도이다. 보통 "네스토리오스파" 교회라고 일컬어지는 페르시아 교회는 중국의 종교 전통에 큰 관심을 보였고, 그들의 선교 노력은 매우 흥미롭다.[6]

16세기에서 20세기까지의 세 번째 시대에는 여러 가지 새로운 역사적 요소들이 등장한다.

종교개혁의 격변이 일어난 후에, 서방에서는 점점 더 많은 교회 공동체와 신앙고백서들이 등장하기 시작했고, 그들은 그리스도교의 어떤 특정한 교리를 지나치게 강조했다. 각 교파들은 자신들만의 종교적 분위기와 기풍을 만들어 냈다. 그들이 서로 맞서기 위해 채택한 신학적 근거들은 점점 편협해졌다. 종교적 열정은 곧 열광주의로 변형되었고, 배타성이 마치 "그리스도교적 원리"인 양 굳어져갔다. 츠빙글리를 제외한 초기 개혁주의자들의 표현들이 보여주는 타종교에 대한 매우 부정적인 태도는 놀라울 정도이다. 그들이 만든 신조들은 많은 경우 타종교를 경멸하는 극도의 보수주의적 성향이 지배했다.[7]

이 시기 서방 그리스도교의 가장 두드러진 특징은 18세기에서부터

---

6) 동방 그리스도인들과 아시아 종교들과의 만남에 관해서는 다음을 보라. J. Stewart, *Nestorian Missionary Enterprise: The Story of a Church on Fire* (Madras, 1928) ; E.L. Browne, *The Eclipse of Christianity in Asia: From the Time of Muhammad till the Fourteenth Century* (Cambridge, 1933) ; J. Foster, *The Church of the T'ang Dynasty* (London, 1939) ; A. Yannoulatos, "Missionary Activities of the Eastern Churches in Central and Eastern Asia" (in Greek), *Porefthentes* 3 (1961): 26-31.

7) 참조. H. Vossberg, *Luthers Kritik aller Religionen* (Leipzig, 1922) ; W. Holsten, *Christentum und nichtchristliche Religion nach der Auffasung Luthers* (Gütersloh, 1932). 칼뱅의 태도에 대해서는 H. Kraemer, *The Christian Message in a Non-Christian World* (London 1938 ; repr. 1958) ; 비판적 분석은 L. Capéran, *Le problème du salut des infidèles*, 2d ed. (Toulouse, 1934), 230-36.

20세기까지 이어진 대대적인 선교 사업과, 이론적으로 경제적으로 그 선교 노력을 지지 옹호하기 위해 규합된 신학 사상들이다. "어둠과 죽음의 그늘 아래" 살고 있는 사람들에게 구원을 가져다주어야 할 필요성이 지나치게 강조되었고, 타문화의 어두운 이미지만이 문명화되지 못한 "야만"으로 집중 조명됐다.

불행하게도 이러한 선교사업의 추진은 식민주의와 결합되어, 직접적으로든 간접적으로든 타민족의 종교나 문화적 가치에 대해 경멸하는 태도를 배양했다.

다른 한편 타민족들과의 보다 밀접한 접촉과 더 많은 지식들은 그들 자신의 전통적인 종교를 더 주의 깊게 연구하게 해주었다. 결국 우리는 새롭고 더 객관적인 지식을 얻게 되었고, 이것은 다른 사람들을 이해하려는 마음과 존중심을 장려하게 했다. 이러한 태도는 최근 수십 년을 거치면서 점차적으로 그리스도교 신학의 의무사항이 되었고, 오늘날에는 서방의 그리스도교 세계를 주도하고 있다.[8]

타종교에 대한 그리스도교의 주요 관점들

지난 수세기 동안 등장했던, 타종교에 대한 그리스도교의 여러 가지 이론들을 요약하여 분류하면, 완전한 부정에서부터 지나친 긍정, 절대적 거부에서 전적인 수용에 이르기까지 다양한 의견들을 볼 수 있다.[9]

- 종교들은 악마의 작품이다. 그것들은 어떠한 진리나 가치도 없다.

---

[8] A. Yannoulatos, *Various Christian Approaches*, 51-102 (참고문헌 포함).
[9] 이어지는 문단들은 *Various Christian Approaches*에서 필자가 제시한 결론을 요약한 것이다.(주석 1번을 보라.)

그것들 안에 있는 그 어떤 것도 하느님께로 가는 유일한 길인 교회, 그 새로운 현실 안에 자리 잡을 수 없다. 이교의 신들을 참된 하느님과 겨루려는 "악마들"로 보았던 카르타고의 테르툴리아누스(155-200)를 비롯한 소수의 초대 그리스도인들도 이런 견해를 주장했다.[10]

- 이전보다 복잡한 신학적 분석과 보다 폭넓은 인간학적 감수성에 근거하여 좀 더 발전된 견해는, 다른 종교는 인류의 타락한 본성이 만든 왜곡된 결과이고 사람에게는 하느님을 알 수 있는 능력이 없다는 주장이다. 결론적으로 말하면, "다른 종교는 불신앙이다." 그리스도교의 계시와 복음은 그와는 완전히 다른 것으로, 다른 모든 종교를 심판한다. 이것은 칼뱅주의 전통의 기본적인 신학인데, 칼 바르트, 핸드릭 크래머 등 개신교의 "변증법적 신학"에 의해 완성되었다.[11]

- 하느님의 신비를 바라볼 능력이 인간에게 전혀 없는 것은 아니다. 또한 인간은 완전한 어둠 속에 있지 않다. 논리적 사유를 통해서, 혹은 자연의 질서를 생각함으로써, 혹은 숭고한 직관과 의식 경험을 통해서 인류는 하느님의 존재나 하느님의 완벽함 같은 것을 항상 인식해 왔다. 하느님에 대한 이런 기본적인 직관과 인식은 그리스도교 신앙의 첫 번째 단계이다. 토마스 아퀴나스[12]에 의해 발전

---

10) "What Indeed Has Athens to Do with Jerusalem?" ("*Quid Athenis et Hierosolymis?*"), in Tertullian, *The Prescription against Heretics* 7, PL 20B-21A. 그러나 그는 영혼은 근본적으로 그리스도교적 본질에서 나오는 것이라고 주장함으로써 ("*O testimonium animae naturaliter Christianae!*" *Apologeticus* 17, PL 1:433), 비그리스도교적 종교 체험을 바라보는 인간학적 바탕을 세운다.

11) K. Barth, *Die Kirchliche Dogmatik*, 3 (München, 1932), 327ff (English trans. *Church Dogmatics*, 14 vols. [Edinburgh, 1962]) ; H. Kraemer, *Religion and the Christian Faith* (London, 1956) ; and idem, *World Cultures and World Religions* (London, 1960). Kraemer의 입장은 마지막 저서, *Why Christianity of All Religions?* (London, 1962)에서 약간 바뀐다.

된 자연 신학과 로마 가톨릭의 고전적인 신학이 그랬듯이, 고대 교회의 교부들도 이런 이론을 받아들였다.[13] 물론, 하느님을 알 수 있는 인간의 타고난 능력의 한계에 대해서는 다양한 견해들이 존재한다.

- 앞의 이론과 밀접하게 연관이 있는 입장은, 그리스도가 오기 이전의 종교 역사는 그리스도교를 위해 인류를 준비시키는 일종의 훈련 기간이라는 것이다. 그리스도교는 인류의 종교적 삶의 완성이고, 완결이고, 완전함이며, 그런 점에서 유일하다.[14] 이런 입장은 두 가지 다른 견해의 출발점이 되었다. 어떤 신학자들은 궁극적인 그리스도교적 완성이 점진적인 과정이라고 주장한 반면에, 다른 신학자들은 그리스도교적 완성이 급격하고 혁명적인 변화로 일어났다며 불연속성을 주장했다. 다시 말해서, 그리스도교는 인간 종교 의식의 점진적인 발전이라고 하는 인간 내적인 과정의 결과가 아니라는 것이다. 오히려 그리스도교는 완전히 외적인 요소가 인류 역사에 등장하여 발생했다는 말이다. 즉, 하느님이 아니었다면 인류에게는 완전히 차단되어 있었을 새로운 차원의 삶으로 인류를

---

12) T. Ohm, *Die Stellung der Heiden zu Natur und Übernatur nach dem hl. Thomas* (Münster, 1927) ; M. Seckler, "Das Heil der Nichtevangelisierten in thomistischer Sicht," *Theologische Quartalschrift* 140 (1960): 38-69 ; idem, *Das Heil in der Geschichte, Geschichtstheologisches Denken bei Thomas von Aquin* (München, 1964) ; E.H. Schillebeeckx, "L'Instinct de la foi selon S. Thomas d'Aquin," *Revue des Sciences Philosophiques et Théologiques* 48 (1964): 377-408.

13) A. Luneau, "Pour aider au dialogue: Les Pères et les religions non chrétiennes," *Nouvelle Revue Théologique* 99 (1967): 821-41, 914-39 (English summary "The Fathers and the Non-Christian Religions," *Bulletin*, Secretariatus pro non Christianis 3 [1968]: 5-19). 또한 참조. A. Luneau, *L'histoire du salut chez les Pères de l'Eglise* (Paris, 1967), 120-63 ; P. Hacker, "The Religions of the Gentiles as Viewed by Fathers of the Church," *Zeitschrift für Missions-und Religionswissenschaft* 54 (1970), 253-58 ; Anastasios Yannoulatos, *Various Christian Approaches*, 13-31.

14) F. König, "Das Christentum und die Weltreligionen," in *Christus und die Religionen der Erde* 3 (Freiburg, 1951), 761-68.

인도하기 위해서 초월적이며 살아있는 하느님이 역사에 나타나셨다는 것이다.[15]

- 타종교들이 단지 하느님을 찾으려는 인간의 노력만을 표상하고 있는 것은 아니다. 그것들 또한 어떤 계시에 근거하고 있다. 계시의 흔적이 전혀 없는 역사를 가진 민족은 단 하나도 없다. 은총의 초자연적인 표징은 어느 종교에나 존재한다. "일반" 계시와 "특별" 계시가 존재하는데, 그리스도교 이외의 모든 종교는 "일반 계시"에 근거한다. 종교의 계시적 특징은 거룩함이라는 관념을 통해서 표현된다.[16]

- 그리스도교는 역사적인 종교이므로 완전한 진리나 하느님의 완전한 계시를 소유할 수 없다. 그것은 종교 역사라는 대우주 안의 소우주요, 여러 형제들 중의 "장자"이다. 구원의 역사는 인류 종교 역사 전체를 관통하면서 실현된다. 마르부르크 Marburg "종교학파"와 같은 일련의 개신교 신학자들(하일러 그리고 벤츠)은 세계 종교들의 통합이야말로 인류가 염원해온 완성을 가져다 줄 것이라고 주장하

---

15) 참고. J. Daniélou, "Le problème théologique des religions non chrétiennes," *Archivi di Filosofia, Metafisica ed esperienza religiosa* (Rome, 1956). 또한 같은 저자의 다음의 책들을 보라. *Les saints païens de l'Ancien Testament* (Paris, 1956) ; *Essais sur le mystère de l'histoire* (Paris, 1955).

16) N. Söderblom, *Natürliche Theologie und allgemeine Religionsgeschichte* (Stockholm and Leipzig, 1913) ; *Der lebendige Gott im Zeugnis der Religionsgeschichte* (München, 1942).

17) F. Heiler, "Versuche einer Synthese der Religionen und einer neuen Menschheitsreligion," in *Die Religionen der Menschheit in Vergangenheit und Gegenwart* (Stuttgart, 1962), 877-89 ; idem, "Das Christentum und die Religionen," repr. from *Einheit des Geistes, Jahrbuch der Evangelischen Akademie der Pfalz* (1964) ; E. Benz, "On Understanding Non-Christian Religions," in *The History of Religions, Essays in Methodology*, ed. M. Eliade and J.M. Kitagawa (Chicago, 1959), 115-31 ; and idem, "Ideen zu einer Theologie der Religionsgeschichte," *Mainzer Akademie der Wissenschaften und der Literatur, Abhandlugen der geistes-und sozialwissenschaftlichen Klasse* 5 (Wiesbaden, 1960), 421-96. 또 참조. J. Hick and Brian Hebblethwaite, eds., *Christianity and Other Religions* (Glasgow, 1980) ; W.C. Smith, *Toward a World Theology* (London, 1980).

기도 한다.[17]

위의 여섯 입장들은 서로 다른 시대의 그리스도인들이 가졌던 다양한 견해들을 간략하게 요약한 것이다. 이런 견해들은 각 교파나 신학자들의 다양한 강조점을 반영하고 있고, 그런 견해를 형성한 사람들이 살았던 특정한 정치적, 문화적, 역사적 상황을 반영한다. 오늘날 우리에게는 기본적으로 어떤 유리한 점들이 있다는 것은 이론의 여지가 없다. 이 이점들은 우리로 하여금 이 문제에 대해 보다 총체

---

18) 1960년까지의 참고 문헌을 위해서는 다음을 보라. E. Benz and M. Nambra, *Das Christentum und die nichtchristlichen Hochreligionen, Begegnung und Auseinandersetzung, eine internationale Bibliographie* (Lieden, 1960). 보다 최근의 참고 문헌을 위해서는 다음을 보라. S. Immanuel David, ed., *Christianity and the Encounter with Other Religions, a Select Bibliography* (Bangalore, 1988). 후자는 로마 가톨릭과 개신교에 의한 880개의 저서와 연구를 포함하고 있지만, 인도에 중점을 두고 있고 영어로 영국에서 출간되었다.

19) 많은 연구 성과 가운데 다음을 보라. S. Schweitzer, *Das Christentum und die Weltreligionen* (München, 1925) (English trans. by J. Powers, *Christianity and the Religions of the World*, 6th rev. ed. [London, 1960]) ; P. Tillich, *Christianlity and the Encounter of the World Religions* (New York, 1963) ; S.C. Neill, *Christian Faith and Other Faiths: The Christian Dialogue with Other Religions* (Oxford, 1970) ; P. Knitter, *Toward a Protestant Theology of Religions* (Marburg, 1974) ; A. Race, *Christians and Religious Pluralism: Patterns in the Christian Theology of Religions* (London, 1983) ; K. Cracknell, *Toward a New Relationship: Christians and People of Other Faiths* (London, 1986) ; Choan-Seng Song, "The Power of God's Grace in the World of Religion," *Ecumenical Review* 39 (Geneva, 1987): 44-62.
타종교인들과의 대화는 최근 수십 년간 교회일치 운동(ecumenical movement)에서 중요한 주제가 되었다. 세계교회협의회(World Council of Churches)의 "살아있는 신앙의 사람들과의 대화"(Dialogue with People of Living Faiths) 분과에서는 이 단체가 주최하는 여러 회의의 여러 선언문들과 *Current Dialogue* 라는 잡지를 주기적으로 발행하고 있다. 이와 관련하여 다음의 자료를 보라. S.J. Samartha, ed., *Living Faiths and the Ecumenical Movement* (Geneva, 1971) ; *Dialogue Between Men of Living Faiths: Papers presented at a Consultation at Ajaltoun, Lebanon* (Geneva, March 1970) ; *Living Faiths and Ultimate Goals, a Continuing Dialogue* (Geneva, 1974) ; *Towards World Community: The Colombo Papers* (Geneva, 1975). 또한 참조. S.J. Samartha, *Courage for Dialogue: Ecumenical Issues in Inter-Religious Relationships* (Geneva, 1981). 세계교회협의회의 다른 간행물들도 참고하라 : *Guidelines on Dialogue with People of Living Faiths and Ideologies* (Geneva, 1979) ; *Jewish-Christian Dialogue: Six Years of Christian-Jewish Consultations* (Geneva, 1975) ; *Christian Presence and Witness in Relation to Muslim Neighbours, A Conference* (Mombasa, Kenya, 1979 ; 2d ed. 1982) ; A. Ariarajah, *The Bible and People of Other Faiths* (Geneva, 1985).

적인 견해, 그리스도교의 신학 연구들과 종교사의 과거와 현재의 다양한 특징들을 고려한 견해를 가질 수 있게 해준다.[18]

다른 종교들을 신학적으로 어떻게 이해할 것인가라는 문제에 대해, 개신교 안에는 현저하게 상이한 견해들이 계속 존재해 왔음을 우리는 볼 수 있다.[19] 개인적 신학 사상에 부여하는 특별한 자유로움으로 인해, 개신교 안에는 극단적인 혼합주의에서부터 극도의 보수주의에 이르기까지 다양한 입장들이 존재한다. 로마 가톨릭의 경우는 교회의 단단한 결속 구조로 인해 과거에는 훨씬 변화가 없는 성향을

20) 제2차 바티칸 공의회에 대해서는 다음을 보라. *The Documents of Vatican II, with Notes and Comments by Catholic, Protestant and Orthodox Authorities*, ed., W.M. Abbott, trans. J. Gallager (New York, 1966), 특별히 *Dignitatis Humanae* (675-696), *Ad Gentes* (580-630), *Lumen Gentium* (paragraphs 14-16, pp. 32-35), 그리고 *Dei Verbum* (paragraphs 3과 6, pp. 112, 114)이 중요하다 ; P. Rossano, "Quid de non Christianis Oecumenicum Concilium Vaticano II docuerit," *Bulletin*, Secretariatus pro non Christianis (Vatican I, 1966): 1-22 ; idem, "Christianity and the Religions," *Bulletin*, Secretariatus pro non Christianis (Vatican IV, 1969): 97-101 ; E. Dhanis, M. Dhavamony, J. Goets, et al., *L'Eglise et les Religions*, with a commentary on the position of the Second Vatican Council (Rome, 1966) ; Secretariatus pro non Christianis, ed., *Vers la rencontre des Religions, suggestions pour le dialogue* (Vatican, 1967).
로마 가톨릭에서 수행한 많은 연구들은 다음과 같다: J.A. Cuttat, *La Rencontre des Religions* (Paris, 1953) (English trans. *The Encounter of Religions* [New York, 1960]) ; K. Rahner, "Das Christentum und die nichtchristlichen Religionen," *Schriften zur Theologie* (Zürich and Köln: Einsiedeln, 1962), 136-158 ; H.R. Schlette, *Die Religionen als Thema der Theologie* (Freiburg, 1963) (English trans. *Toward a Theology of Religions* [London, 1966]) ; R. Panikkar, *Religionen und die Religion* (München, 1965) ; idem, *Salvation in Christ: Concreteness and Universality* (Santa Barbara, California, 1972) ; idem, *The Intra-Religious Dialogue* (New York, 1978) ; H. de Lubac, *L'homme devant Dieu* 3 (Paris, 1964) ; J. Ratzinger, "Der christliche Glaube und die Weltreligionen," in *Gott in der Welt, Festschrift for K. Rahner* (1964), 287-305 ; R.C. Zaehner, *The Catholic Church and World Religions* (London, 1964) ; H. Fries, "Das Christentum und die Religionen der Welt," in *Das Christentum und die Weltreligionen* (Würezburg, 1965), 15-37 ; H. Maurier, *Essai d'une théologie du paganisme* (Paris, 1965) ; P.F. Knitter, "European Protest and Catholic Approaches to the World Religions: Complements and Contrasts," *Journal of Ecumenical Studies* 12 (1975): 13-28 ; idem, "Roman Catholic Approaches to Other Religions, Development and Tensions," *International Bulletin for Missionary Research* 8 (1984): 50-54 ; idem, *No Other Name? A Critical Study of Christian Attitudes Towards the World Religions* (London, 1985) ; Secretariatus pro non Christians, ed., *The Attitude of the Church Towards the Followers of Other Religions* (Citta del Vaticano, 1984)

나타내왔지만, 특별히 제2차 바티칸 공의회 이후에는 보다 포용적이고 개방적인 입장을 보여주었다.[20]

동방 그리스도인들은 흔히 문화적, 언어적, 종교적 다양성이 존재하는 사회에서 살아왔다. 그 결과로 그들은 타종교의 경험들에 대해 존중과 관용과 이해의 태도를 발전시켜 왔다. 정교회에서는 교회의 공식적인 기관에 의해 승인된 어떤 결의 사항이 존재하지는 않는다.[21] 동방교회는 개인적인 자유와 표현을 상당히 허용하는 편이었지만, 그럼에도 살아있는 전례의 틀을 항상 유지해 왔다. 정교회 신학의 심층적인 내용과 정교회의 영적 경험을 살펴봄으로써, 이 주제에 대한 정교회의 신학적 입장을 간략하게 정리해 보고자 한다. 그에 앞서 먼저, 종교 연구에 대한 개략적인 관찰을 하고자 한다.

현대의 종교 연구 결과들

일반화와 극단주의 피하기: 잘 알지 못하는 것에 대해 토론할 때, 우리에게는 지나친 일반화나 단순화의 위험성이 항상 존재한다. 이것은 순진한 판단이나 극단적인 입장으로 이어질 수 있다. 여러 종교에서 발견된 특징들은 전적으로 훌륭하지도 전적으로 미개하지도 않

---

21) 이 주제에 관한 정교회 신학자들의 책이나 논문은 많지 않다. 참조. L. Filippidis, "Greece and Paul," *Festival Volume of the 1900th Anniversary of St Paul's Arrival in Greece* (Athens, 1953) ; idem, *Religionsgeschichte als Heilsgeschichte in der Weltgeschichte* (Athens, 1953) ; idem, *The History of the New Testament Era from the Universal Viewpoint of All Religions* (in Greek) (Athens, 1958) ; idem, *Modern Religious Efforts Toward Worldwide Unity* (in Greek) (Athens, 1966) ; N. Arseniev, *Revelation of Life Eternal: An Introduction to the Christian Message* (Crestwood, NY, 1965) ; G. Khodre, "Christianity in a Pluralistic World-The Economy of the Holy Spirit," *The Ecumenical Review* 23 (Geneva, 1971): 118-28 ; I.N. Karmires, "The Universality of Salvation in Christ," *Proceedings of the Academy of Athens, 1980* (in Greek), 55 (Athens, 1981), 261-289 ; idem, "The Salvation of People of God Outside the Church," *Proceedings of Academy of Athens, 1981* (in Greek), 56 (Athens, 1982), 391-434.

다. 과거에는 다른 종교에 대한 우리의 지식이 명확하지 않아, 그런 종교는 논의의 가치도 없고 악마적인 것이라는 부정적이고 잘못된 인상을 갖게 했다. 오늘날에도 우리는 단편적인 지식으로 인해, 다시 잘못된 인상으로 이끌릴 위험성에 처해있다. 이번에는, 종교들은 크게 다를 바 없고 모두 비슷하다는 "긍정적인" 인상이 바로 그것이다. 또 우리는 우리의 이웃 종교인 이슬람교와 같은 어떤 한 종교에 대한 우리의 판단을 일반화시켜서 그 외의 다른 종교에도 적용시키는 우를 범할 수도 있다.

20세기에는 종교에 대해 보다 과학적이고 훌륭한 지식들을 습득할 수 있게 되었고, 그리하여 그리스도교의 메시지를 좀 더 깊게 연구할 수 있게 되었다. 다른 종교의 신성한 상징들을 해석하고 그 종교의 메시지의 본질을 이해하기 위해 상당한 노력들이 기울여졌다. 신학 사상은 이 모든 새로운 자료들을 활용할 창조적인 방법을 찾아야 할 것이다.

이중적 발전: 종교 역사를 주의 깊게 연구해보면, 상승과 하강이라는 이중적인 전개의 모습을 보게 된다. 한편으로 절대적인 존재에 대한 탐구는 상승의 방향을 나타내는 반면, 종교적 표현과 예배의 형식은 아래로 내려갈수록 쇠락과 퇴화의 성향을 보여준다. 이 두 가지 성향이 동시에 존재하는 것은, 만나고 서로 교차하는 대서양의 두 개의 해류, 한류와 난류를 연상시킨다. 다신교나 많은 악령이 있는 종교에서조차 종종 "더 높은 종교 관념들이 갑작스럽게 나타나기도 하고, 더 높은 실재-신적 실재-와의 예기치 않은 접촉이나 경험을 갖게 되기도 한다."[22] 인간의 자유와 하느님의 사랑 사이에는 끊임없는

---

22) N. Arseniev, *Revelation of Life Eternal; An Introduction to the Christian Message* (Crestwood, NY, 1965), 33.

변증법적 과정이 존재하고, 하느님의 사랑은 끊임없이 세상에 스스로를 드러낸다.

유기적 전체들: 종교는 서로 연결되지 않은 개별적인 부분들의 집합체가 아니라, 하나의 유기적 전체요, 유기적 체계이다. 그러므로 어떤 현상들을 그 전체에서 분리시켜 그에 상응하는 다른 종교의 현상들과 연관 지으려는 시도들은 종종 잘못된 결론에 이르고 만다. 그런 현상적인 접근에 숨겨져 있는 위험은 매우 다른 상황에서 발전해 왔고 실천되어온 종교들의 특징들을 동일시하거나 혹은 동등하게 여기는 것이다. 상이한 개별적 요소들은 서로 밀접하게 만날 때 각각의 경우마다 다르게 반응한다. 예를 들어, 화합물인 염화나트륨으로 알려진 소금은 생명에 필요한 것이지만, 염소 그 자체는 유독하다.

종교는 살아있는 유기체다. 각 부분은 전체와의 관계 속에 존재한다. 우리는 단순화된 이론을 세우려고, 한 종교의 교리체계에서 어떤 부분을 떼어내 다른 종교에 존재하는 유사한 표현들과 동일시해서는 안 된다. 그것은 먼 곳을 볼 수 있는 독수리의 눈을 사람에게 이식하는 것이 불가능한 것과 마찬가지이다.

종교가 제공하는 주된 것: 고통, 죽음과 같은 근본적인 문제, 혹은 인간 존재와 사회의 의미를 바라보는 시각은 서로 다르지만, 여러 종교들은 일상생활이나 감각세계를 초월하는 "다른 세계"의 경험과 그 세계의 힘을 인정한다. 1987년 세계 인구의 70.2퍼센트인 35억의 인구가 어떤 종류이건 종교적 믿음을 받아들였다는 것은 주목할 만하다.[23]

---

23) D. Barret, "Annual Statistical Table on Global Mission: 1987," *International Bulletin of Missionary Research* 11 (1987): 25.

정교회의 신학적 입장 개관

다른 종교를 신학적으로 어떻게 평가할 것인가에 대한 서방의 논의는 항상 그리스도론에 중심을 두었다. 이 주제를 다룬 서방의 신학 사상은 주로는 아우구스티누스주의와 칼뱅주의의 영향을, 부차적으로는 루터와 웨슬리의 영향을 받았다. 하지만 정교회 전통에서, 이런 주제-특히 그리스도교 인간학, 즉 인간의 기원, 본성, 운명에 관한 그리스도교의 교리-와 관련된 신학적 문제는 항상 삼위일체 신학의 빛 아래서 탐구되었다.

"만물 위에 계시고 만물을 꿰뚫어 계시고 만물 안에 계시는, 한 분 하느님, 우리 모두의 아버지"

이와 관련해서 나는 세 가지 핵심적인 개념, 즉, 하느님의 영광이 보편적으로 온 세상을 비추신다는 것, 온 인류는 공통된 출발점과 운명을 가진다는 것, 그리고 하느님이 피조세계와 인류를 끊임없이 부양하신다는 사실에 대해서 언급하고자 한다.

사람들이 어떤 시대에 무엇을 믿었든 믿지 않았든 상관없이, 하느님은 오직 한 분이시다. "내가 주님이다. 나밖에 다른 신은 없다."(이사야 45:5,21,22) "만물 위에 계시고 만물을 꿰뚫어 계시며 … 만민의 아버지"(에페소 4:6)이신 한 분 하느님은 우주를 창조하셨고, 세상과 역사 안에서 끊임없이 일하신다. 사람들이 하느님에 관한 여러 가지 관념을 가질 수는 있겠지만, 다른 신은 존재하지 않는다.

그리스도교 신앙의 근본적인 진리 중 하나는 본질적으로 하느님은 이해될 수 없고 접근할 수 없는 분임을 강조한다는 점이다. 그러나 성경의 계시는, 하느님의 본질은 여전히 알 수 없지만, 하느님이 그분의 영광을 드러내심으로써 온 세상과 우주에 스스로를 계시하신다고 우리에게 확인시켜줌으로써 하느님의 본질은 불가해하다는 이 인식론적 난관을 뛰어넘는다. 즉, 하느님은 그분의 영광이 드러나는 여러 가지 신적 현현을 통해서 스스로를 알려지게 하시고, 사람들로 하여금 그분을 이해할 수 있게 하신다는 것이다. 하느님의 이 영광은 성 삼위 하느님의 역동적이고 창조적이며 변화시키는 힘(에너지)이다.

교부들의 사상은 하느님의 '본질'과 하느님의 '에너지'를 구분함으로써 하느님의 불가해성과 현현에 관련된 중대한 신학적 문제에 빛을 던져준다.[24] 초월적인 하느님을 어떤 인간적인 개념이나 사상, 혹은 본질이나 근원에 관한 어떤 철학적인 정의로 규정하는 것은 불가능하다. 사람이 포착할 수 있는 것, 이해할 수 있는 것은 오직 하느님의 영광이다. 피조물과 창조주 사이의 거리는 측량할 수 없다. 하느님의 영광은 이 측량할 수 없는 거리와 동시에 하느님의 근접성을 동시에 드러낸다.

그리스도교적 삶의 출발점과 우리 희망의 근원은 하느님의 영광이 모든 피조물에 뻗어있다는 사실이다. 이사야 예언자의 환상 안에 계시된 천사들의 삼성송은 이 중요한 진리를 찬송하고 승리의 기쁨으로 영광 돌린다: "거룩하시다, 거룩하시다, 거룩하시다. 만군의 주, 그의 영광이 온 땅에 가득하시다."(이사야 6:3) 이 찬가는 한편으로는 하느님의 신비로움 앞에서 우리가 느끼는 놀라움과 경외를, 다른 한편으로는 하느님의 영광이 천지만물, 온갖 생명에 두루 뻗어 있다는 우리의 확신을 표현한다.

---

24) J. Meyendorff, *St. Gregory Palamas and Orthodox Spirituality* (Crestwood, NY, 1971).

한 분이신 하느님이 온 세상을 다스리신다는 믿음과 함께, 성경은 인류의 공통된 목표나 목적뿐만 아니라, 인류의 공통된 기원, 즉, 하느님이 최초의 남녀를 "하느님의 형상대로"(창세기1:27), "하느님을 닮도록"(창세기1:26, 사도행전 17:26 참조) 창조하셨음을 강조한다. 인종, 생활방식, 언어에 상관없이 온 인류는 그 자신들 안에 이 신적인 "유사성" 즉 지성, 자유의지, 사랑을 지니고 있다. 인류는 같은 재료로 창조되었기에, 죄가 들어왔을 때 인간 종족은 누구나 똑같은 허약성을 지니게 되었다. 인류의 본성은, 그 위대성 안에서나 타락 안에서나, 언제나 일치되어 하나로 존재한다. "모든 사람이 죄를 지었기 때문에 하느님이 주셨던 본래의 영광스러운 모습을 잃어버렸으므로"(로마서 3:23), 온 인류는 모두 공통되게 하느님의 심판대 앞에 서게 된다.

동방에는, 신학자 성 그레고리오스가 말했듯이, "하느님을 찾으려는 열망"을 통해서 또 "하느님을 닮은" 혹은 "신적인"이라고 규정된 이성과 정신적 능력을 통해서 하느님을 어렴풋하게나마 알 수 있는 능력이 모든 사람에게 있다는 확고한 신학적 신념이 존재한다.[25] 또한 사람은 사랑할 수 있는 능력, 그리고 사랑이 "더 위대하다"는 것을 불완전하게나마 느낄 수 있는 능력을 타고난다.

인간의 불순종이라는 비극적 사건도 하느님 영광의 비추임을 가로막지는 못했다. 하느님의 영광은 하늘과 땅과 온 우주를 끊임없이 채운다. 교부들의 사상에 따르면, 타락은 인간 안에 있는 "하느님의 형상"을 파괴하지 못했다. 완전히 파괴된 것이 아니라 다만 손상되었을 뿐인 이것은, 바로 하느님이 인류에게 주신 능력, 즉 하느님 영광의 빛을 경험하는 능력, 그 빛의 의미를 이해하는 능력이었다. 감히

---

25) Gregory of Nazianzus, *Orations* 28 (The Second Theological Oration), 15 and 17, PG 36:48C.

하나의 비유를 들어보고자 한다. 만일 텔레비전 수상기가 손상되었거나 주파수가 맞지 않거나 안테나가 없다면, 우리는 중앙 송신사와 제대로 연결될 수 없다. 이럴 경우, 화면과 소리는 일그러진다. 이교 세계는 안타까운 불행을 경험하고 있다. 왜냐하면 그것이 받아들이는 이미지들은 일그러져 있거나, 인간적인 사고와 욕망과 의식의 혼돈으로부터 야기되는 잘못된 묘사와 영상으로 왜곡되어 있기 때문이다.

구약 성경의 첫 장은 모든 종교 경험이 최초의 사람들에게 나타난 하느님의 계시에 뿌리를 두고 있다는 분명한 증거를 우리에게 제시한다. 인류에 주어진 신적 계시의 보편적 특징은 우리의 타고난 종교적 감각과 관련이 있다.

인류의 타락 이후에도, 하느님은 창조하신 온 세상을 멈춤 없이 계속해서 보살피신다. 사람만 하느님을 갈망한 것이 아니라, 하느님도 사람을 갈망하셨다. 구약성경은 하느님이 자발적으로 인류를 인도하시고 도우신 사건들을 기록하고 있다. 성경에 따르면, 여러 계약들이 하느님과 인류 사이에 맺어졌으며, 그 계약들은 여전히 그 중요성과 유효성을 간직하고 있다. 첫 번째는 하느님이 온 인류의 대표자인 아담과 이브와 맺으신 계약이다. 두 번째는 하느님이 홍수를 통한 심판으로부터 구원을 받은 노아, 그리고 그 후손인 새로운 인류와 맺으신 계약이다.(창세기 8) 창세기는 이것이 "하느님과 땅에 살고 있는 모든 동물 사이"(창세기 9:16)의 계약이라는 것을 여러 번 강조한다. 세 번째는 하느님의 인류 구원 계획에서 중심 역할을 하게 될 민족 이스라엘의 조상인 아브라함(창세기 12)과 맺으신 계약이다. 최종적이고 결정적이며 영원히 "새로운" 계약과 "약속"은 새로운 아담이신 그리스도를 통해서 완성되었다. 이렇게 온 인류는 하느님이 직접 체결하신 이전의 이 계약들 중 어떤 계약을 통해서 하느님과 관계를 맺는다.

구약성경은 선택 받은 민족 이스라엘에 대한 하느님의 관심과 염려를 기록하고 있으므로 이스라엘 사람들에게는 신성한 기록이다. 하지만 그렇다고 해서 하느님이 다른 민족들과의 관계를 단절하신 것은 아니다. 아담과 노아와의 계약들은 지속되고 있고 아직까지도 유효하다. 구약에서 간략하게 언급되어 있듯이, 아브라함 시대 이전의 오랜 기간 동안 하느님이 여러 번 나타나신 것은 매우 중요하다. 에브세비오스가 사람의 "최초의 신앙"이라고 일컬었던,[26] 하느님의 이 첫 번째 계시에 대한 인간의 경험은 유대인들 안에서만 아니라 그 밖에서도 소중하게 다루어졌다. 에녹, 멜기세덱, 욥은 이스라엘 사람이 아니었지만 하느님을 알았고 그분과 대화했다.

구약성경과 신약성경은 하느님이 온 우주에 행사하시는 권능을 자주 언급한다. 모세 5경은 처음에는 하느님의 역사하심을 광범위하게 설명하고, 이어서 하나의 특별한 측면, 즉 이스라엘의 역사와 불행으로 우리의 관심을 이끄는데, 그것은 또한 보편적 의미와 차원을 갖는다. 이스라엘의 주요 예배서인 시편은 반복해서 하느님의 우주적 보편성에 대해 말한다: "이 세상과, 그 안에 가득한 것이 모두 주의 것, 이 땅과 그 위에 사는 것이 모두 주의 것"(24:1) ; "하느님은 온 땅의 임금이시니"(47:7) ; "이 땅이 내 것이요 땅에 가득한 것도 내 것인데"(50:12) ; "하늘에서 옥좌를 차리시고 온 누리를 다스리신다."(103:19) ; "주여, 당신의 사랑이 땅에 넘치옵니다."(119:64)[27]

예언자들도 마지막 날 "종말에" "모든 민족들"을 함께 모으실 것이

---

26) Eusebius, *Praeparatio Evangelica* 1.6, PG 21:48C.
27) 다음의 시편 구절들을 또한 참고하라: 22:28 ; 57:11 ; 65:5 ; 67:1,4 ; 72:10 ; 82:8 ; 83:18 ; 86:9 ; 95:3 ; 96:1,4-5 ; 96:1 ; 98-4 ; 104:28 ; 113:4.

라는 하느님의 계획을 분명하게 선언한다. "이렇게 나는 나의 뜻을 온 땅 위에 이루리라. 이렇게 팔을 뻗쳐 모든 백성을 치리라."(이사야 14:26) "나는 가서 다른 말을 쓰는 모든 민족들을 모아오리라. 그들은 와서 나의 영광을 볼 것이다."(이사야 66:18) 말라기 예언자는 선언한다: "나의 이름은 해 뜨는 데서 해 지는 데까지 뭇 민족 사이에 크게 떨쳐, 사람들은 내 이름을 부르며 향기롭게 제물을 살라 바치고 깨끗한 곡식 예물을 바치리라. 만군의 주가 말한다. 내 이름은 뭇 민족 사이에 크게 떨치리라."(1:11) 요나서는 이방인들에 대한 하느님의 동정심과 크신 자비를 생생하게 묘사하며 강조한다. 하느님은 자발적으로 인류를 구원하신다. 하느님은 먼저 움직이신다. 이스라엘 사람들을 해방시키기 위해 모세를 보내신 것은 하느님이시다. 시나이 산에서 율법을 주신 것도 하느님이시다. 그 민족에게 말씀하시기 위해 예언자를 선택하신 것도 하느님이시다.

이러한 관점에 근거해서, 모든 종교적 경험들은 궁극적 실재를 향한 인류의 깊은 갈망과 탐구요, 또한 하느님의 보편적인 신적 광채로부터 빛을 흡수한 광선들이라고 우리는 생각해 볼 수 있다. 하느님의 영광은 끊임없이 우주를 감싸고, 모든 곳을 밝히며, 온 세상을 비추고, 모든 것을 하느님의 사랑 안으로 끌어들인다.

"말씀이 육신이 되셔서 우리와 함께 계셨는데"

다른 종교를 신학적으로 어떻게 이해해야 하는가에 대한 문제는, '육화' Incarnation라고 하는 그리스도교의 핵심 교리에 비추어 검토될 때, 특별한 중요성을 갖는다.

그리스도교에는 여러 가지 면에서 다른 종교와 외견상 유사한 점들이 상당수 있다. 모든 종교는 다소간 신성하고 초월적인 존재를 언급한다. 소위 말하는 "원시적인" 민족들조차도 신을 믿고, 지혜로움, 강함, 선함 등의 속성을 그 신들에게 부여한다.[28] 다른 종교들에도 경전, 교리, 윤리, 성직제도, 수도생활 등이 있다. 하지만 그리스도교가 인류에게 주는 전혀 새롭고 다른 메시지는 바로 "살아계신 하느님"은 사랑이시라는 것이다. 하느님은 자비나 선과 같은 속성에 더하여 사랑이라는 속성을 가지신 분이 아니다. 하느님은 그 자체로 사랑이시다. 게다가 하느님은 참으로 사람이 되셨다.

삼위일체 하느님의 신비는, 어떤 인간적 사상이나 관념이나 직관으로도 이해될 수 없는 방식으로, 하느님 자신에 의해 계시되었다. 이 신비는 다음과 같이 요약된다: "하느님은 이 세상을 극진히 사랑하셔서 외아들을 보내주시어 그를 믿는 사람은 누구든지 멸망하지 않고 영원한 생명을 얻게 하여주셨다."(요한 3:16) 성 삼위 하느님의 제2위격인 말씀의 육화를 통해서, 이 사랑은 인간 본성을 취하셨다: "말씀이 사람이 되셔서 우리와 함께 계셨다."(요한 1:14)

그리스도의 삶의 모든 국면들은 하느님 영광의 새로운 현현들이다. 사도 요한의 신학에 따르면, 특별히 그리스도의 고난과 부활이야말로 하느님의 영광을 드러낸다. 그리스도는 하느님께 드리는 마지막 기도에서 이 진리를 언급하시는데, 여기에서 그리스도는 사랑과 생명과 영광을 유기적으로 연관시키신다.(요한 17:1-26) 고난에 이어지는 부활을 통해서 그리스도는 "영광을 차지하시고,"(루가 24:26) 죽음의

---

28) J. Mbiti, *African Religions and Philosophy* (London, 1969 ; repr. 1970) ; idem, *Concepts of God in Africa* (London, 1970) ; A. Yannoulatos, *"Lord of Brightness": The God of the Tribes Near Mount Kenya* (in Greek) (Athens, 1971 ; 3d ed. 1983) ; idem, *Ruhanga the Creator: A Contribution to Research on African Beliefs Concerning God and Humanity* (in Greek) (Athens, 1975).

권세를 무찌르시고, "하늘과 땅의 모든 권한을 받으신다."(마태오 28:18) 부활하신 그리스도는 영광 속에서 승천하시어, 인간의 본성을 영광의 하느님 오른편으로 끌어올리시어, 천국과 지상을 하나로 연결하시고 인간의 역사를 최종적 목적지로 인도하신다.

그리스도교 메시지가 지속적으로 언급하는 이 사건들은 인류 역사 속의 그 어떤 사건들과도 확실하게 다르고 독특한 것이다. 이 사건들은 하느님과 인류를 생각하는 완전히 새로운 방법, 전적으로 다른 새로운 시각을 제공한다. 육화는 과거, 현재, 미래에 새로운 의미를 부여함으로써, 세상의 종말론적 수렴점과 목표이신 그리스도를 세계 역사 안에 도입했다. 인간의 생명은 새로운 속성을, 감히 말하자면 "새로운 염색체"를 얻게 되었다. 인간의 생명은 이제 새로운 역동성 안에서 성장한다. 그리스도를 통해서 "새로운 창조"가 시작되었다.

우리가 다루고 있는 주제를 그리스도론의 맥락에서 살펴보려면, '말씀의 육화'와 '새 아담이신 그리스도'라는 두 가지 핵심 개념이 필요하다. 말씀의 육화를 통해서 인간 본성의 모든 것, 우리가 "인간적"이라고 부르는 모든 것이 하느님께 바쳐졌다. 그 결과, 그리스도 이후의 인류는 그리스도 이전의 인류와 확연히 다르다. 육화를 통해서 사람과 하느님 사이에 본래 존재했던 "친교"가 회복되었고, "처음보다 더 굳건해졌다." 그리스도는 그의 사역과 희생을 통해 "악마의 사업"을 파멸시키셨다.(요한1서 3:8) 인간적인 경험과 관계와 존재의 가장 본질적인 영역들, 특히 종교적인 신념처럼 민감하고 중요한 영역 안에 악마가 그 이전 수십 세기 동안 엮어 설치해놓았던 함정과 덫들을 그분은 근본적으로 혁파하셨다.

주로 의식주의ritualism나 위선을 통해 이스라엘의 종교적 양심을 오염시켰던 이 악마적인 요소가 다른 종교들에는 훨씬 더 위험스런 양상으로 교묘히 개입해 들어갔다. 이런 이유로, 교회는, 복음을 전파할 때, 어떤 종교의 종교적 개념이나 관습 안에 있는 기존의 요소들을 채택함에 있어서 항상 분별력을 가지고 선별할 수 있어야 한다. 어떤 것들은 용인하고, 어떤 것들은 거부하며, 또 어떤 것들은 수정하여 복음 메시지와 조화를 이루도록 해야 한다.[29]

지난 4세기 동안 서방 그리스도교는 예수 그리스도의 유일성에 대한 강력한 믿음을 종종 배타성으로 표현하였다. "나를 거치지 않고서는 아무도 아버지께 갈 수 없다."(요한 14:6), "이분에게 힘입지 않고는 아무도 구원받을 수 없다."(사도행전 4:12)와 같은 신약성경의 여러 구절들은 문맥에서 벗어난 채 제시되었고, 배타적인 그리스도론이 옹호되었다.

동방교회의 그리스도교 사상은 좀 더 많은 포용성을 보여주었다. 순교자 성 유스티노스(100?-165)는 복음사도 성 요한이 자신의 복음서에서 말씀에 대해 처음으로 열어놓았던 그 길을 따라갔다. 순교자는 그 시대의 철학적 개념을 사용하여 "스페르마티코스 로고스 σπερματικός λόγος"(로고스[말씀]의 씨앗)라는 사상을 제시했다. "입법가나 철학자가 훌륭하게 말한 것은 말씀의 한 부분을 발견하고 숙고하여 설명한 것이다."[30] "모든 작가들은 그들 안에 심어진 말씀의 씨앗을 통해서 침침하게나마 실재들을 볼 수 있었다."[31] 그렇지만 그가 과거에 형성된 논리나 철학을 무조건 수용한 것은 아니었다. "하지만 그들은 그리스도이신 말씀 전부를 알지는 못했기에, 자주 모순을 보여준다."[32] 그는 "말씀과 함께" 산 모든 사람들에게 "그리스도인"이라

---

29) 이 책 제3장 "문화와 복음"을 보라.
30) Justin Martyr, *The Second Apology* 10, PG 6:460BC (trans. ANF, vol. 1).
31) Ibid., 13, PG 6:468A (trans. ANF, vol. 1).
32) Ibid., 10, PG 6:460C (trans. ANF, vol. 1).

는 표현을 아끼지 않았지만,[33] 언제나 그리스도를 이전의 모든 종교적 가치와 이론을 판단하는 기준으로 삼았다. 놀랍게도 유스티노스의 입장을 인용하는 사람들은 보통 이것에 대해선 잘 언급하지 않는데, 그는 "말씀의 씨앗"에 대해 간결하게 설명하면서, "씨앗"(그리스어로 σπέρμα, sperma)과 "씨앗 안에 내재되어 있는 생명의 완전한 실현"의 차이를 강조하였다. 그리고 그는 "타고난 능력"과 "은총"을 구분하였다. "씨앗과 주어진 능력만큼 본받는 것과, 그분으로부터 나오는 은총에 의지해서 참여하고 본받는 것은 전혀 다른 것이다."[34]

알렉산드리아의 클레멘트(150-215?)는 그리스인들이 받았던 "하느님 말씀의 불꽃"에 관해 말하면서 비슷한 사상을 주장했다. 성인은 그 능력들뿐만 아니라 한계점들에 대해서도 말했다.[35]

성 대 바실리오스는 "말씀의 씨앗"의 의미를 확장시켜 "선에 가까워지려는" 인간의 능력을 포함시킴으로써 이 문제에 대한 핵심적인 열쇠를 우리에게 제공한다. "하느님에 대한 사랑은 … '말씀의 씨앗'이 뿌려져 있고, 선에 가까워지려는 타고난 본성을 가진 살아있는 존재, 즉 인간에게만 가르쳐질 수 있다."[36]

오늘날 사도 요한의 복음서의 첫 구절들은 사람의 숭고한 종교적 사유를 올바르게 이해할 수 있게 해주는 그리스도론적 토대로 제시된다. "말씀이 곧 참 빛이었다. 그 빛이 이 세상에 와서 모든 사람을 비추고 있었다." 또 어떤 성경 사본은 "모든 사람을 비추는 참된 빛

---

33) "비록 무신론자라도, 이성적으로 산 사람들은 그리스도인들이다." Justin Martyr, *The First Apology* 46, PG 6:397C (trans ANF, vol. 1).
34) Ibid., *The Second Apology* 13, PG 6:468A (trans, ANF, vol. 1).
35) "만일 거룩한 말씀의 불꽃을 받은 그리스인들이 … ": *Exhortation to the Heathen* 7, PG 8:184A. 클레멘트 성인은 고대의 진리에 대한 지식은 하느님으로부터 직접적으로 온 것이라고 믿고, 이것을 "그리스도 안에서의 완성을 위한 길을 닦는 준비"라고 간주한다: *The Stromata* 1.5, PG 8:728A (both translations ANF, vol. 3).
36) Basil the Great, *Regulae Fusius Tractatae* 2.1, PG 31:908BC.

이 이 세상에 오고 있었다"고 표현하는데, 어떤 경우이든 그 빛이 "모든 사람"을 비춘다는 점은 동일하다.

이 주제에서 중요한 것은 그리스도 자신이 가나안 여인(마태오 15:21-28 ; 마르코 7:24-30 참조)이나 로마의 백인대장(마태오 8:10 ; 루가 7:5 참조)과 같은 이방인들도 믿음의 놀라운 힘, 놀라울 정도로 강력한 하느님과의 관계를 가졌다고 인정하셨다는 것이다. 사도 바울로가 방문하기 이전에 고르넬리오가 이미 지니고 있었던 경건함과 하느님과의 관계에 대해서 사도행전은 자세하게 묘사한다.(사도행전 10:1-11:16) 이 구절은 고르넬리오가 세례를 받기 이전에 성령이 임하셨음을 우리에게 전해 준다.

리스트라에서, 사도 바울로는 과거에도 "은혜를 베푸셔서 … 하느님은 항상 당신 자신을 알려주셨다"고 설교했다.(사도행전 14:17) 그리고 끝으로 아레오파고 법정에서,(사도행전 17:22-31) 사도 바울로는 "하느님은 오히려 사람들에게 생명과 호흡과 모든 것을 주시는 분이시다. 하느님은 한 조상에게서 모든 인류를 내시어 … 사람들이 하느님을 더듬어 찾기만 하면 만날 수 있게 해주셨다."(25-27)고 선언했다. 사도 바울로는 시인 아라투스 Aratus의 『페노메나』 φαινόμενα, Phaenomena 5를 인용하면서까지 "우리는 그분 안에서 숨 쉬고 움직이며 살아간다"는 진리를 강조한다.(28절) 이런 사상은 혼합주의적 통합을 초래하지도 않았고, 그리스도교 메시지의 핵심을 호도하지도 않았다. 사도 바울로는 인류 역사에 펼쳐진 놀라운 새 출발과, 예수 그리스도와 그분의 부활을 통한 새로운 실존에 대해, 침착하면서도 확고하게 설교를 이어나갔다.(30-31절)

이러한 메시지는 고대 그리스 사람들의 세계관을 완전히 벗어나 있었고, 그 시대에 일반석으로 받아들여졌던 복잡한 나신교뿐만 아니라, 쾌락주의 철학자들의 무신론이나 스토아학파의 범신론과도 상충되는 것이었다. 사도 바울로는 어떻게 하면 고대 종교 사상을 이해하고 존중하는 동시에 그리스도교 계시의 능력과 진리로 그것을 초월할 수 있는가에 대한 확실한 모범을 우리에게 보여준다.

그리스도론에 대해 토론할 때, 많은 서방 신학자들은 그리스도의 출생에서 부활까지의 지상에서의 삶에, 소위 말하는 "역사적 예수"에 관심을 두는 경향이 있다. 하지만 동방에서 강조하는 것은 부활하신 그리스도, 승천하신 그리스도, 재림하실 그리스도, 세상의 주님, 세상의 로고스이다. 그리스도의 육화 전과 후, 특히 부활하신 후의 말씀의 역사는 심오한 종말론적 기대감과 함께 그리스도교 전례 경험의 핵심을 이룬다. 즉, "하늘과 땅에 있는 모든 것이 그리스도를 머리로 하고 하나가" 되는 것이 바로 "당신의 심오한 뜻"이라는 믿는 믿음이다.(에페소 1:9-10) 종교적인 현상과 경험들을 포함하는 세계적 차원의 이 거룩한 과정에서, 육화하신 사랑 그리스도는 여전히 최종적인 준거이시다.

새로운 아담 그리스도의 삶이 세계적 차원에서 영향을 미치듯이, 그분의 신비로운 몸인 교회의 생명 또한 전 세계적인 중요성과 영향을 갖는다. 교회의 모든 것, 교회가 온 인류와 관계하는 모든 것은 온 세상에 관통한다. 하느님 왕국의 표상이자 "이콘"으로서의 교회는 "총괄"의 전 과정에서, 즉 모든 것이 그리스도 안에서 하나가 되는 이 과정에서 결속의 축이 된다. 교회가 활동하고, 신성한 감사의 성찬을 베풀고, 하느님을 찬양하는 것은 모든 사람을 위해서다. 교회는 살아계신 주님의 영광을 온 세상에 빛나게 한다.

"어디에나 계시고, 만물을 채우시는" 위로자

우리가 정교회 성령론의 관점에서 다른 종교를 관찰하면, 신학적 탐구의 새로운 장이 열린다. 정교 신앙은 성령의 역사하심을 어떤 규정이나 묘사나 한계를 초월하는 것으로 매우 넓게 본다. "말씀의 경륜"과 함께 동방 정교는 희망과 겸손한 기대로 충만하여 "성령의 경륜"을 바라본다.

창조의 첫 순간, 성령은 혼돈 위로 휘돌고 계셨고, 혼돈은 질서로 바뀌었다. 비록 우리는 구체적으로 '언제, 어떻게'라고 잘라 말할 수는 없지만, 성령은 역사 내내 같은 역할을 계속해서 수행하셨다. 에제키엘이 예언하듯이, 생명을 주시는 성령은 "뼈들이 가득히 널려 있는 … 들판" 위에 숨을 불어 넣어, 죽음의 들판을 생명의 들판으로 바꾸신다.(에제키엘 37:1-14) 성령의 참여는 구세주의 육화 신비와 "그분의 신비로운 몸"인 교회의 탄생과 교회의 삶에 있어서 중심이 된다. 오순절에 성령은 또 다른 강력한 방법으로 하느님의 영광을 나타내고 명백하게 하신다.

온 세상 어디에나, 어느 때나, 그리고 영원토록, 삼위일체 하느님의 현존이 드러나는 것은 성령의 끊임없는 역사를 통해서다. "어디에나 계시고 만물을 채우시는" 분은 모든 사람의 구원과 온 세상의 충만한 완성을 위해 계속해서 일하신다. 거룩함의 영으로서, 성령은 온 인류와 온 우주에 삼위일체 하느님의 감화와 사랑과 권능을 전달하신다. 오순절에 나타난 두 상징, '불'과 '강력한 바람'의 힘으로 나타나신 권능의 영으로서 성령은, 사람이 숨 쉬며 살아가는 환경을 새롭게 하시고, 교리든 사상이든 조직이든 관습이든 악마적인 것이든 부패한 것을 모두 태워버리시며, 새로운 에너지를 제공하시어, 피조세계 안에 있는 모든 것을 변화시키시고 다시 새롭게 하신다.

진리의 영으로서 성령은, 사람들로 하여금 과학적 진리를 비롯해 인간의 삶과 연관되어 있는 모든 종류의 진리를 갈망하고 추구하도록 이끌고 감화시키신다. 진리를 밝힌다는 것은 결국 최고 진리인 그리스도의 신비에 관한 참된 지식의 발견으로 이어진다.

평화의 영으로서 성령은, 우리의 마음을 위로하시고, 사람들 사이에 새로운 종류의 관계를 형성하도록 도우시는데, 이것은 인류 전체에 이해심과 화해를 가져올 수 있다. 정의의 영으로서 성령은, 사람들을 감화하고 굳세게 하시어, 정의를 갈망하고 정의를 위해 투쟁하도록 이끄신다.

성령의 빛을 막을 수 있는 것은 아무것도 없다. 사랑과 선행과 평화 그리고 성령의 "열매"(갈라디아 5:22)가 있는 곳이라면 어디서든, 우리는 성령이 역사하신다는 징표를 식별할 수 있다. 이와 더불어, 다른 종교에 속한 많은 사람들의 삶에도 이런 것들이 상당히 존재한다는 것은 분명하다.

하지만 우리는 이 영역에서 발생하는 신학적 개념들에 관해 매우 주의해야 한다. 우리는 신학적으로 민감하고 정확할 필요가 있다. "영"spirit을 의미하는 히브리어 '루아흐'ruach와 그리스어 '프네브마' (단수: πνεῦμα, pneuma, 복수: πνεύματα, pneumata)는 성경에서 여러 가지 의미와 뉘앙스로 사용된다. 그것들이 실제로 성령을 가리키는지 의심스러운 경우가 많다. '프네브마'나 '프네브마타' 그리고 다른 언어에 존재하는 이에 상응하는 단어들은 의미와 뉘앙스에서 엄청난 다양성을 가진다. 우리 시대의 그리스도교 안에서도 이 단어는 엄청나게 다양한 의미로 사용된다. 모호한 관념들로 넘어가거나 이론적 곡예를 하지 않으려면, 끊임없이 그리스도론과 삼위일체 신론과의 연관 속에서 성령에 관한 신학적 연구가 이루어져야 한다.

* * *

끝으로 모든 사람의 선한 의지와 행동들을 이해하는 데 중요한 핵심 사항에 대해서, 성 막시모스 증거자는 우리에게 이렇게 전한다: "하느님 아버지의 거룩한 로고스는 신비롭게도 그분의 계명들 안에 각각 존재한다. … 따라서 거룩한 계명을 받고 실행하는 사람은 그 안에 존재하는 하느님의 로고스(말씀)를 받은 것이다."[37] 당연히 우리는 이 말이 그리스도교 수도원 생활과 관련된 금욕주의적 문맥에 속한다는 것을 잊어서는 안 된다. 그럼에도 불구하고 우리는 이런 사상을 로마서(2:14-16)에 나오는 성경의 가르침의 신학적 연속으로 볼 수 있다.[38]

비록 그리스도의 형언할 수 없는 신비를 직접적으로 알 수 있는 특권을 가지지는 못했을지라도, 선한 의지를 지닌 모든 사람은 선한 목적을 품고, 참된 사랑, 겸손, 용서, 다른 사람을 위한 헌신과 같은 그리스도의 계명들을 지키며, 감히 말한다면 그렇게 함으로써 그들도 그분의 계명 안에 현존하는 '말씀이신 그리스도' Christ-Word를 받아들이게 된다. 하느님은 사랑이시므로, 어떤 것이든 사랑의 모든 표현은 자동적으로 그분의 의지와 계명에 맞는 것이다.

---

37) Maximus the Confessor, *Chapters on Theology and on the Incarnate Economy of the Son of God* 2.71, *in* The Philokalia, translated from the Greek by G.E.H. Palmer, Philip Sherrard, and Kallistos Ware, vol. 2 (London, 1981), 154.
38) 로마서 2:14-16: "이방인들에게는 율법이 없습니다. 그러나 그들이 본성에 따라서 율법이 명하는 것을 실행한다면 비록 율법이 없을지라도 그들 자신이 율법의 구실을 합니다. 그들의 마음속에는 율법이 새겨져 있고 그것이 작용하고 있다는 것을 알 수 있습니다. 내가 전하는 복음이 말하는 대로 하느님께서 예수 그리스도를 통하여 사람들이 비밀을 심판하시는 그 날에 그들의 양심이 증인이 되고 그들의 이성이 서로 고발도 하고 변호도 할 것입니다."

같은 글에서 성 막시모스는 그리스도와 그분의 계명들 사이의 신비로운 연관을 성 삼위 하느님에게로 확장시킨다. 성부는 "본질적으로" 성부의 말씀과 완벽하게 하나이므로, 말씀의 계명을 지킴으로써 그 말씀을 받아들이는 사람은 말씀 안에 계시는 성부를 말씀과 함께 받아들이고, 말씀 안에 계시는 성령도 받아들인다. 요한복음 13장 20절을 언급하면서, "이렇게 해서 계명을 받아들이고 실행하는 사람은 신비롭게도 성 삼위 하느님을 받아들이게 된다"고 성인은 결론 내린다.[39]

"말씀의 씨앗"을 "선과 가까워지려는" 인간의 능력으로 확장시킨 성 대 바실리오스의 사상과 연관시켜 이런 관점을 살펴본다면, 또 이런 관점을 사회생활의 영역에 적용시킨다면, 우리는 타종교인들의 삶의 신비를 신학적으로 이해함에 있어서 새로운 시야를 열 수 있을 것이다.

끝맺는 말

결론적으로 나는 다음의 사항을 강조하고자 한다.

인류의 종교 경험에서 우리는, 인간 존재를 왜곡하는 악마적 구조나 세력들의 성장과 함께, 종교 사상과 예배 형식의 퇴락을 관찰할 수 있다. 하지만 또 한편으로는, 신적 영감의 빛에서 나오는 불꽃 또한 언제나 빛나고 있다. 종교는 감각적인 현상을 뛰어넘는 어떤 초월적 존재를 향한 지평을 열어준다. 종교는 "성스러운 것"을 향한 인류의 갈망으로 탄생하였고, 인간 경험의 문을 무한한 존재를 향해 열어

---

39) *Philokalia*, 2:155.

준다. 인류의 근본적인 특징인 하느님의 형상은 파괴된 적이 없다. 이런 이유로, 모든 사람은 하느님 뜻, 성 삼위 하느님 영광의 우주적 비추임을 암시 받을 능력을 소유한다.

지상의 모든 사람은 '정의의 태양'의 영향 아래서 살아간다. 우리는 종교들을 태양빛으로 충전되는 배터리들이라고 생각해 볼 수 있다. 배터리처럼 종교들은 삶의 경험, 여러 가지 위대한 관념과 사상들로 충전된다. 많은 사람들은 이 배터리가 주는 불완전하고 희미한 빛의 도움을 받으며 살아간다. 하지만 이 배터리들에서 나오는 빛은 자기 스스로 충전될 수 없다. 그것은 결코 태양을 대체할 수 없다.

그리스도인이 다른 종교 사상이나 교리를 평가하고 받아들이는 기준은 하느님의 말씀이자 삼위일체 하느님의 사랑이 육화하신 예수 그리스도이다. 그분의 메시지가 전달하는 사랑은 복음에서 보여주듯이 깊이와 심오함을 지니며, 우리의 종교적 경험의 분명한 핵심과 완성이다. 우리는 성령의 역사하심을 통해서 이런 사랑을 알고 경험하게 된다. 온 세상을 구원하시기 위한 그리스도의 사역은 모든 시대에 걸쳐서 그분의 몸인 교회(골로사이 1:18)를 통해 지속된다.

비록 그리스도교는 조직적이고 통일된 체제인 타종교들에 대해 매우 비판적이지만, 그럼에도 불구하고 그리스도인들은 다른 종교나 이데올로기의 환경 속에서 살아가는 사람들에게 많은 이해심과 존중과 사랑을 보여주어야 한다. 왜냐하면 비록 종교적 사상이나 신념들이 잘못되었다 하더라도 모든 사람의 기원이 하느님이라는 사실은 결코 없어지지 않기 때문이다. 모든 사람은 "하느님의 형상으로" 창조되었으므로 모두가 우리의 형제자매이다.

모든 사람들이 온 우주를 감싸는 거룩한 영광의 빛을 받는다. 모든 사람은 생명과 사랑과 진리를 고취하시는 성령의 사역으로부터 혜택을 입는다. 또한 교회는 하느님 왕국의 신비이며, 온 인류를 위하고 돕기 위해서 활동한다. 모든 사람은 말씀의 육화로 인해 회복된 인류의 공통된 본성을 공유하므로, 그들 또한 그분의 은총과 사랑의 효과를 어느 정도는 향유한다. 그 은총과 사랑은 그분의 몸인 교회 안에서 충만하게 약동한다.

그리스도인으로서 우리는, 사람들을 점점 더 가까워지게 하는 세계에서 살고 있고, 그래서 다른 종교적 신념들을 갖는 사람들과 대화해야 할 의무가 있다. 그런 대화가 진실한 것이 되게 하려면, 우리는 대화하는 사람들의 인격과 자유를 존중해야 하고, 진정한 사랑과 이해심을 가져야 한다. 우리는 또한 다른 종교 안에 존재하는 영감을 인정해야 한다.

하지만 대화를 위한 이런 개방성은 그리스도교의 증거를 멈추어야 한다는 의미가 아니다. 오히려 정반대다. 대화할 때마다, 우리는 그리스도교 신앙을 분명하게 설명해주어야 한다. 우리에게는 사람들과 대화하고 우리가 지닌 값진 보물을 제공할 의무가 있다. 우리는 하느님의 사랑이 우리에게 보여주고 공급해준 것들에 관해서 침묵할 수 없다. 하느님은 사랑이시라는 확신과 모든 사람이 삼위일체 하느님과 사랑의 친교를 하도록 요구받고 있다는 확신 등이 바로 그것이다. 우리의 말에 설득력이 있으려면, 우리의 말이 삶과 경험에서 나오는 것이어야 한다.

세상이 그리스도인들에게 기대하는 것은 일관성이다. 세상은 우리가 그리스도의 십자가와 부활의 빛 안에서 성실하게 믿음의 교리를 실천함으로써 그리스도교 메시지의 아름다움을 보여주기를 바라고 있다. 세상은 우리가 그리스도 안에서 새로워진 생명의 아름다움과 빛과 영광과 권세를 일상생활에서 드러내주기를 기대하고 있다. 세상은 우리가 성령의 존재를 빛내기를 요구하고 있다. 세상은 거룩하신 성 삼위 하느님의 사랑의 신비를 증거하는 살아있는 그리스도교를 갈망하고 있다. 세상은 인간 존재의 실질적인 변화, 그리고 사랑의 초월적인 힘과의 친교를 열망하고 있다.

6장

보편적이고 지속적인 변화의 역동성

"더 좋은 것으로의 변화"에 관한 세계적인 세 교부들의 증언

* 이 연설은 1982년 1월 30일에 '세계적인 세 교부들의 축일'을 기념하는 행사로 아테네의 국립 Capodistrian 대학의 강당에서 행해졌다. 이것은 "The Testimony of the Three Hierarchs on 'Change for the Better,' or The Dynamic of Universal and Continuous Change"라는 제목으로 1981-1982 학년도 『공식 연설들』이라는 간행물에 게재되었다.(Athens, 1983), 341-59. "온 세상을 향한" -그래서 정교회 전통은 이 세 교부들을 세계적인 스승(ecumenical teachers)이라 부른다- 이 세 스승의 글과 생애가 인간 존재와 사회에서의 "더 좋은 것으로의 지속적인 변화"의 역동성과 관련하여 결정적인 관점들을 우리에게 제공해 줄 것이라는 생각에서 이 글을 이 책에 포함시키기로 결정했다.

인류의 삶에 영향을 끼친 여러 종교와 철학의 견해들은, 혹은 세상을 있는 그대로 받아들이라고, 혹은 세상을 벗어나라고, 혹은 세상을 변화시키라고 가르친다. 그리스도교의 견해는 세 번째 부류 중에서도 가장 적극적인 것이다.

그리스도교는 다양한 경향과 형태의 영성을 발전시켜왔다. 하지만 정교 신앙의 이상에 비추어 볼 때, 그리스도교는 여전히 전체적 holistic 관점에 의해 규정된다. 다시 말해 그것은 모든 것을 포함하는 생명, 그 전체성 안에서의 생명, 그 모든 차원과 의미들 안에서의 생명을 향한 접근과 해석이다. 모든 것을 포함하려는 이 같은 관점은 '세계적인 스승들'이신 성 대 바실리오스(330?-379), 신학자 성 그레고리오스(329-390), 성 요한 크리소스토모스(354-407)에 의해서 강력하고도 독창적으로 설명되었다.[1] 복음을 이상으로 여긴 그들은 모든 것이 그리스도 안에서 이미 일어났다는 성경의 메시지를 실천하였고, 인간사의 총체적인 변화를 위해 연구하고 분석하고 투쟁했다. 그리

---

1) "만약 어떤 교부들의 권위가 더 중시되어야 한다면, … 동방교회의 전통에 따라 우리는 우리의 전례서들이 '거룩한 대주교 세계적인 스승'이라고 부르는 이 세 대주교를 들 수 있다. … 그리스도 안에 계신 이 스승들과 교부들로부터, … 우리는 참으로 권위 가득한 방식으로 거룩함에 이르는 올바른 길(정교의 길)을 배울 수 있을 것이다." L. Gillet, *Orthodox Spirituality*, 2d ed. (Crestwood, NY, 1996), ix-x.

스도가 이미 외적으로 그리고 내적으로 개시하신 "더 좋은 것으로의 변화"καλή αλλοίωσις(그리스어로 "좋은 변화"라는 뜻), 만인과 만물의 이 변화를 그들은 삶으로 구현했다.

383년 부활절 후 첫 번째 일요일에 신학자 그레고리오스는 "주님의 날"이라는 제목의 설교를 했는데, 이 설교는 우리 모두가 그리스도의 부활로 성취된 만인과 만물의 근본적인 갱신으로 부름 받았다는 사실과, 모든 그리스도인이 갱신을 위해 개인적으로 끊임없이 노력해야 할 의무를 지고 있다는 사실을 매우 훌륭하게 연결하였다. 그레고리오스 성인의 메시지는 "옛 것은 사라지고, 새로운 것이 다가옴을 보라. … 이 개선의 변화를 경험하라"는 호소에서 절정을 이룬다.[2] 여기서 말하는 변화는 포괄적이고 다차원적인 변화, 그리스도의 부활을 통해 일어났고 개인적 사회적 차원에 직접적인 영향을 주는 깊고도 지속적인 변화이다.

물론 우리의 희망에 공감하지 않거나 이런 설교에 감동 받지 못하는 사람들이 많다는 것을 나는 알고 있다. 여러 가지 많은 철학적 관념들이 우리의 전통을 이해할 수 있게 해주는 통일성을 깨버렸고, 많은 이론들은 우리의 세 대주교의 관점들을 퇴색시켜 버렸다. 그럼에도 불구하고, 이것은 문화와 철학과 윤리학이 주장하는 "좋은 것으로의 변화"가 우리 그리스도교 유산의 핵심이라는 점을 부정하지는 못한다. 게다가 그것은 위기의 순간마다 정교 백성들에게 감화와 힘을 준 유산이기도 하다. 지금까지 수세기 동안 정교 백성의 정신은 부활절 사건에 확고하게 뿌리를 둔 전통에 의해 형성되었다. 그리스도교 신앙과 그리스도교적 삶의 기본 사항들은 우리 민족의 잠재의

---

2) Gregory of Nazianzus, *Orations* 44.8 ("The New Sunday"), PG 36:616C.

식에서 가장 근본적인 층을 구성하고 있고, 우리들 중 이 세 교부들의 확신에 공감하는 사람들은 이 확신들을 민족의식의 한 부분으로 만들어야 할 의무가 있다. 나는 "좋은 것으로의 변화"에 대한 세 대주교들의 가르침에서 다섯 가지 구별되는 측면들을 명백하게 제시해 보고자 한다.

인간의 삶에는 변화시켜야 할 것이 많다

최근의 몇 세기 동안 사상계에서 획기적인 발전으로 간주되어 온 관념들과 사상들은 '오모티미아ομοτιμία'(모든 사람은 "동등한 가치"를 지닌다.)와 '이소티미아ισοτιμία'(모든 사람은 "동등한 특권"을 지닌다.)를 언급하며 인간 평등을 끊임없이 강조한 세 교부들의 핵심 사상과 다를 바 없다. 그들은 평등을 인간 본성의 근간[3]으로 보았고, 이 평등으로부터 이탈하는 것은 무조건 부당한 것으로 보았다. 그레고리오스 성인은 "정의는 '더 가지려 하지 않는 것'을 뜻하고, 불의는 '평등을 벗어나는 것'이다."[4]라고 말한다.

주인과 노예, 남자와 여자 사이의 구별과 엄청난 차별이 당연하게 여겨지고 법적으로도 명확하게 인정되던 시대에 살았지만, 이 세 교부들은 이런 생각들에 맞서 목소리를 높였다. 세 성인들은 그런 차별을 "경멸스런 구별"이라고 보았다. 그레고리오스 성인은 "누가 주인이고 누가 노예인가? 그것은 경멸스런 구별이다. 하나의 창조주, 하나의 법, 하나의 심판만이 존재할 뿐이다."[5]라고 말했다.

---

3) 참고. Basil the Great, *On the Holy Spirit* 20, PG 32:161.
4) *Ethical Verses* 34.59–60, PG 37:950.
5) John of Damascus, *The Sacred Parallels*, PG 95:1373C에서 인용됨.

그레고리오스 성인은 부부간 부정을 저지른 경우에 남자에게는 관대하고 여자에게는 엄격했던 당시의 법률에 대해 "불평등하고 일관성이 없다"고 분명히 주장한다: "나는 이런 법률을 수용할 수 없고 그 집행을 용인할 수 없다. 그런 법을 만든 사람이 남자이기 때문에 여자에게 가혹한 것이다." 성경의 여러 구절을 인용하면서 평등을 옹호한 후 그는 이렇게 말한다: "남자와 여자를 만드신 한 조물주가 계시고, 남자와 여자는 모두 한 육체로, 하나의 형상으로 만들어졌으며, 그 둘 모두에게는 하나의 법, 하나의 죽음, 하나의 부활이 있다."[6]

남자가 우월하다는 주장을 하려고 성경 구절을 인용하는 사람에게 크리소스토모스 성인은 여자는 '오모티모스 ομότιμος' 즉 "동등한 존귀함을 가진 존재"라는 표현으로 대답한다. 여기서 그는 삼위일체 하느님 교리와 관련된 신학 용어를 주저 없이 사용하는데, 이에 따르면 성자는 성부께 순종하지만, 성부와의 관계에서 '오모티모스'이다: "비록 여자가 남자에게 순종하지만, 그것은 여자로서, 즉 동등한 존귀함을 지닌 자유인으로서 순종하는 것이다. 마찬가지로, 비록 성자가 성부께 순종하지만, 그분은 그 자신 하느님의 아들이자 하느님으로서 성부께 순종하는 것이다."[7]

그레고리오스 성인은 노예와 자유, 가난과 부유함과 같이 사람들을 분열시키는 일상적인 갈등을 "질병"이라고, 또 "인류 안에 스며들어" 모든 사악한 결과를 "초래한" "악마들의 농간"이라고 단호하게 표현하였다.[8] 사람은 독립적이고 자유롭게 창조되었기 때문에, 원래는 이와 같은 상태에 어울리지 않는 존재라고 성인은 항상 언급한다.

---

6) *Orations* 37.6 ("복음 말씀 '예수께서는 이 말씀을 마치시고 …' 에 관하여" [마태오 19:1]), PG 36:289BC.
7) *Homilies on First Corinthians* 26.2, PG 61:214-5.
8) *Orations* 14. 25 ("On Caring for the Poor"), PG 35:892A.

자유와 부는 하느님의 계명을 지키는 것이고, 진짜 가난과 노예는 결과적으로 그 계명을 어기는 것이다.[9]

당시의 도덕과 법과 상식이 용인했던 그 시대의 만연한 탐욕과 사치와 사회적 불의를 비판할 때, 세 교부들의 어조는 참으로 신랄하다. 내가 알기로는 부나 탐욕에 관해 그들만큼 청중들을 당황스럽게 하고 충격적인 설교를 한 사람은 없었다.[10] 성 대 바실리오스는 부유함은 사랑에 반비례한다는 철칙을 세웠다: "만일 당신이 지나치게 부유하다면, 당신은 그만큼 사랑이 부족한 것이다."[11] 낭비와 사치는 "필요 이상으로 소비함"을 뜻하는 것이기에, "오용"으로 간주된다.[12] 만일 누군가 옷을 도둑맞았다면, 바실리오스는 옷을 훔친 도둑뿐만 아니라 그 피해자에게 새 옷이나 도움을 줄 수 있는데도 주지 않는 사람까지 "옷 도둑"이라고 부르기를 주저하지 않는다. 그는 자신의 말에 의심을 품는 이들을 단호하게 논박한다: "당신은 당신이 도울 수 있는 사람에게 해를 끼치는 죄를 지었소."[13] 크리소스토모스 성인도 이와 비슷하게 생각했기에, 그는 부유한 재산을 다른 사람들에게 주지 않는 것을 "도둑질" 혹은 "약탈"이라고 보았다.[14] 부유한 사람들이 이러한 설교에 강하게 반발하자, 대주교는 이렇게 반박했다.

---

9) Ibid.: "자유와 부는 단지 계명들의 준수였다. 반면 참된 가난과 노예는 계명들의 위반이었다."
10) 바실리오스 성인은 어려운 시기를 이용해서 부자가 된 사람을 "공동체의 저주를 받은 자", "불행을 팔아먹은 자"라고 칭했다. On 'I will pull down my barns…' 3, PG 31:268B. 참고. idem, To Those Who Amass Wealth 5, PG 31:293A: "돈을 사랑하는 사람은 더 많이 가져도 만족하지 못할 것이다. 지옥은 '충분하다'고 절대 말하지 않고, 욕심쟁이도 '충분하다'고 절대 말하지 않는다."
11) To Those Who Amass Wealth 1, PG 31:281B. 참고. idem, Ethics, rule 48, PG 31:768C: "우리가 가진 모든 것을 우리에게 주신 주님의 계명에 따르면, 부족한 사람에 비해 조금이라도 더 많이 가진 사람은 그 사람에게 그 만큼의 양을 내주어야 한다."
12) Basil the Great, Regulae Fusius Tractate 20.3, PG 31:976A.
13) Basil the Great, On 'I will pull down my barns…' 7, PG 31:277A.
14) "우리가 가진 것 중 얼마라도 가난한 사람들에게 주지 않는 것은 그들의 것을 빼앗고 생활을 박탈하는 것과 마찬가지이다. 왜냐하면 우리가 주지 않고 움켜 쥔 그것들은 우리 것이 아니라 그 사람들의 것이기 때문이다." John Chrysostom, On Lazarus 2.6, PG 48:992.

"'또 부자들을 야단치려 하느냐?'고 사람들이 묻는다. 하지만 당신들은 아직도 가난한 사람들을 힘들게 하고 있다. … 당신들이 여전히 그들을 산산조각 내려 하고 있으니 나도 당신들에게 계속해서 충고하는 것이다. … 당신들이 내 양떼를 학대하는데, 내가 당신들을 괴롭힌다고 해서 나를 탓할 수 있겠는가?"[15]

부정하게 얻은 재산으로 자선을 베풀고 경건한 척 하는 자들의 위선을 폭로할 때, 그들은 특히 결연했다. 하느님께 봉헌하기 전에, 모두는 각자 "가난한 사람들을 힘들게 하지 않았는지, 약한 사람들을 강제하지 않았는지, 아랫사람들을 속이지 않았는지" 면밀하게 자문해야 한다는 것이다. 다른 사람들에게 자선을 베풀기보다는 "당신이 해를 끼친 사람에게 자비를 베풀라"[16]는 것이다.

크리소스토모스 성인은 "내 것, 네 것"이라는 말은 "세상에 수많은 전쟁을 야기한 비정한 말"이라고 여겼다.[17] 그는 부의 존재를 비판했을 뿐만 아니라, 부자와 빈자 모두 부자가 되려는 욕망에 사로잡혀 있음을 또한 비판했다.[18] 세 교부들의 충고는 사회 모든 계층에 해당되었다. "탐욕스러운 사람은 누구인가? 자족하지 못하는 사람 모두가 그런 사람이다."[19] "비록 합법적으로 얻은 것이라 할지라도 가난한 사람들이 먹을 수 있도록 하느님께 바치지 않는다면" 적법하게 얻은 그 돈도 훔친 것이 된다.[20] 성 대 바실리오스는 현대적 시각의 사회 경제론과 크게 다르지 않은 매우 흥미로운 견해를 펼친다: "정

---

15) "시편 49 '누가 부자 되었다 해도, … 너는 시새우지 말아라.'에 관하여" 4, PG 55:504.
16) Basil the Great, Sermons 4.7 ("On Charity"), PG 32:1164A, D.
17) "사도의 말씀 '… 분파도 있어야 할 것입니다.'에 관하여" (고린토 전서 11:19), 2, PG 51:255.
18) "물질적인 부가 부족한 가난한 사람들 중의 많은 사람들이 매우 탐욕스런 의지를 갖기도 한다. 가난하다는 사실만으로는 구원받지 못한다. 그들은 탐욕스런 의지로 인해 죄를 짓기 때문이다." Basil the Great, Homily on the 33rd Psalm 5, PG 29:361A.
19) Basil the Great, On "I will pull down my barns…" 7, PG 31:276A.
20) Sermons 4.7 ("On Charity"), PG 32:1164C.

체되어 있는 부는 쓸모없지만, 한 손에서 다른 손으로 전달되는 유동적인 부는 사회에 이롭고 생산적이다."²¹⁾

세 위대한 교부들은 불의에 대해서만 질책하지 않았다. 그들은 또한 곤경에 처해 있는 사람들을 돕지 않는 "사회에 대한 무관심"도 잘못이라고 간주했다. "왜냐하면 여기서 비난 받을 사람은 빼앗은 사람이 아니라 다른 사람들의 문제에 관여하려 하지 않은 사람이기 때문이다."²²⁾ 진정한 신앙심은 베푸는 것에 있다고 그들은 보았다. 그 시대 정치 체제 안에서 정의로운 사회를 위해 싸우면서도, 그들은 "아무 비용도 지불하지 않는 신앙심"을 비판하며 열심히 나눠주는 것을 배우라고 교인들에게 요청했다.²³⁾

그들은 반복해서 우리 각자가 져야할 무거운 사회적 의무를 주제로 삼는다. 사람은 자신의 모든 에너지를 공익을 위해 쏟아 부을 때 선하다고 여겨진다. "선한 사람은 사람들을 돕기 위해 할 수 있는 모든 것을 행한다."²⁴⁾ 모든 것이 이웃을 이롭게 하는 것이어야 한다는 것이다. 당신이 소유한 여분의 것은 그것이 어떤 것이든 곤궁에 처한 사람들에게 진 빚이다.²⁵⁾ 다른 사람들을 돕기 위해 끊임없이 일할 때, 그 사람은 가치 있다고 여겨진다. "하느님의 선물을 자신의 즐거움을 위해서만 쓰고 다른 사람들을 돕지 않는 사람은 '주인이 맡긴 돈

---

21) Basil the Great, On "I will pull down my barns…" 5, PG 31:272B.
22) Ibid., 8, PG 31:277C.
23) "많은 이들이 금식하고 기도하고 탄식하고 아무 비용도 들지 않는 모든 종류의 신심을 보여주지만, 필요한 사람에게 가장 작은 동전 한 닢조차도 주지 않는다는 것을 나는 잘 알고 있다. 그들이 보여주는 나머지 모든 덕들이 그들에게 무슨 유익이 되겠는가? 왜냐하면 하늘나라는 그들에게 주어지지 않을 것이기 때문이다." Basil the Great, To Those Who Amass Wealth 3, PG 31:288A.
24) John Chrysostom, On Blessed Babylas 8, PG 50:545.
25) Basil the Great, Ethics, rule 48, PG 31:768C.
26) Basil the Great, Regulae Brevius Tractatae 62, PG 31:1124B. 이것은 부유하든지 부유하지 않든지, 모두에게 적용된다. 자비심을 갖는 것은 하나의 일반적인 신학적 원리로 발전한다. 그것은 도움을 주고자하는 열망들을 표현하는 전체 개념 체계를 풀어주는 암호이다.

을 숨겨 놓은' 종처럼 질책을 받을 것이다."²⁶⁾

개인적이고 사회적인 "더 좋은 것으로의 변화"는, 부활절의 이상이 명시하듯이, 이러한 지속적인 자선으로 실현된다. 성 마마스 성당 축성식에서 했던 "주님의 날"이라는 제목의 설교에서, 그레고리오스 성인은 올바른 사회 활동과 그리스도교의 신학적 양심을 연결시키면서 다음의 말로 결론지었다: "필요 이상으로 풍족한 것들을 가진 여러분, 집도 없고 보호받을 곳도 없고 음식도 없는 사람에게 그것을 나눠 주십시오. … 용서 받은 여러분, 용서를 베푸십시오. … 여러분의 삶과 삶 속에서 행하는 모든 것이 새로워지게 하십시오."²⁷⁾

수도원 생활은 평등, 공동 소유, 사랑을 실현하기 때문에, 세 교부들은 그것을 이상적인 사회 모델이나 상징으로 여겼다. 성 대 바실리오스는 "나는 그러한 공동생활 방식이 완벽하다고 생각한다. 왜냐하면 개인 재산이 존재하지 않고 대립된 의견이 제거되며, 소란, 경쟁, 불화가 생기지 않으며, 모든 것이 공동으로 소유되기 때문이다."라고 말한다.²⁸⁾ "선을 향한 변화"는 우리를 원형적이고 이상적인 아름다움을 지닌 본래의 상태로 되돌아가게 해줄 것인데, 그 변화는 바로 평등사회에서 실현된다. 왜냐하면 "태초부터 하느님은 우리가 그런 식으로 살기를 바라셨고, 그것이야말로 하느님이 우리를 창조하신 목적"이기 때문이다.²⁹⁾

---

27) *Orations* 44.7("The New Sunday"), PG 36:616A.
28) *Rules for Ascetic Life* 18.1, PG 31:1381C.
29) Ibid., 18.2, 1384A.

변화는 가능하다

   세계적인 세 교부들은 변화되어야 할 기본적인 사회 조건들을 기술하는 것에 머물지 않는다. 그들은 변화가 가능하다고 평가하고, 그 평가에 대해 낙관적이며, 선도적으로 개혁을 위한 노력에 직접 나선다.

   세 교부들은 세상에 큰 변화가 발생했던 시대에 살았다. 깊은 분열과 사회 정치적 소용돌이, 그리고 대담한 시도들이 존재했던 시대였다. 총체적인 재평가와 사상의 재편성이 발생한 점에서 그 시대는 우리 시대와 매우 흡사하다. 세 교부들은 불굴의 의지와 용기와 지혜로 그 시대의 문제들에 직면했다. 그들은 합리와 비합리, 믿음과 지식, 몰락과 상승 등 삶의 대립적인 현실들을 예리하고도 명민하게 분석했다. 그들은 사람에게는 비극적 실존을 극복할 능력이 있다고 확신했고, 미래에 대해 낙관과 자신감으로 가득 차 있었다. 모든 사람은 사회적인 지위와 상관없이 자신만이 아니라 또 타인들을 위해서도 희망을 가질 수 있다. 모든 사람에게는 "회개할 능력" 즉, 인생의 방향을 바꾸어 "예전의 아름다움"을 재발견할 능력이 있다.

   사람은 본성적으로 변하고 달라지고 또 변모될 능력이 있다. 가장 밑바닥에 떨어진 사람에게도 상승할 수 있는 길은 있다. 그리스도교의 언어는 부동자세나 소극적 활동이 아니라 끊임없는 창조적 갱신을 요구한다. "삶을 새롭게 하라"는 요구는 잘못된 길로 들어선 사람뿐만 아니라 올바른 방향으로 가는 사람에게도 해당되는 것이다. 그레고리오스 성인은 만일 당신이 죄를 지었으면 바른 길로 돌아가고, 만일 바른 길로 가고 있다면 더욱 노력하라고 역설한다.[30]

   그들의 낙관주의는 하느님의 신비와 밀접한 관계가 있는 인간의 신비를 지속적으로 묵상함으로써 얻어진 것이다. 악은 실체적 실존을 가지지 않는다. 비록 몇몇 이원론적 종교들은 다르게 생각하지만, 악은 하느님과는 달리 그 자체로 실존하지 않는다. 악은 실체가 없다. 악은 일탈이요, 인류가 자신의 자유를 자기중심적이고 이기적인 방식으로 사용한 결과이다. 악이라는 것은 하느님과 협력함을 통해서 떨쳐버릴 수 있는 하나의 부수적인 현상에 지나지 않는다. 우리 안에 존재하는 근본적이고 신성한 것은 "본성적으로" 우리의 것이다. 그리고 이 "본성에 반하는" 행위는 사랑의 하느님으로부터 멀어진 자유의 산물이다. "죄란 하느님으로부터 멀어지는 것이다."[31] "선을 향해 자신의 길을 바꾸는 것"은 가능하며 필요하다. 아무리 멀어져도, 아무리 깊게 타락해도, 인간의 본성은 하느님의 형상을 계속 지니므로 근본적으로 선하다.[32]

그렇다고 해도 교부들의 낙관주의는 인간 본성 그 자체에 근거를 두지 않는다. 그들은 '누스 νους' (마음 또는 지성)의 능력에 신뢰를 두지 않는다. 그들의 낙관주의는 두 번째 아담이신 그리스도에 근거를 둔다. 이 두 번째 아담, 새로운 인간이신 그리스도가 온전한 인간 본성을 취했고, 인간의 자유를 다시 이타적인 사랑의 길로 들어서게 했으며, "선으로의 돌아섬"을 실현했고, 인류를 새로운 방향으로 가게 하셨다. 그레고리오스 성인은 "그리스도의 육화가 나를 재창조한다."라고 말한다.[33] 그리스도의 육화를 통해 "분열되고 수많은 조각으로

---

30) "말씀(그리스도)은 당신이 같은 상태에 머물러 있는 것이 아니라 끊임없이 움직이고, 자유롭게 활동하는 완전히 새로운 피조물이기를 원하신다. 만약 죄를 지었다면, 바른 길로 돌아오라. 좋은 일을 하고 있다면, 더 열심히 노력하라." *Orations* 44.8 ("The Lord's Day"), PG 36:616D-617A.
31) Gregory of Nazianzus, *Ethical Verses* 8.184, PG 37:662.
32) Gregory of Nazianzus, *Orations* 43.48 ("Funeral Oration for Basil the Great"), PG 36:560A.
33) *Ethical Verses* 34.189, PG 37:959.

깨진 인간 본성"은 "다시 회복되고 하느님 안으로" 결집되었다.[34] 그리스도는 인간 본성을 그 자체 안에서, 그리고 그분 자신 안에서 다시 통일시켰다. 그분은 인간의 본성을 친교와 사랑이라는 이전의 일치된 상태로 다시 돌려놓으셨다.[35] 그 승리는 이미 이루어졌다.

그리스도의 부활과 함께, 모든 것이 새롭게 재창조되었고 모든 것이 회복되었다.[36] 그 후로, 모든 사람에게 제기된 질문은 이 회복에 참여할 것인가 말 것인가이다. 그리스도교에서 이 참여로의 부름은, "회개"라는 말로 표현되었고, 그레고리오스 성인은 이것을 "더 나은 것으로의 전환"[37]이라고 정의 내렸다. 회개는 우리에게 부활절의 사건들에 의해 개시된 그 과정을 통해서, 갱신과 변화를 위해 노력할 것을 요구한다. "이제 당신 자신을 새롭게 하고, 삶의 방식을 바꾸고, 완전히 변화되게 하라."[38]

하지만 변화의 행위는 "모든 인간적 성취의 원천"[39]인 하느님의 에너지를 통해 시작되고, 그로부터 계속해서 힘을 끌어온다. 세 성인들은 "회개"로의 호소를 그리스도가 우리 인간 본성을 수용하시고 그것을 통해 모든 인간과 연합되셨다는 사실과 결부시킨다. 그레고리오스 성인은 "시간이 있을 때마다, 그리스도를 돌보고, 그리스도를 보살피고, 그리스도에게 음식을 주고, 그리스도에게 옷을 입히고, 그

---

34) Basil the Great, *Rules for Ascetic Life* 18.3, PG 31:1385A.
35) Ibid.
36) "오늘 구원이 보이는 것과 보이지 않는 것, 온 세상에 옵니다. 그리스도께서 죽음으로부터 부활하셨고, 그분과 함께 당신을 부활시키십니다. 그리스도께서 그분 자신께로 되돌아가셨고, 또 당신을 되돌리십니다. 그리스도께서 무덤에서 자유로워지시고, 당신을 또한 죄의 얽어맴에서 자유롭게 하십니다. 지옥의 문은 열렸고, 죽음은 멸망당했으며, 옛 아담은 무시되고 새 아담이 충만해집니다. 누구든지 그리스도 안에 있다면 그는 새로운 피조물입니다. 당신도 새로워지십시오." Gregory of Nazianzus, *Orations* 45.1 ("Second Oration on Easter") PG 36:624AB (trans. NPF, 2d ser., vol. 7).
37) *Ethical Verses* 34.235, PG 37:962.
38) *Orations* 44.8 ("The New Sunday"), PG 36:616C.
39) Ibid., 616D.

리스도에게 살 곳을 주고, 그리스도를 공경하라"[40]고 말한다. 크리소스토모스 성인은, 수많은 사람들이 헐벗고 거리를 배회하는 것은, 예수님이 옷을 빼앗긴 사건의 반복이라고 보았다. 십자가에 달리신 주님의 굶주림과 목마름은 그런 사람들 안에서 반복된다는 것이다.[41]

"더 좋은 것으로의 변화"는 단지 개인적인 문제만은 아니다.[42] 회개하고 변화되고 "하느님의 형상"을 깨끗하게 하는 행동은 구세주의 사역을 이어가는 교회의 삶 안에서 완성된다. 교회에 속한 사람들이라고 죄가 없는 것은 아니다. 하지만 그들은 회개하고 또 계속 회개한다.

상승과 새로워짐이 가능하다는 이 낙관주의의 위대한 의미는 다른 종교 체계들의 안개 속에서 그 밝은 빛을 발할 때 더욱 명백해진다. 존재의 본질은 고통이고 이런 고통의 종말은 존재 자체가 소멸될 때만 가능하다는 가차 없는 결정론의 틀 안에서 인간의 모든 노력을 고려하는 종교 체계들과 비교할 때 특히 그러하다. 불교와 같은 다양한 철학적 종교 체계에 의해 전파되는 그런 염세적이거나 개인주의적인 개념과는 달리, 교부들의 사상은 삶을 적극적이고 역동적으로 받아들이게 하고, 신자들로 하여금 다른 신자들과 함께 그리고 교회와 함께 노력해서 삶을 향상시키도록 권고한다.

인간의 삶에 관한 세 교부들의 이러한 낙관주의는 인내심으로 가

---

40) *Orations* 14.40 ("On Caring for the poor), PG 35:909B.
41) "십자가에 달려 있을 때 나는 목말랐다. 나는 또한 가난한 이들을 통해서도 목이 마르다. … 비록 나는 스스로 모든 것을 충족할 수 있지만, 나는 구걸하러 왔고, 너희들의 문가에 서서 내 손을 내민다. 나의 바람이 너희들을 통해 충족되어야 하기 때문이다. 왜냐하면 나는 너희들을 너무나 사랑하고, 그래서 너희의 식탁에서 함께 먹기를 간절히 바라기 때문이다. … " *Homilies on the Epistle of St Paul to the Romans* 15.6, PG 60:547-48 (trans. NPF, 1st ser., vol. 11).
42) 자기 자신의 구원만을 위해 애쓰는 것을 크리소스토모스는 "잔인하고 비인간적인 것"이라고 규정한다. 우리 모두는 하나의 공통된 책임을 가진다. "우리 각자는 우리 이웃의 구원에 책임이 있다." John Chrysostom, *To Those Who Share Lodgings with Virgins* 4, PG 47:500.

득 차있다. 그들은 이러한 변화와 새로워짐이, 예를 들어 후기 이슬람교가 가르치는 것과는 달리, 폭력으로는 결코 이루어질 수 없다고 생각했다. "더 좋은 것으로의 변화"는 사람의 자유 안에서 이뤄진다. 그들은 인간의 자유를 자주 언급했는데, 그것은 "스스로 자기 자신의 주인이 되고자 하는 본능이고 이것이야말로 이성적인 본성에 어울리는 것"[43]이라고 보았다. 인간의 기원과 본성과 운명을 이해해 보고자 하는 학문이 인간학이라 할 때, 세 교부들의 인간학은 분명 은총과 자유의 인간학이다.

서품을 받기도 전에 이미 이 세 성인들은 여러 방면에서 매우 중요한 업적을 이룬 사회개혁가들이자 높이 평가받은 지식인들이었다. 성직을 받아 교회적 책임을 짊어졌을 때도, 그들은 사회적 책임과 희생의 전면에 서서 전진했다. 그들은 사회 안에서 혁신적이고 실제적인 일들을 주도해 나갔다. 안티오키아 교회의 사제로 일하고 있을 때, 요한 크리소스토모스는 3천 명의 과부와 외국인, 병자, 수인 등 수백 명의 사람들을 도와주기 위해 인력과 재원을 동원했다. 안티오키아 사람들이 황제의 동상을 파괴하고 폭동을 일으킨 일로 인해 집단적으로 처벌을 받을 위협에 직면했을 때도, 그는 불안에 떠는 그들과 함께 했다. 콘스탄티노플의 대주교가 되었을 때, 그는 이 새로운 기회를 이용하여, 콘스탄티노플에 있는 7천 명의 어려운 사람들에게 도덕적, 재정적 도움을 아낌없이 베풀었다.

아리우스파가 득세하여 어둡고 절망적이었던 시기에, 그레고리오스 성인은 콘스탄티노플로 가서 결사적으로 신학적인 투쟁을 벌여서 상황을 반전시켰다. 후에 그는 정통 교회 안에서 모든 성직자들이 평

---

43) Basil the Great, *That God is Not the Cause of Evil* 6, PG 31:344B.

화를 이루며 지낼 수 있도록 스스로 대주교좌에서 물러났다.

성 대 바실리오스의 활동은 그 다양성과 사회적 영향 측면에서 볼 때 말 그대로 놀라울 정도이다. 특히 후에 '바실리아' Vasilia라는 새로운 이름으로 불리게 될 거대한 사회구제 시스템을 구축하기 위해, 병원, 고아원, 호스피스, 학교, 직업훈련소 등을 설립하고 체계화했다는 점에서 참으로 놀랍다. 그런데도 그는 이 사업을 자랑하려 하지 않았다. 다만 이 일을 성취하기 위해, 그는 "그리스도의 사역을 본받아"[44] 손수 자신이 직접 관리하고 감독했고, 구체적이고 체계적인 사회 계획에 근거해서 수많은 사람들을 동원했다.

성 대 바실리오스와 성 요한 크리소스토모스의 관심은 단지 그들이 주교로 있었던 지역에 국한하여 변화와 구원의 메시지를 전파하는 것이 아니었다. 그들은 또한 자신들의 교구를 넘어, 제국 밖에 있는 이교도 국가에까지 선교 사업을 조직했고, 이를 원조하기 위해 할 수 있는 일은 무엇이든지 다 했다.[45]

이 세 분의 성인들은 힘없는 사람들에게는 애정과 겸손으로 대하였고, 권력자들 앞에서는 기품과 위엄과 용기를 가지고 대하였다. 성 요한 크리소스토모스가 에브도키아 황후의 권력남용을 비판한 사건이나, 성 대 바실리오스가 발렌스 황제와 모데스토스 사령관에 맞선 사건은 아주 유명한 일화들이다. 성인들은 정치적인 적들뿐만 아니라 교회의 적들에게도 맞섰다. 그레고리오스 성인은 "나는 자신이 설교한 것을 실행하지 않는 사람들의 가르침을 혐오한다"[46]고 말했

---

44) Gregory of Nazianzus, *Orations* 43.35 ("Funeral Oration for Basil the Great"), PG 36:544D.
45) 참조. John Chrysostom, *Correspondence*, PG 52: letter 53(637) ; letter 54(638) ; letter 55(639-40) ; letter 123(676-77) ; letter 126(685-87).
46) *Historical Verses* 12.35-40, PG 37:1169A.

다. 그들은 열정과 용기로 '더 좋은 것으로의 변화'를 이루기 위해 노력하면서도, 각자의 독특한 개성을 유지했다.

진정한 변화는 인간 실존의 핵인 마음 안에서 시작된다.

긍정적인 변화를 위해 투쟁하는 데 있어서 세 분의 세계적인 교부들은 진정한 변화를 가능케 해줄 결정적인 요소에 그들의 지적, 실천적 노력을 쏟아 부었다. 그 요소는 바로 인간의 마음이다.

그들은 피상적인 것이 아니라 깊이와 본질에 관심을 두었다. 성 그레고리오스는 성 대 바실리오스에 대해서 "그분은 훌륭해 보이려 한 것이 아니라 훌륭하게 되려고 노력했다"[47]고 칭송했다. 결단성 없는 계획들과 흐릿한 정신 상태로는 안 된다. 왜냐하면 자기중심주의와 감정은 마음이 올바르게 움직이는 것을 방해하기 때문이다. 정화는 인간 존재의 내면 깊숙한 곳에서 시작되어야 한다. 왜냐하면 그곳은 자아가 숭배의 대상이 되는 순간 타락이 제일 먼저 자리 잡는 곳이기 때문이다. 그래서 교부들은 내적인 순수함과 선한 의지를 강조한다. 개인적인 정직성과 진정성이 없다면 정의는 "모든 사람과 동등한 몫을 나누려는 세심함의 부족 때문에, 혹은 욕망의 지배를 받아 정의로운 것을 가리려는 마음 때문에 실천하기 힘든 공염불"[48]에 지나지 않게 된다. 만일 정의가 "마음속에 이미 자리 잡고" 있지 않거나, "부를 향한 욕망으로 타락하거나, 특정한 사람에 대한 호의나 증오에 좌우되는 사람이라면,"[49] 정의를 실천하거나 정의를 위해 일할 수 없다.

---

47) *Orations* 43.60 ("Funeral Oration for Basil the Great"), PG 36:576A.
48) Basil the Great, quoted in *The Monk Antonius, Melissa*, 1 11, PG 136:805A. 참고. Basil the Great, *Commentary on the Prophet Isaiah* 114, PG 30:304B: "태양이 시력이 안 좋은 사람에게 쓸모없듯이, 정의는 불의한 사람에게는 쓸모없다."

본질적인 변화의 비결, 변화의 성공, 변화의 동력은 모두 인격을 회복하고 정화하는 과정 안에 존재한다. 우리는 사물의 겉모습이 아니라 사물의 핵심에 초점을 두어야 한다. "어제는 허울에 가치를 두었다면, 오늘은 존재 자체에 더 큰 가치를 두라"고 성 그레고리오스는 권고한다.[50]

세 분의 교부들은 우리의 내적인 의식을 일깨워서 우리 자신에 집중하고 우리 안에 존재하는 거룩한 불꽃을 타오르게 하려고 애썼다. 그들은 우리의 삶이 "순수해지도록", 더 정확히 말하면, 우리가 끊임없이 우리 자신을 "정화하기 위해"[51] 지속적으로 노력하길 당부했다. 이 내적인 노력은 "항상 자신의 영혼을 하느님의 뜻과 일치시키고, 그분의 영광만이 자신의 목적과 바람이 되게 함으로써, 자신의 능력 너머로"[52] 영적인 노력을 확장하기 위해 투쟁하는 하나의 지속적인 과정이다. 인간의 내적인 자유를 보호해주는 이 내적 단련과 경성(警省)에 대해 언급하면서 성 그레고리오스는 이렇게 말한다. "만일 조금이라도 이성적인 행동에서 벗어난다면, 울타리에서 완전히 벗어나서 죽음으로 이끌려가기 전에, 당신 자신을 되찾기 위해 노력하라. 옛 것 대신에 새 것이 되어라. 당신 영혼의 새 출발을 축하하라."[53]

진리를 증거하는 공적인 삶을 살기 전에, 세 분의 세계적인 스승들은 먼저 내적인 투쟁을 벌였다. 인간적 정념들의 힘에서 벗어나기 위해 끈질긴 금욕적 준비와 단련의 과정을 통과했다. 이것은 후에 그들이 물질적인 부, 명예, 육체적인 안락, 권력의 추구에서 벗어나서 사

---

49) Basil the Great, quoted in *The Monk Antonius Melissa*, 1.13, PG 136:805A.
50) *Orations* 44.9 ("The New Sunday"), PG 36:617A.
51) *Gregory of Nazianzus, Orations* 16.2 ("On His Father's Silence"), PG 35:936B.
52) Basil the Great, *Regulae Brevius Tractatae* 211, PG 31:1224A.
53) *Orations* 44.6 ("The New Sunday"), PG 36:613C.

랑의 힘으로 무장하여 내적인 자유를 가지고 살고 행동하도록 이끌어 주었다.

이러한 금욕적 경성은 단순히 시작 단계의 일시적인 "훈련"이 아니라 그들의 삶 전체를 관통하는 지속적인 요소였다. 생애 내내 그들은 소박하고 금욕적인 생활을 했다. 바실리오스 성인에게 "부는 아무 것도 소유하지 않는 것이었고, 그가 항상 함께 했던 십자가는 그 어떤 부보다 더 값진 것이었다."[54] 이것이야말로 마음속에서 우러나오는 금욕주의, 장소가 아니라 어떻게 실천되느냐에 우선성을 부여한 금욕주의이다.[55] 교부들은 수도원적 삶과 사회적이고 활동적인 삶의 관계처럼 얼핏 보기에는 서로 모순되어 보이는 것들을 조화롭게 했고, 그래서 "관상적 정신이 사회와 단절되지 않고 활동적 삶이 또한 관상적인 삶의 영향 밖에 있지 않게 해주었다."[56] 그들은 항상 중용을 권했다.[57]

그들의 금욕주의는 인간중심적이지 않다. 그것은 인도 사상의 여러 종파에서 보듯, 단순히 사회로부터 고립되어 실천되는 마음 수련

---

54) Gregory of Nazianzus, *Orations* 43.60 ("Funeral Oration for Basil the Great"), PG 36:573C (trans. NPF, 2d ser., vol. 7).
55) "왜냐하면 자기 집에 머물러 있는 사람도 여전히 생각으로는 바깥을 배회할 수 있고, 시장에 있는 사람도 마치 사막에 있는 것처럼 자기 자신과 하느님에 집중함으로서 깨어있을 수 있다." Basil the Great, *Rules for Ascetic Life* 5, PG 31:1360C. 참고. "세상에서 물러난다는 것은 육체로 그것을 떠나는 것이 아니라, 영혼이 육체에 대한 집착과 단절하는 것을 의미한다." Idem, *Letters* 2.2 ("To Gregory"), PG 32:225B [trans. Roy J. Deferrari, Loeb Classical Library, *Basil the Great, The Letters*, vol. 1 (Cambridge, MA, 1926).]
56) Gregory of Nazianzus, *Orations* 43.62 ("Funeral Oration for Basil the Great"), PG 36:577B (trans. NPF, 2d ser., vol. 7).
57) "육체적 절제의 적당한 수준은 각 사람이 가지고 있는 육체적 힘에 의해 결정되어야 한다. 그래서 절제의 노력이 자신의 능력 아래 있거나 그것을 넘어서까지 확대되지 않아야 한다. 지나친 절제가 육신의 한계선을 파괴하지 않도록, 그렇게 해서 중요한 과제들을 수행하는 것을 방해하지 않도록 하려면, 이 점에 대해 주의를 기울여야 한다고 나는 생각한다." Basil the Great, *Rules for Ascetic Life* 4.1, PG 31:1348B. 또한 "금욕가는 모든 형태의 허영에서 자유로워져야 하고, 좌로나 우로나 이탈하지 않고 중용의 왕도를 따라야 한다. 육신의 안락함을 좋아해서도 안 되지만 지나친 절제로 자기 육신을 무력하게 만들어서도 안 된다." Ibid., 4.2, PG 31:1349B.

이나 의지단련이 아니다. 이와 달리 그들의 금욕주의는 하느님 그리고 하느님의 사람들과의 지속적인 관계 안에 있고, 신도의 공동체적인 삶 안에서, 교회 안에서 수행된다. 개인적인 노력은 전통과 결합되어야 하고, 또 성령의 은총과 인도에 대한 믿음과 결합되어야 한다. 그래야 변화의 전 과정을 좌우하는 하느님의 에너지에 친숙해질 수 있다.[58] 이러한 여정에서 교부들이 길잡이로 사용한 나침반은 애매모호한 정신적 직관이나 심리적 충동이 아니라 성경의 계시였다. "의무를 발견하는 가장 주된 길은 신적인 영감으로 기록된 성경을 공부하는 것이다."[59] 하느님을 향한 상승은 그들이 호흡하는 산소와 같다. 그들의 목표는 기도를 통해 "자신들 안에 하느님을 위한 요새를 짓는 것이다."[60] 그것은 부활에 초점을 맞춘 생활을 통해 이루어지는 금욕주의이다. 부활의 사건과 이에 대한 최고의 가시적 표현인 세례와 감사의 성만찬은 긍정적인 변화를 위해 우리에게 필요한 감화와 힘을 공급한다.[61]

이처럼 삶을 지속적인 부활로 경험하는 것이 바로 정교회의 영성이다. 이것이 하나이고 거룩하고 보편되고 사도적인 교회의 위대한 세 교부들이 실천하고 설교했던 것이다. 이것이 바로 그들이 자신들의 이름으로 명명된 예배를 통해 충만하게 드러내려 했던 것이다. 한 해에 한 번 있는 부활절과 한 주간에 한 번 있는 주일은 한 해 전체를

---

58) "하지만 성령의 신성으로 단련된 마음은 마침내 위대한 사변들 안에 들어서게 되고, 은총이 허락하는 한에서 또 그 구조적 한계 안에서 신적인 아름다움을 관상하게 된다." Basil the Great, *Letters* 233.1 ("To Bishop Amphilochios, who has asked questions"), PG 32:865C (trans. Deferrari, vol. 3, see note 56).
59) Basil the Great, *Letters* 2.3 ("To Gregory"), PG 32:228B (trans. Deferrari, see note 56).
60) Ibid., 4, PG 32:229B (trans. Deferrari, see note 56).
61) Gregory of Nazianzus, *Orations* 45.23("Second Oration on Easter"), PG 36:656. Basil the Great, *On Holy Baptism* 1, PG 31:424 ; and *Letters* 93 ("To Caesaria"), PG 32:484B.

엮어서, 새로운 생명의 길인 부활의 위대한 사건을 지금 여기로 이동시켜주고, 사람들로 하여금 다시금 새로워지기 위해 노력하게 하며, 부활의 빛을 일상생활 속으로 전파해준다.

변화는 피조세계 전체로 확대된다

세 분의 세계적인 교부들은 인간을 생각할 때 단지 정신적, 윤리적 관점으로 좁게 보지 않았다. 그들은 항상 인간을 그가 살아가는 물질세계와 유기적으로 연결되어 있는 존재로 본다. "더 좋은 것으로의 변화"는 피조세계 전체로 확대된다.

인간과 물질세계의 관계를 이해하는 것은 우리 시대에 특별한 의미를 갖는 문제이다. 어떤 종교들은 자연을 인간조차도 꼭두각시처럼 통제하는 어떤 신성한 힘에 의해 조종되는 존재로 본다. 어떤 사상은 인간을 비인격적인 자연 세계의 작은 한 부분, 자연의 비인격적인 법칙들 안에 갇힌 하찮은 하나의 점이라고 생각한다. 또 어떤 사람들은 아직까지 자연을 순전히 물질로 보아, 인간의 필요와 요구에 따라 이용되는 대상으로만 보고 있다.

세 교부들이 예리한 통찰력으로 제시하는 그리스도교의 관점으로 보면, 인류와 온 우주는 무한하시고 살아계신 하느님의 피조물이고 조화로움 속에서 함께 발전하도록 계획되어 있다. 인류와 물질세계는 이루 다 이해할 수 없는 가치와 중요성을 지닌다. 물질은 다른 어떤 존재가 아닌 바로 하느님에 의해 직접 창조되었다. 그것은 결코 창조주와 동등하지도, 그렇다고 창조주로부터 독립되어 존재하지도 않는다. 죄를 제외하고는 그 어떤 것도 하느님과 어울리지 않는 것은 없다. 성 바실리오스는 "피조물로 존재하는 그 어떤 것이 그 자체로

악하다면, 그것은 하느님의 피조물이 아니다. 왜냐하면 하느님께서 창조하신 모든 것은 좋은 것이고, 어떤 것도 거부되어서는 안 되기 때문이다"[62]라고 말했다. 성 크리소스토모스는 피조물을 비난하는 사람에 대해 이렇게 말했다. 그런 사람은 "어리석고 정신 나간 사람이다. 왜냐하면 피조물은 나쁜 것이 아니라 좋은 것이며, 하느님의 지혜와 권세 그리고 인류에 대한 그분의 사랑을 증거하기 때문이다."[63]

인류의 역사가 시작될 때, 인간은 자신의 자유를 이기적이고 자기중심적으로 사용했고, 그 결과 자연도 하느님으로부터 "소외되었다." 이러한 "소외"의 암운은 오늘날까지도 계속해서 자연의 작동 방식을 오염시킨다. 새로운 아담인 그리스도가 인간이 창조되었던 바로 그 물질을 취하셨을 때, 인간의 자유는 성화와 사랑의 일깨움으로 조정되었고, 이로써 자연은 본래의 목적과 힘을 다시 얻기 시작했다.

세 분 교부들은 항상 우리 구세주 그리스도가 인간의 몸을 수용하셨다는 사실로 되돌아간다. "말씀"은 "육신"이 되셨다. 어떤 정신이나 관념이 된 것도 아니고 또는 이슬람교의 꾸란처럼 하나의 책을 취한 것도 아니었다. 예수 그리스도는 육신을 변화시키셨다. 그분은 육신을 부활시키셨고, 그 육신을 지니고 사역을 수행하셨다. 그리스도교 신앙은 육신을 정신과 영혼이 해방되어야 할 감옥이라고 가르치지 않는다.

세 교부들의 가르침은 모든 형태의 모호한 관념주의나 현대의 무신론적 인본주의와는 정반대된다. 그 가르침은 인간의 본성, 즉 몸과

---

62) *Regulae Brevius Tractatae* 92, PG 31:1145C.
63) *To those who make accusations against God for not destroying the devil* … 3, PG 49:260.

영혼을 승화시키는 '말씀의 육화'에 근거한 것이다.[64] 교부들의 사상에는 자연과 하느님을 분리시키는 통과할 수 없는 중간지대나 초자연적인 것은 존재하지 않는다. 성 대 바실리오스의 정통 신학에서 제시되는 기본적인 구분은 '하느님의 본질'과 '하느님의 에너지' 사이의 구분이다. 여기에서부터 '창조된 것'과 '창조되지 않은 것' 사이의 구분이라는 정교회 사상이 발전한다. 온 우주는 하느님의 '성화시키는 에너지'와 그분의 '창조되지 않은 은총'이 관할하는 무대이다. 우주는 있는 그대로 유지되도록 창조된 것이 아니라 "되어감"을 위해 창조된 것이다. 그것은 역동적인 움직임의 상태에 있다. 그것은 에너지이다. 그것은 단순히 진화의 과정을 거쳐 변화하는 것이 아니다. 그것의 목표나 목적 혹은 미래는 이미 그 "안에" 존재한다. 하느님은 "그분의 작품들 안에 명확한 계획을 … 제시하셨다"[65]고 성 바실리오스는 말한다. 모든 피조세계는 변화를 향해 움직인다. 성 크리소스토모스는 모든 피조물이 "더 나은 형태로 변화하고 더 큰 영광을 향유할 것"[66]이라고 말한다.

세 교부들이 명확하게 표현하듯이, 교부들의 사상은 세상을 거부하지 않는다. 오히려 사람들로 하여금 세상을 위해 적극적으로 참여하고 노력하여 하느님의 창조적인 에너지를 확장시킬 것을 요구한다. 인도의 종교들을 비롯해서 어떤 종교들은 우리의 감각이나 자아가 인식하는 것은 모두 허상이라고 가르친다. 이런 종교들은 변화를 위해서가 아니라, 각 개인이 이 거짓 세상과 거리를 두게 하려고 진

---

64) "하느님으로서 그분은 수용하신 것과 함께 존재하셨다. 두 본성을 가진 하나의 위격(person), 육체와 영, 후자는 전자를 신화시켰다." Gregory of Nazianzus, *Orations* 45.9 ("Second Oration on Easter"), PG 36:633D (trans. NPF, 2d scr., vol. 7).
65) *The Hexaemeron* 3.10, PG 29:76CD (trans. NPF, 2d ser., vol. 8).
66) *On Anne* 1.2, PG 54:636.

력한다.

하지만 교부들은 인간과 피조세계 사이의 밀접한 관계를 강조하고, 우리 영혼의 성화뿐만 아니라 자연 전체의 성화에 대해서도 역설한다. 그리스도교인은 파괴자가 아니라 존중과 사랑으로 하느님의 모든 피조물 앞에 선다. 인간과 물리적인 세상의 조화는 사랑과 감사를 통해서 회복된다.

전례생활에서 교회는 "피조세계를 나타내기 위해" 물질적 재료들을 사용한다. 그리고 부활을 기념하고 지금 여기에 옮겨옴으로써, 이러한 재료들을 하느님의 은총을 통해 변모시킨다. 부활 사건의 최상의 표현인 신성한 감사의 성만찬 예배에서 교회는 빵과 포도주를 바치며 이렇게 기도한다: "그리스도의 몸과 피의 예비물들을 당신께 드리며 기도드리고 간청하오니, 지극히 거룩하신 이여, 당신의 선하신 은덕을 베푸시어 우리와 여기 놓인 이 선물들에 성령을 내리시고 축복하시고 거룩하게 하소서."[67] 이 제물을 통해서 피조세계 전체가 봉헌되고 승화되며, 동시에 인간과 자연의 조화로운 관계가 선포된다.

"온 세상을 가르치신" 세 스승들은 우주 전체가 그 우주의 중심인 인간과 함께 하나의 '감사의 성찬'으로 되도록, 즉 우리를 사랑하시는 하느님을 향한 사랑과 감사의 행위가 되도록 창조되었다는 것을 드러내어 알게 해준다.

---

67) 성 대 바실리오스 성찬예배, 봉헌기도문 중에서: '에피클레시스 기도문(성령 임재 기도)', 『성찬예배서』, 한국 정교회, 2003.

"선을 향한 변화"는 인간의 상승 가능성을 끊임없이 증대시킨다

위에서 언급된 변화는, 그 폭과 깊이에 있어서, 헤아릴 수 없이 찬란한 영광의 미래와 밀접하게 연결되어 있다. 그리스도교 계시를 믿는 자들로서 세 교부들은, 인간은 우주 안에서 점하는 위치가 아니라, 전지전능하시고 만물의 창조주이신 우리의 사랑이신 하느님과의 관계에 의해서 규정된다는 것을 역설한다. 인류의 참된 본성은 식물이나 동물처럼 단순히 "본성에 따라" 살아감으로써 완성되는 것이 아니다. 인간 본질의 완성은 "본성을 넘어서야" 도달할 수 있다. 그곳에 참된 본성이 놓여있다. 이 사실이 인간의 내적 역동성, 끊임없는 되어감의 과정을 결정한다. 하느님의 모습으로 창조된 인간에게는 본성적으로 하느님과 닮게 되려는 성향이 있다. "인간의 본질적이고 유일한 임무는 자신이 닮은 그것을 어떻게든 항상 바라보기 위해 위로 향해 올라가서 하느님과 하나가 되는 것이라는 사실,"[68] 이것이야말로 인간의 영예라고 성 그레고리오스는 말한다. "위를 향해" 전진하는 것, 그것이야말로 인간의 '엔텔레키아 εντελεχεια' (참된 현실성)이고, 자신의 고유한 본성을 현실화하고 완성하는 것이다.

인간의 본성과 우리가 행하도록 요구받고 있는 소명 사이에는 분명히 상관관계가 있다. 우리 인생의 임무는 "우리 앞에 놓여있는 것을 향해 노력하는 것"[69]이다. 성 그레고리오스는 인간을 "여기서 수련 받고 다른 곳으로 옮겨가는 … 하느님을 향하는 성향을 통해 신화神化되는 … 살아있는 피조물"[70]이라고 정의 내린다. 세 교부들은 인

---

[68] *Ethical Verses* 10.63-65, PG 37:685.
[69] Gregory of Nazianzus, *Orations* 19.7 ("On Julian"), PG 35:1052A.
[70] *Orations* 45.7 ("Second Oration on Easter"), PG 36:632B (trans. NPF, 2d ser., vol. 7).

간을 그 외적인 차원으로 국한시키거나 우주 역사의 한 미미한 사건으로 보는 것을 거부한다. 우리의 목표는 "하느님과 친교하여 인간의 본성이 도달할 수 있는 가장 순수한 빛과 연결되는 것이다."[71]

그들은 매우 놀라운 방법으로 인간의 형용할 수 없는 능력을 묘사하고 변화의 강력한 비전을 제시한다. 그들은 현재뿐만 아니라 영원의 차원으로 끝없이 확장되는 인간 능력을 언급한다. 여기에서 우리는 실용적인 것에 머무르려는 인간 정신을 끊임없이 뒤흔들어 일깨운, 자유와 사랑의 가장 영광스러운 전망을 갖는다. 이 점이 바로 교부들이 인류의 미래에 대해 최고의 자신감과 낙관적인 태도를 갖게 한 것이다.

"온 세상의 스승들"이신 세 교부들은, 놀랍고도 형언할 수 없는 이 발전의 여정을 출발할 준비가 되어있다는 사실을 우리 모든 신자들에게 일깨워주려 함으로써, 인간 존재의 이 심오한 의미를 끊임없이 밝히 드러내려 했던 것이다.

이 여정을 시작하라는 요청은 특별한 재능이나 능력이 있는 사람들뿐만 아니라 예외 없이 모든 사람을 향한 것이다. 하느님의 형상을 지닌 존재로서 모든 사람은 예외 없이 "하느님을 닮는다." 성 그레고리오스에 따르면, 우리 모두는 "우리 자신 안에 하느님을 담을 수 있는 능력을 지니고 있고,"[72] 우리 모두는 "정화를 위해, 상승을 위해, 우리 앞에 놓인 것을 향해 분투하고 있다."[73] 이것은 플라톤이나 영지주의자들의 엘리트주의 개념들과 분명한 차이가 있다. 우리가 모두 똑같은 부르심을 받았음에도 불구하고, 신화를 향한 상승의 길은

---

71) Gregory of Nazianzus, *Orations* 21.2 ("On the Great Athanasius"), PG 35:1084B (trans. NPF, 2d ser., vol. 7).
72) *Orations* 30.6 ("Fourth Theological Oration"), PG 36:112B.
73) Gregory of Nazianzus, *Orations* 19.7 ("On Julian"), PG 35:1052A.

모든 사람에게 같지 않다.[74]

사실 선을 향한 변화는 이미 시작되었다. 그것은 말씀의 육화의 결실이고, 십자가와 부활의 결과이다. 그것은 부활의 현실이다. 누구도 그 변화에 대해 우쭐할 수 없다. 그것은 선물이기 때문이다. 그렇기 때문에 이런 현실을 더 많이 깨달으며 발전해 나갈수록, 긍정적인 변화를 향해 더욱 전진해 갈수록, 신자들은 더욱 겸손해지고 자유로워지고, 더욱더 부활의 현실의 한 부분이 되어간다. 그들은 하느님의 권세와 은총을 통해서 자신들이 발전하고 있음을 알게 된다. 우리 자신을 인도해주시도록 "성자의 이름들"을 부름으로써, "우리를 위해 높은 곳에서 내려오신 그분을 위해, 아래로부터 상승하여 신이 되라"[75]는 성 그레고리오스의 기원처럼, 신자들은 의식적으로 상승해 간다.

하느님께로 "돌아서고" 그분과 같아지는 과정은 이런 생활 속에서 시작한다. 우리의 목표는 "하느님과 가까워지고 하느님을 향해 상승하여, 하느님께 도달하고 언제까지나 하느님의 소유가 되는 것이다."[76] 그런 변화는 일회성으로 발생하는 것이 아니다. 그것은 하나의 속죄에서 또 다른 속죄로, 하나의 회개에서 또 다른 회개로, 하나의 깨달음에서 또 다른 깨달음으로, 하나의 영광의 순간에서 또 다른 영광의 순간으로 이어지는 위로 향한 발전이며 지속적인 변화 과정이다. 그것은 성령 안에서 지속적으로 새로워지는 역동적인 움직임

---

74) "덕으로 가는 하나의 길이 있을 뿐만 아니라, 또한 하늘에 있는 집에는 많은 방들이 있기도 하다." Gregory of Nazianzus, *Orations* 32.33 ("On Proper Conduct in Discussions"), PG 36:212B.
75) *Orations* 30.21 ("Fourth Theological Oration"), PG 36:133A (trans. NPF, 2d ser., vol. 7).
76) Gregory of Nazianzus, *Letters* 212 ("To Sacerdos"), PG 37:349A.
77) 하나의 영속적이고 끝이 없는 "하느님을 향한 상승". "상승과 신화"에는 한계가 없다. Gregory of Nazianzus, *Orations* 4.71 ("Against Julian"), PG 35:593B.

을 포함한다.[77]

이러한 상승은 하느님의 에너지에 지속적으로 참여함으로써 가능하다. 하느님의 본질은 인간이 도달할 수 없는 영역 안에 머문다. 인간은 "하느님의 본질"에 참여하는 것이 아니라, 상승하여 그분의 거룩한 에너지의 영화로운 빛으로 "신화"神化되는 것이다. 우리가 "신화"라고 부르는 것은 하느님의 본질이 아니라 에너지에 참여하는 것이다.

교부들은 이것이 보통의 상식으로는 이해할 수 없는 것임을 잘 알고 있다. 하지만 바로 이것이야말로 영혼이 믿음의 내적인 빛을 통해서, 세상의 지혜가 정한 경계 안에 갇히는 것이 얼마나 "어리석은" 것인지를 깨닫게 되는 지점이다. 세 분의 세계적인 교부들은 인류의 문명이 이룩한 것을 무시하지 않았다. 그들은 예언자적 통찰력과 성경의 계시를 통해서 그리스 문화유산의 많은 장벽과 딜레마를 넘어서고 소화하여 새로운 융합을 제시했다.

세상의 지혜가 인간은 세속적인 한계 즉 그 엄청난 넓이에도 불구하고 좁고 무력한 상태로 남아있는 그 한계 안에 있어야 한다고 주장할 때, 교부들은 그 지혜를 오히려 "어리석은 것"으로 여겼다. 인간의 이성은 인간 신비의 단지 한 부분이라는 것을 깨달을 때 비로소 지혜는 그 "어리석음"의 단계를 뛰어넘을 수 있다. 세상의 지혜가 완전해지려면, 말씀과 친숙해져야 한다.

물론, 이 모든 사상과 희망이 솟아나오는 그리스도교의 교리를 받아들이지 않는 사람이 있을 수 있다. 그렇지만 그 교리가 인류의 미래에 영광스러운 전망을 열어주었고, 우리 삶의 의미와 목적을 최고의 단계까지 확장시켰다는 것은 의심의 여지가 없다. 사랑과 자유의 하느님을 향한 이 상승은, 빛과 내적인 힘을 낳음으로써, 개인적으로 또 사회적으로 여러 가지 깊은 함축을 가지는, 생명을 향한 적극적이고 책임감 있는 태도를 가져온다.

＊＊＊

"더 좋은 것으로의 변화"에 대한 세 분 세계적인 교부들의 증언은, 인간에 대한 그 어떤 비전보다 더 대담하고 훌륭하게, 인간의 능력과 가망성에 대한 역동적인 이해를 드러낸다. 그것을 종교적 비전이라고 볼 수도 있겠으나 실은 그 이상의 것이다. 앞의 언급이 보여주듯이, 그것은 개인적이며 사회적인 것이다. 종교의 기여는 언뜻 보기엔 불가능해 보이는 것을 극복하고자 하는 전망과 희망을 통해서, 인간 정신의 가정된 한계를 돌파하고 우리의 의지를 강화시키며 우리의 투쟁을 북돋는 그 능력에 있다.

세 교부들은 심오하고 역동적인 사회적 변화를 가져오는 데 중요한 역할을 했고, 급진적인 개혁에 대한 그들의 사상은 오늘날에도 유효할 만큼 대담하다. 그들은 과거에 대한 깊은 이해와 미래에 대한 예언적 통찰력을 가졌고, 시간을 초월해서 시대의 관습을 벗어나서 살았다. 그들은 사회 참여와 창조적인 고독을, "거룩한 어둠"의 교리와 명확한 도덕적 기준을, 세상의 지혜와 이에 대한 초월을 조화롭게 하였고, 십자가의 수용과 부활의 기쁨을 통해서 그 모든 것을 화합시켰다. 그들은 독창성과 추진력을 겸비했다. 그들은 자신들의 개인적인 성화를 위해 노력하면서도, 인류 전체와 인간 본성 전체에 밀접하게 연결되어 있었다. 그들은 자신들 안에 모든 것을 포함시켜서 부활의 빛으로 감쌌다.

그들은 지금 여기와 상당히 연관되어 있다. 엄격한 사고와 진실한 생활로, 그들은 모든 인류가 근본적인 변화를 향해 나아가도록 부류

받고 있다는 사실을 꿋꿋하게 지적한다. 그 변화는 단지 외적이거나 표면적이지 않은, 우리의 참된 실존적 본질에 있어서의 변화이고 그래서 피조세계 전체를 변모시킬 수 있는 변화이다. 그것은 우주의 조화에 대한 심오한 인식과 함께 발생하는 변화이다. 그것은 신화를 목표로 하는 변화이다.

이 세 교부들은 과거에만 속하지 않고 계속해서 교회의 삶에 참여한다. 그들은 매우 현대적이고 시간을 초월한 존재들이며, 교회 사상에 꾸준히 영향을 주고 있다. 모든 다른 성인들과 함께, 그들은 교회의 살아있는 기둥이다. 성인들은 예배 시간에 교회의 성사들을 통해서 계속해서 활동한다. 성사에서 그들의 존재와 감화는, 감히 비유를 들어 말하건대 우리의 잘못과 부족함과 모순으로 인해 축적되고 인간의 연약함과 추악함에 의해 양산된 쓰레기들을 생물학적으로 정화하듯, 우리를 성화시킨다.

정교회는 역동적이고 지속적인 갱신에 관한 세 분 교부들의 증언으로 살아왔고 계속해서 살 것이다. 정교회는 "더 좋은 것으로의 변화"를 향한 이 여정을 도덕적 엄격함으로 가득 찬 율법주의적 강제로서가 아니라, 십자가에 달리시고 부활하신 우리의 인도자 그리스도와 함께 우리 삶의 "억압적이고 암담한" 이집트로부터 찬란하게 탈출했음을 경축하는 하나의 축제로 경험한다.

신학자 성 그레고리오스는 오늘날까지도 우리 각자와 우리 교회와 그리고 모든 사람에게 "당신이 이와 같이 생각하고 행동한다면, 당신이 이 모든 것의 이유를 이해한다면, 하늘과 지상과 그 밖의 모든 것이 새로워질 것"[78]이라고 말한다.

---

78) *Orations* 44.9 ("The New Sunday"), PG 36:617A.

이 부활의 빛은 정교인의 마음과 감각과 의식에 스며든다. 부활에 대한 이 찬양은 우리의 적극적인 참여를 고양시킨다. 부활의 이 비전은 우리가 이룩하도록 요청받은 소명의 광대함으로 우리의 꿈과 상상력을 채운다.

7장

세계화와 종교 경험

* 이 논문은 원래 1998년 5월 20일 아테네 대학 안의 정치행정학과, 법과 대학, 정치경제학과, 그리고 철학대학의 모든 학과들이 공동으로 필자에게 부여한 명예박사 수여식에서 발표한 내용이다.

1) 다음을 참고하시오. S. Gill and D. Law, *The Global Political Economy: Perspective, Problems and Policies* (Baltimore, 1988 ; E. Luard, *The Globalization of Politics* (London, 1990) ; M. Featherstone, ed,, *Global Culture, Nationalism, Globalization and Modernity* (London, 1990) ; M. Featherstone, *Undoing Culture: Globalization, Postmodernity and Identity* (London, 1995) ; R, Robertson, *Globalization: Social Theory and Global Culture* (London, 1992) ; E.B. Kapstein, *Governing the Global Economy: International Finance and the State* (Cambridge, MA, 1994) ; M. Shaw, *Global Society and International Relations* (Cambridge, 1994) ; M. Waters, *Globalization* (London, 1995) ; D. Held, *Democracy and the Global Order: From the Modern State to Cosmopolitan Governance* (Cambridge, 1995) ; E. Hobsbawm, *Age of Extremes: The Short Twentieth Century, 1914-1991* (London, 1995) ; C.W. Kegley, Jr. and E.R. Wittkopf, *The Global Agenda: Issues and Perspective* (New York, 1995) ; D.C. Korten, *When Corporations Rule the World* (London, 1995) ; B. Axford, *The Global System: Economics, Politics and Culture* (Cambridge, 1995) ; K.C. Abraham, "Globalization: A Gospel and Culture Perspective," *International Review of Mission* 85 (1996): 85-92 ; J. Adda, *La mondialisation de l'économie*, 2 vols. (Paris, 1996) ; W. Andreff, *Les multinationales globales* (Paris, 1996) ; H. Henderson, *Building a Win-Win World: Life Beyond Economic Warfare* (San Francisco, 1996) ; P. Hirst and G. Thompson, *Globalization in Question* (Cambridge, 1996) ; H. Mowlana, *Global Communication in Transition: The End of Diversity?* (Thousand Oaks, CA, and London, 1996) ; M. Patterson, *Global Warming and Global Politics* (London, 1996) ; S.Amin, *Capitalism in the Age of Globalization* (London, 1997) ; Baylis and S. Smith, eds., *The Globalization of Politics: An Introduction to International Relations* (New York, 1997) ; M. Castells, *The Information Age: Economy, Society and Culture* (Oxford and Maldon, 1997) ; U. Beck, *Was ist Globalisierung? Irrtümer des Globalismus - Antworten auf Globalisierung* (Frankfrut, 1997) ; Clark, *Globalization and Fragmentation: International Relations in the Twentieth Century* (Oxford and New York, 1997) ; S. Gill, ed., *Globalization, Democratization and Multilateralism* (Tokyo, 1997) ; A. Hoogvelt, *Globalization and the Postcolonial World: The New Political Economy of Development* (London, 1997) ; K. Raiser, "Oikumene and Globalization," *Echoes* 12 (Geneva, 1997): 3-4, 그리고 같은 주제에 대해 다음을 보라. H. Mousson and P. Taran, "Globalization and the Social Clause Debate," and L. Boff, "A New Alliance between Humankind and Nature" ; J.M. Rao, *Globalization: A View from the South*, Employment Papers 8 (Geneva, 1997) ; M. Albow, *The Global Age: State and Society beyond Modernity* (Stanford, 1997) ; E.B. Albanes, *Globalization* (in Greek) (Athens, 1998), 317-39의 참고문헌을 보라 ; Fu-Chen Lo and Yue-Man Yeung, eds., *Globalization and the World of Large Cities* (Tokyo, New York, and Paris, 1998) ; D. Haralambes, *Democracy and Globalization* (in Greek) (Athens, 1998), 참고문헌은 337-78을 보라. 그밖에 더 많은 참고문헌을 보려면 각주 2, 3, 6, 8을 보라.

세상 모든 사람들과 국가들이 언젠가는 화합하여 서로 잘 알게 되고 더불어 이롭게 살 수 있을 거라는 생각은 과거에는 멋진 꿈이었다. 금세기에 이 꿈은 의식적인 목표가 되었다. 하지만 아주 최근에 와서는 그것이 분명한 악몽으로 바뀔 위험에 처해 있는 것 같다. 그런 현상을 어떻게 묘사하든, 그것은 여러 요인들의 결합으로 나날이 가속화되고 있고 그래서 그 최종적인 결과를 예측하기 힘든 상태에 도달했다.

'세계화' globalization라는 말은 특별한 의미를 얻었고, 두 번째 천 년의 마지막 분기를 특징짓는 전개나 경향을 요약하는 데 사용되고 있다. 특히 경제 분야에서 이 말은, 여러 나라의 경제가 몇 개의 지리적 중심지에 전 세계의 생산, 무역, 정보를 집중시키는 하나의 세계적인 경제체제로 완전히 통합되는 과정을 가리킨다. 국제화로 이어지는 과정은 전 세계의 사회들이 서로 의존하는 정도를 더 확대시켰다.

이 문제에 대해서 최근에 많은 저서와 논문들이 발표되었고, 현재 여러 가지 측면에서 논의가 진행 중이다.[1] 나는 여기에서 종교적 삶이 영위되는 이 시대의 새로운 상황과 그 특징들에 대해 논의하고자 한다.

세계화와 그 결과들

세계화에 기여하는 요소들

　세계화를 가속화시킨 가장 중요한 요소는 기술의 급격한 발전, 특히 생산, 통신, 교육, 오락 등의 분야에서 광범위한 변화를 이끈 전자 분야에서의 혁명이었다. 이러한 변화는 영리만을 추구하는 이익단체들과 비인간적이고 국제적인 경제활동의 확대를 재촉했고, 그로 인한 필연적인 결과는 집중화였다.

　두 번째 요소는 예전 소비에트 연방 국가들에 존재했던 사상과 열망과 사회 구조가 붕괴했다는 것, 이와 더불어 그들의 경제체제는 분열되고 자본주의가 유일한 대안으로 부상했다는 점이다.

　세 번째로, 강대국들과 국제기구들의 행동과 결정들은 세계화가 결국 독립적으로 발전하는 현상이 아니라 경제 강대국들의 정치 이데올로기와 정책이 되었음을 잘 보여준다.

　경제, 기술, 정보체제의 주요 영역에서 발생한 이 변화의 속도는 종종 사람들을 어리둥절하게 했고 우려를 불러일으켰다. 국가들을 화합시켜 세계적 차원에서 서로 협력하게 하려했던 초기의 노력은 이로워 보였지만, 온 지구를 비옥하게 할 단비처럼 보였던 그 비는 이제 폭우와 홍수로 변하여 지구 곳곳을 휩쓸어버릴 기세이다.

　다양한 정도로 긍정적, 부정적 영향을 준 많은 기관들은 세계화 과정에서 주도적인 역할을 했다. 그 예로, 첫째, 상품과 정보의 생산 유통을 장악한 수백 개의 다국적 기업들이 있고, 둘째로 여러 국가들이 서로 협력할 수 있게 한 북미자유무역협정 NAFTA, 동남아국가연합 ASEAN과 같은 조직들이 있고, 셋째로 전 세계적 차원에서 운영되는 비정부기관들이 있고, 넷째로 조정역할을 하는 국제통화기금 IMF과 세계은행 World Bank과 같은 세계 경제 기구들이 있다.

진보와 발전에 관한 일반적인 생각은 서구의 모델에 근거를 두었고 무엇보다도 거대 도시 안에서 진화했다. 위성 텔레비전을 비롯한 여러 가지 정보 미디어는, 이 권력 중심에서 형성된, 오로지 자기만을 이롭게 하려는 목표를 가진 현대적 삶의 모형들을 전 세계 사람들에게 끊임없이 불어넣고 있다.

미국의 크루그만이 쓴 『대중적 국제주의』의 경우와 같이, 많은 분석들이 이런 현상의 중립성과 긍정적인 측면들을 옹호했다.[2] 하지만 프랑스의 토드와 같은 사람들은 세계화 현상을 비판한다. "'세계화'라 불리는 추상적인 원칙이 있어서, 그것이 모든 국가에 '외부로부터' 작용한다는 가정은 아무런 근거가 없다. 그것은 단지 정치적, 문화적 엘리트들의 무력감이 낳은 허상이고 날조일 뿐이다."[3]

근본적인 변화들

세계화로 알려진 과정이 사람들의 생활에 근본적인 변화를 가져오고 있다는 것은 사실이다. 거기에는 부정적인 변화뿐만 아니라 너무나 당연해서 쉽게 지나쳐 버릴 수 있는 긍정적인 변화도 포함된다.

긍정적인 변화로는 다음과 같은 사항들이 있다. a) 기술과 과학의 급속한 진보와 발전, b) 상품과 새로운 발견의 신속한 전달, c) 전 세

---

2) P. Krugmann, *Pop Internationalism* (1996). 『세계화는 무죄다』라는 프랑스어 제목은 매우 시사적이다: *La mondialisation n'est pas coupable. Vertus et limite du libre échange* (Paris, 1998).
3) E. Todd, *L'illusion économique. Essai sur la stagnation des sociétés développées* (Paris, 1998), 297.

계 사람들이 첨단의 전화망, 인터넷, 위성 텔레비전, 현대의 교통수단 등을 통해 거리를 초월하여 매우 쉽게 소통할 수 있게 되었다는 것, d) 전 세계 많은 질병과의 싸움, e) 문맹률의 감소, f) 여성과 청년의 위치와 중요성과 역할에 대한 인식, g) 최소한 이론적으로나마 자유와 인간의 기본권을 보호하려는 사상체계, h) 민주주의 원칙과 체제에 대한 장려와 강화, i) 부상하고 있는 새로운 세계에 더욱더 많은 사람들을 참여할 수 있게 하는 여러 형태의 국가 간 상호 원조와 지원.

일반적으로 세계화는 이전에는 존재하지도 않았고 상상조차도 할 수 없었던 기회들을 찾아서 이용할 수 있는 능력을 개인과 온 민족들에게 부여함으로써 인류의 발전에 놀라운 기여를 했다.

하지만 이와 동시에 세계화의 부정적 결과들이 점점 더 빠르게 노출되고 있다.

- 세계 여러 국가들을 분열시키는 격차가 더 커지고 있다. 부유한 나라들은 더욱 부유해지는 반면, 가난한 나라들은 더욱 가난해져 거대한 대외 부채에 휘청거리고 있다. 게다가, 특권층과 빈민층이라는 국민 간의 갈등이 모든 나라에서 발생하고 있다. "선진국 인구 20퍼센트만이 자유무역으로 이득을 보고 있다."[4]
- 수적으로는 적지만 경제적으로는 엄청난 영향력을 지닌 강력한 소수집단들이 모든 나라에서 형성되고 있고, 이 소수집단들은 대체로 자신들의 이익만을 추구하려 하고 있다. 이러한 사회적 특권층

---

[4] Ibid. 선진국 인구는 지구 인구의 약 20%를 차지하지만, 전 세계 소득의 80% 이상을 차지하고 있다. 그리고 유럽 연합에서 가난한 사람들은 5천만이 넘는다. Ign. Romonet, *Geopolitics of Chaos*, English trans. A. Lyn Secara (New York, 1998), 6.

밖에 있는 개인이나 집단들은 이 소수집단에 자신들의 생활 방식을 맞추려고 노력한다.
- 수백만 명의 사람들은 소외되어 극빈 상태에서 살아야 할 처지에 놓였다. 이와 동시에 지적, 사회적 시스템을 통해 스스로 안정을 도모할 수 있는 지역 사회의 능력은 현저하게 붕괴되고 있다.
- 우리는 부유한 나라에 쇄도하는 이민자들과 경제적 난민들과 함께, 노동 시장의 새로운 큰 변화를 목격하고 있다. 실업률 증가는 심각한 위협이 되고 있고, 외국인 혐오와 인종차별은 여러 나라에서 위험스런 상태에 이르렀다.
- 자연 자원에 대한 부주의하고 무모한 착취에 기반을 둔 지속적인 상품 개발과 소비 행태는 온 지구를 생태적 재난 상태에 이르게 하고 있다.
- 최첨단 기술을 이용한 범죄와 부패는 세계적 차원에서 통제하기 힘들 정도로 증가했다. 이 강력한 소용돌이의 영향 하에 놓인 많은 사람들, 특히 젊은이들은 폭력과 자포자기와 마약에 의존해서 돌파구를 찾으려 한다. 인간의 가치에 관한 우리의 많은 선언에도 불구하고, 사람의 생명에 대한 경시는 여전히 지배적이다.

심각한 위선은 세계 기구들의 일반적인 선언이나 이론적 원칙들을 지구 곳곳에서 일어나는 실제 상황과 분리시킨다. 크리스토스 야나라스가 설득력 있게 표현하고 있듯이, 우리에게는 "'자유 시장', 그리고 신성불가침으로 여겨지는 자유시장의 통제적 요구들, 그리고 너무도 편리하고 마치 종교처럼 되어버려서 비인간적이고 '거룩한 척하는' 바리사이파적인 목적들과 쉽게 조화되는 편리한 형태의 개인의 권리들이 존재한다."[5]
- 정치적 영역에 대해 말하면, 많은 민주적 단체들은 침식되고 있고,

그 세력과 권위와 효율성은 약화되었다. 각국의 정부는 경제 정책에 대한 완전한 통제권을 가지지 못하고, 다른 국제기관의 지시나 세계적인 흐름을 따라야 한다. 시장 경제의 승리와 함께, 두 가지 가능성이 부상한다. 제라르드 라파이가 지적하듯이, "한편으로는 비즈니스에 의해 장려되고 교통 통신 비용의 감소로 인해 보다 쉬워진 세계화의 과정이 존재한다. 하지만 또 한편으로는 지역적 기반 위에서 조직되길 원하고, 자기들의 영토에 헌신적인 민족들이 계속 존재하게 될 것인가 하는 질문도 존재한다."[6]

냉전의 종말은 세계 평화를 가져오지 않았다. 약 50개의 전쟁이 발생했고, 그 중 40여 개는 아직도 진행 중이다. 부트로스-갈리 Boutros Boutros-Ghali에 따르면, "선진국도 아니고 개발도상국도 아니고 변화의 단계에 있는 것도 아닌 네 번째에 속하는 국가들이라는 새로운 범주가 탄생했다. 그들은 내전을 하고 있거나, 수년간 지속된 전쟁 후의 과도기에 있다." 전 유엔 사무총장은 "지구를 괴롭히는 실제 문제들은 글로벌 차원에서만 해결될 수 있다"고 결론 내린다.[7] 그런 문제들에는 해상권, 기후 변화, 해양자원, 새로운 생화학 무기, 수백만 명의 이민자 문제들이 포함된다.

세계화는 분명 자신들이 만든 문화가 최선이라고 여기는 사람들의 문화 침략과 결부되어 있다. 이 전체적인 시스템의 기원과 그 기준들 그리고 그것이 작동하는 방식은 모두, 이윤의 끊임없는 흐름에서 그

---

5) Christos Yiannaras, *Culture: The Central Problem of Politics* (in Greek) (Athens, 1997), 27.
6) G.J. Lafay, *Comprendre la Mondialisation* (Paris, 1997), 7-8.
7) D. Dhombres, "The Big Problems Can Only Be Solved on a Global Level," *Le Monde and To Vima* (May 10, 1998).

역동성을 끌어내는 서구 자본주의와 자유 경제 논리에 기반을 두고 있다. 세계화는 단순히 경제적 과정이 아니다. 그것은 한 사상체계의 침략인데, 이 사상체계는 직접적으로 혹은 간접적으로 개개의 민족과 나라의 독특한 개성을 무시하거나 파괴하고, 우정, 정직, 자제와 같은 가치를 무시하거나 완전히 해체해버리며, 인간관계를 파괴하는 소비주의와 끝없는 이윤 추구를 모델로 전면에 내세운다.

필립 모로 드파르즈는 자신의 최근 저서 『세계화』에서 이렇게 결론 내린다. "세계화는 인류에게 두 가지 극단적인 길을 제시한다. 그것은 사람들에게 지구라는 감옥 안에 갇혀 있다는 느낌을 줄 수도 있고, … 혹은 인류가 하나라는 의식을 갖게 할 수도 있다. … 세계화는 인류의 목적도, 인간 역사의 목적도 아니다. 그것은 단지 기술적 발전의 부산물일 뿐이다. 인류가 갑자기 두 가지 무한대, 즉 원자가 무한히 작다는 것과 별들의 세계가 무한히 크다는 것을 발견하게 된 순간에, 세계화가 하나의 현실이 된 것은 결코 우연이 아니다."[8]

20세기 말의 종교

무한에 다가가려는 분투는 종교 경험의 가장 전형적인 특징이다. 이러한 종류의 경험, 그리고 더 나아가 시간과 공간에서 그것을 경험하는 종교는 윤리, 논리, 정신 작용, 사회 등과 같은 것들의 부수적 현상이 아니다. 그것은 거룩함, 신성함과 같이 특별히 자신에게 속해 있는 어떤 것을 주되고 일차적인 준거로 삼는 독립적인 사건이다. 종

---

[8] Philippe Moreau Defarges, *La mondialisation* (Paris, 1997), 124-25

교는 신성한 존재 앞에서 느끼는 경외심에서 출발하여, 인간과 거룩한 존재 사이의 경험적 관계, 즉 개인적인 만남에서 절정을 이룬다. 그것은 지성, 감정, 의지, 의식, 잠재의식 등이 함께 작용하는 만남이다. 인간은 무한한 것을 향하는 타고난 성향과 본능을 지닌다. 인간은 감각으로 느낄 수 있는 한계 너머 저편의 영원을 향함으로써 자기 존재의 지속적인 "확장"을 경험한다. 종교 경험은 이런 차원에서 이루어진다. 그것은 접신과 같은 원시 종교 현상에서도 포착되고, 자신의 실존을 초월함으로써 절정에 이르는 신비적이고 영적인 고양의 상태, 혹은 "한 차원의 영광에서 다른 차원의 영광으로의" 존재론적 변화, 하느님과의 사랑의 친교에 이를 수도 있다.[9]

주요 종교들은 모두 세계적 전망을 가진다

주요 종교들은 대체로 세계적 전망들을 제공한다.[10] 모든 종교는 더 많은 지역에 자신의 신앙을 전파하여 정신적, 문화적 세계화를 이루려고 한다. 이것은 먼저 불교에서, 그 후에는 그리스도교에서, 그리고 그 다음에는 이슬람교에서 발생했다. 이런 종교들이 오늘날의 영향력을 갖게 된 것은 과거의 노력 덕분이다. 그러나 종교적 진리의 상대성과 다원주의를 강조하는 힌두교의 여러 종파들은 외부로 확장하려는 열망에 이끌리지 않았다. 중국에서 번성한 종교들은 각자 고유의 길을 따랐다. 대립하던 노자 사상과 절충한 유교가 오래 전에

---

9) A. Yannoulatos, "Religion" (in Greek) in *The Religions*, EEE 21 (1992), 172-75.
10) 종교적 주제와 관련된 가장 권위 있는 연구를 참조하려면 다음을 보라. M. Eliade, ed., *The Encyclopaedia of Religion*, 16 vols. (New York, 1987). 가장 최근의 연구들로는 다음을 참고하라. N. Smart, *The World's Religions: Old Traditions and Modern Transformations* (Melbourne, 1989 ; reprint 1997) ; M. Malherbe, *Les religions de l'humanité*, 2d ed. (Paris, 1992) ; J. Bower, ed., *The Oxford Dictionary of World Religions* (Oxford, 1997).

채택되었고, 대승불교의 주요 사상들도 동화되어 발전되었다.[11] 현 세기 세계 인구의 5분의 1을 차지하는 중국 사람들은 모택동이 제시하고 그 후계자들이 수정한 마르크시즘을 수용했다.

종교의 세계적 비전과 현대의 세계화의 근본적인 차이는 종교는 언제나 그 자신의 교리적 진리들과 행동 원리들을 제시할 때 보편성을 추구해왔다는 점이다. 어쨌든 간에 모든 종교는 연민, 자비, 자선, 절제, 정의의 필요성을 강조한다. 유일신을 믿는 종교들에게 인간과 사회 문제를 다루는 확고한 기준점은 우주를 다스리는 창조주, 살아있는 하느님에 대한 변함없는 믿음이다.

종교는 사람들과 나라들이 화합하는 데 도움을 주었지만, 종종 끔찍한 충돌과 회복할 수 없는 분열의 원인이 되기도 했고, 철벽같은 문화적 경계선을 만들어 놓고 세계가 화합의 공생으로 향하는 것을 방해하기도 했다. 여러 나라에서 종교들이 여러 정치 세력들과 협력하여 오만함과 공격성을 보인 경우도 적지 않았다.

종교적 다양성의 지속

역사상 여러 시대에 걸쳐 몇몇 종교 중심지에서는, 모든 사람에게 하나의 종교를 강제함으로써 하나의 세계적인 사회 공동체가 존재하게 되리라는 신념을 발전시켰다. 이를 위해 그들은 문자와 말, 구호 사업 등 모든 수단을 동원하고 이용했으며, 때로는 동일한 열정으로 폭력이나 전쟁에 의존하기도 했다. 물론 이 모든 행동들은 그것이 모

---

11) 개론서로는 다음을 보라. A. Yannoulatos, "Buddhism," "Hinduism," and "Islam" (all in Greek) in *The Religions*, EEE 21 (1992). 참고. idem: "Confucius" (in Greek), EEE 5 (1982), 9-10 ; and "Lao-Tzu" (in Greek), ibid., 177.

든 사람에게 이로운 것이라는 믿음 혹은 구실 하에 행해졌다.

오늘날에는 어떤 종교학자도 그런 정책이 성공할 것이라고 주장하지 않을 것이다. 종교적 다원주의는 이론의 여지가 없는 사실이다. 1991년에 54억 8001만의 세계 인구를 근거로 분석한 한 통계 자료에 따르면, 그리스도교인 33.4퍼센트(1,833,022,000명), 무슬림 17.7퍼센트(971,328,700명), 종교가 없는 사람들 16퍼센트(876,232,000명), 힌두교 13.4퍼센트(732,812,000명), 불교도 5.7퍼센트(314,939,000명), 무신론자 4.4퍼센트(240,310,000명), 중국의 전통 종교 신자 3.4퍼센트(187,107,000명), 신흥 종교 신자 2.6퍼센트(143,415,000명), 부족의 전통 종교 신자 1.8퍼센트(96,531,000명), 그리고 시크교, 유대교, 샤머니즘, 유교, 바하이교, 자이나교, 신토교 등과 같은 종교 신자들은 세계 인구의 0.3퍼센트 이하를 차지한다.[12]

여러 나라에서, 특히 거의 모든 대륙에 존재하는 새로운 거대도시

---

12) I.S. Markham, ed., *A World Religious Reader* (Oxford, 1996 ; reprint 1997), 356-57. 이러한 수치는 유엔이 발표한 *World Population Prospects 1990* (New York, 1991)과, D.B. Barrett의 *World Christian Encyclopaedia-A Comparative Study of Churches and Religions in the Modern World, AD 1900-2000* (Nairobi, 1982)에 근거한 것이다. 이러한 계산은 1991년과 최근 자료에 근거한 것이다. 여러 가지 이유로, 종교에 관한 통계는 추정치로 간주되어야 한다. 예를 들어, 그리스도교인의 숫자는 세례를 받은 사람의 숫자에 근거한 것이고, 이슬람교도의 숫자는 이슬람 국가의 전체 인구에 근거한 것이다. 불가지론자들이나 무신론자들의 숫자는 무신론이 지배적인 [중국과 같은] 국가들의 인구와 상관이 있다. 또 다른 통계에 따르면, 1995년에 그리스도교인 14억 7천만, 이슬람교도 9억 천만, 힌두교도 7억 2천만, 불교도 3억 3천만, 토속신앙 2억 8천, 불가지론과 무신론자 1억 2천만이다. V. Odon, *Les Religions dans le Monde*, (Paris, 1995), 14. D.C. Barrett 저서의 6페이지에서 면밀한 분석을 통해 세계 6,259,642,000 기준으로 2000년의 종교 인구 분포를 다음과 같이 예상한다.

그리스도교	2,019,921,366	32.3%
무슬림	1,200,653,040	19.2%
무교	1,071,888,370	17.1%
힌두교	859,252,260	13.7%
불교	359,092,100	5.7%
무신론	262,447,550	4.2%
중국 전통 종교	158,470,644	2.5%
신흥종교	138,263,800	2.2%
부족 신앙	100,535,850	1.6%

들에서 나타나고 있는 대규모 이민자들의 유입은 그 지역과 사회에 새로운 많은 종교 공동체들을 들여왔다. 그리스도교인은 270개 나라에 존재하고, 종교가 없는 사람들은 236개 나라, 바하이교는 220개 나라, 무슬림은 184개 나라, 무신론자는 139개 나라, 유대교인들은 134개 나라, 부족 종교인들은 104개 나라에 존재한다. 나머지 종교 신자들은 각각 100개 이하의 나라에 존재한다. 이러한 통계 자료는 오늘날 존재하는 종교의 다양성을 잘 보여주고 있다.

20세기 한때 특별히 공산주의 이데올로기의 승리에 힘입어서, 종교를 적극적으로 근절하거나 완전히 거부함으로써 "종교적" 집중과 획일화가 성취될 것이라는 믿음이 조장되었다. 이런 주장의 가장 극단적인 예는 무신론으로의 획일화를 무력으로 강제한 알바니아다. 종교가 유용성을 잃었다는 견해가 퍼진 나라들, 즉 문화적으로 자본주의의 영향을 받은 나라들에서도 견줄 만한 부추김이 조장되었다. 우리의 문제들은 과학과 기술을 통해서 해결될 수 있으므로, 종교는 점점 더 그 유용성을 잃게 되리라는 견해가 확산된 것이다. 따라서 종교는 점점 쇠퇴하여 사멸하거나 질식해서 죽을 것이고, 종교가 사라지면 전 세계 사람들은 결국 화합하게 될 것이라는 주장도 있다. 하지만 이런 예언은 입증된 적이 없다.

이제 막 21세기가 시작되었고, 상황은 이런 주장이 얼마나 피상적이고 지나친 단순화인가를 보여주었다. "신은 죽었다, 우리가 신을 죽였다!"라는 니체의 선언과 함께 19세기는 끝났다. 그럼에도 불구하고 두 번째 천 년, 특별히 20세기는 새롭고도 인상적인 종교 부흥과 함께 마감되었다. 세계 인구의 70.2퍼센트 이상이 종교적 신앙을 가지고 있고, 오늘날 인류의 반 이상은 어떤 형태든 신을 믿고 있다. 이 새롭고도 역동적인 움직임들은 이란의 호메이니 운동, 알제리의 무슬림 게릴라 투쟁, 스리랑카의 힌두교 운동, 제3세계의 극단주의적 개신교의 등장 등과 같이 정치에서도 중요한 영향을 끼쳤다.

공산주의 이데올로기의 쇠락 이래로, 새로운 유형의 이슬람교가 많은 나라에서 발전하였는데, 그것은 백성들에게 보호와 일치와 피난처를 제공하고, 가난한 이들의 존엄성을 약속해주며, 세계의 주변화 된 사람들에게 결국 그들은 가치 있는 존재로 인정받게 될 것이고 사회적 정의를 누리게 될 것이라는 희망을 제공한다.[13] 이로써 종교적 결의, 완강함, 호전성으로 무장한 새로운 프롤레타리아가 형성되었다.

동시에 우리는 새로운 종교 사상의 강력한 소용돌이와 다양한 유형의 단체들이 대두하고 있는 것을 목격한다. 이렇게 해서 다원성을 옹호하고, 절대적 규율과 절대적 진리 주장을 권위주의적 교의로 여기며, 자신을 이와 대립시킴으로써 종교의 절대성을 대체하고자 하는 상대주의가 "갑작스럽게 득세하는 사태"가 발생했다. 여기에서 우선권은 지식, 교리, 제도가 아니라 경험과 직관에 주어진다. 인도 사상의 주도로 "대안적 절대성"이라는 개념이 옹호된다. 여러 형태의 신비주의와 고대 동양의 "지혜"와 실천이 결합되고 발생한 새로운 기라성 같은 종교 집단들의 창설뿐만 아니라 많은 종교적 신념들의 와해를 우리는 목격하고 있다.[14] 예전에 공산주의였던 나라들과

---

[13] D. Hiro, *Islamic Fundamentalism* (London, 1988) ; J.L. Esposito and J.O. Voll, *Islam and Democracy* (New York and Oxford, 1996) ; Z. Anwar, *Islamic Revivalism in Malaysia* (Kuala Lumpur, 1987) ; R. Wright, *In the Name of God: The Khomeini Decade* (New York, 1989) ; F. Burgat, *The Islamic Movement in North Africa*, trans. W. Dowell (Austin, TX, 1993) ; J.O. Voll, *Islam: Continuity and Change in the Modern World*, 2d ed. (Syracuse, NY, 1994). 이슬람교와 자본주의의 관계에 관해서는 다음을 보라. M. Rodinson, *Islam et capitalisme* (Paris, 1976).

[14] S. Bruce, *Religion in the Modern World: From Cathedrals to Cults* (Oxford and New York, 1966) ; F. Fernandez-Armesto, "Religion," in *The Future Now: Predicting the 21st Century*, ed. F. Fernandez-Armesto, F. Heisbourg, et al. (London, 1998), 35-38.

제3세계의 가난한 나라들이 특히 이런 영향에 취약하고, 유럽과 북아메리카도 이러한 자극적인 호소의 영향에서 자유롭지 않다.

종교가 문명사회의 미래에 중요한 요소라는 점은 분명하다. 미래 전략 연구 분야에서 이름난 미국 교수 사무엘 헌팅턴은 몇 년 전에 자신의 저서『문명들 간의 충돌』에서 로마 가톨릭과 개신교가 만든 서양 문명과 정교회와 이슬람교를 포함시킨 동방 문화의 갈등을 예견했다.[15] 하지만 역사가들이 그의 역사 연구 방법과 주장의 신빙성을 의심하는 것처럼, 그가 종교적 현상을 분석한 방식 또한 종교 학자들로부터 심각한 반발을 초래하고 있다.[16]

문명들 간의 충돌에 대한 이러한 예견 뒤에 숨겨져 있는 것은 자신의 문화가 우월하다는 오만한 전제와 그 문화를 어떻게 보전할 수 있을까 하는 우려이다. 게다가 그런 예견은 "우리가 위협 받고 있으니 스스로 지킬 준비를 해야 한다."는 메시지를 간접적으로 담고 있다. 이런 결론은 정교회와 이슬람의 유대관계에 대해 선험적으로 판단하고, 이 두 종교 사이에 존재하는 신학적, 역사적, 문화적 차이를 제대로 인식하지 못한 것에 근거한 것이다.

하지만 종교 경험은 그 자신의 역동성을 따라갈 뿐, 권력자들이 전

---

15) S.P. Huntington, *The Clash of Civilization: Remaking of World Order* (New York, 1996).
16) 이러한 예견은 미국의 저명한 역사가 라투렛(K.S. Latourette)이 과거에 언급한 것을 떠오르게 한다. 이슬람교의 미래에 대해 그는 20세기 후반에는 이슬람교가 "쇠락할 것이다"라고 예상했다.(*A History of the Expansion of Christianity* 7 [New York and London, 1945], 493) 하지만 현실은 정반대였다. 20세기 후반에 이슬람교는 아프리카와 인도네시아에서 괄목할 만한 성장을 했고, 파키스탄 국가를 세우게 하였고, 전반적으로 대단한 생명력을 보여주고 있다. 참조. W. Cantwell Smith, *Islam in Modern History* (Princeton, 1957 and 1996) ; N. Ahmad, T. Grin, J. C. Froelich, *L'Afrique islamique (Islamisches Africa, Africa Islamica)* in *Le monde religieux*, 29e volume de la nouvelle série (Lezay, Deux-Sèvres 1966) , D. Lewis, *Islam and the West* (Oxford, 1993). 전 세계의 이슬람교 부흥 운동에 관한 자세한 참고문헌을 위해 다음을 보시오. Y.Y. Haddad, J.I. Esposito, and J.O. Voll, *The Contemporary Islamic Revival: A Critical Survey and Bibliography* (Westport, CT, 1991). 그리고 위의 각주 13을 참조하라.

략을 짜는 논리적 틀에 의해 좌우되지 않는다. 종교 탐구와 종교 경험의 길에는, 인간적인 예견의 영역 너머로부터 우리에게 다가오는 헤아릴 수 없는 그 무엇이 항상 존재하기 마련이다. 수십억 사람들의 종교 의식과 경험 안에는, 인간사의 흐름 너머에 존재하는 또 다른 힘, 섭리, 사랑, 즉 하느님의 영역이 존재한다.

헌팅턴의 역사 분석이 얼마나 많은 점에서 동의할 수 없는 것인지에 관한 문제와 별도로, 그의 저서는, 종교는 영구적인 것이고 여전히 특별한 중요성을 갖고 있으며 다가올 미래에는 더욱 큰 중요성을 획득하게 될 것이라는 점을 드러내준다.

종교들 간의 관계 재조정하기

세계화 과정에서 여러 종교들 사이에 존재했던 관계들은 재조정되고 있다.

19세기 말에 이미 여러 종교 지식인들은 공통분모를 찾아 새로운 공동의 종교를 만들기 위한 토론을 시작했다. 특히, 제2차 세계 대전 이후, 평화와 같은 구체적인 문제를 다루기 위한 종교 간의 협력 운동이 전개되었다. '세계종교인 평화회의' World Conference on Religion and Peace가 그 한 예이다. 하지만 흔히 그렇듯이, 대부분의 종교에서 확고한 보수주의 중심세력은 그런 노력을 반대하고 좌초시킨 반면, 각자 자기가 속한 종교로부터 단절된 지식인들 사이에서는 이런 노력이 하나의 유행처럼 되었다. 그러한 지식인들은 종교의 주변에 머물러 있기 때문에, 그들의 주장은 대부분의 사람들에게 별 흥미를 주지 못했다. 그럼에도 불구하고, "세계 종교"에 관한 토론은 지속되어 왔다.[17]

처음에는 두 개 혹은 그 이상의 종교 대표자들 사이에 있었던 여러 번의 대화들이 사람들이 서로 화합할 수 있다는 많은 희망을 낳았다. 하지만 서로가 더욱 가까워질수록, 대개는 실망감이 뒤따랐다. 서로가 자신들 사이에 존재하는 모순과 차이들을 인식하기 시작했기 때문이다. 그럼에도 불구하고, 토론과 대화의 길은 상호간의 이해를 도모한다는 이유만으로도 충분한 가치가 있다.[18]

세 번째 경향은 다른 사람들의 자유와 개성을 존중할 것, 다양성을 수용하는 법을 배울 것, 평화로운 공존을 위해 의식적으로 노력할 것 등을 강조한다. 고립을 극복하고 서로에 대한 적대감을 없애기 위해, 상호간 의견이 일치된 공통 관심사를 위해 가능한 한 많이 협력할 것을 권장한다. 사회적 정의, 또는 지역이나 국제적인 차원에서 다양성이 평화적으로 정착될 수 있게 하는 것 등이 그 예에 해당된다. 수세기 동안에 걸쳐 모든 종교 단체들은 고유한 교리와 사상과 실천을 발전시켜 왔고, 이런 것들은 조화로운 공존을 이루려는 우리의 노력에

---

17) 하일러(F. Heiler)의 장기적 제안에서(*Die Religionen der Menschheit in Vergangenheit und Gegenwart* [Stuttgart: Ph. Reclam. Jun., 1962], 877-89: "Versuche einer Synthese der Religionen und einer neuen menschheitsreligion") 스마트(N. Smart)의 서 한까지(*The World's Religions* [see note 10], 549-61: "Some Final Reflections on Global Religion").

18) 그리스도인들과 타종교인들의 대화에 대한 요약은 다음을 보라. S.W. Ariarajah, "Dialogue, Interfaith," in *Dictionary of the Ecumenical Movement*, ed. N. Lossens, J.M. Bonino, J.S. Pobee, T.F. Stransky, G. Wainwright, P. Webb (Geneva, 1991), 281-87. 많은 관련 글 중에서 다음을 보라. S.I. David, *Christianity and the Encounter with Other Religions: A Select Bibliography* (Bangalore, 1988), 이 책은 특별히 인도종교와의 접촉을 강조한다. ; R.B. Sheard, *Inter-Religious Dialogue in the Catholic Church since Vatican II: An Historical and Theological Study* (Queen Town, Canada, 1987) ; *Guidelines on Dialogue with People of Living Faiths and Ideologies* (Geneva, 1979) ; S.J. Samartha, ed., *Living Faiths and the Ecumenical Movement* (Geneva, 1971) ; S.J. Samartha, *Courage for Dialogue: Ecumenical Issues in Inter-Religious Relationships* (Geneva, 1981) ; and Metropolitan of Switzerland Damaskinos Papandreou, "The Interfaith Dialogues of the Orthodox Church" in *Christian-Islamic Dialogue As a Common Obligation* (in Greek), ed., M. Konstantinos and A. Stiernemann (Thessaloniki, 1998), 31-51.

매우 중요할 수 있다.

　세계화에 있어서, 종교 공동체들은 한 문화를 다른 모든 사람들에게 강요하려는 특정 권력 집단의 성향에 저항하는 중심체가 될 것이라고 예상된다. 종교는 많은 민족들에게 자신들의 개성을 보존할 수 있게 하는 정체성의 보루 역할을 한다. 종교는 사람들로 하여금 세계화의 폐해들을 피할 수 있게 해주는 피난처로 발전할 수 있다. 결국, 최고의 존재, 진리, 죽음의 초월에 대한 추구는 모든 인간의 깊은 열망이요 권리로 계속 남아있게 될 것이다.

　세계화는 아마도 씨앗을 발아시키는 데 기여할 것이고, 여러 종교의 심연에 잠재되어 있는 성향들을 격려하는 데 도움을 줄 것이다. 종교의 신조들은 진화하는 유기체들이다. 즉, 그 신조들은 새로운 사상을 차용하고 흡수하고 또 그 영향을 받는다. 그것들은 진공상태에 존재하는 것이 아니라 계속해서 새롭게 적응한다. 평화, 정의, 평등, 자유, 인권, 사랑의 문제를 강조했던 지난 백 년 동안, 다양한 종교적 배경의 많은 작가들은 이런 대의들을 채택했고, 또 자기 종교의 기본 사항으로 제시하려 했다. 하지만 그런 주장들은 그렇게 모아내려는 열망만큼 당면 문제에 깊이 관계된 것은 아니었다. 종교 의식은 빚어지고 형성되는 것이다. 새로운 환경에 적응하여 스스로를 새롭게 만든다. 그것은 세계화를 향한 길을 가면서 과거의 또는 새로운 사상의 영향을 받고, 또한 그 고유의 최종적인 형태에 영향을 줄 수 있는 능력을 지닌다.

정교회의 책임과 기여

종교 경험의 힘

우리는 세계화의 여러 가지 부정적 결과들을 완화시키는 조처를 취해야 하는데, 여기서 올바른 종교 경험의 역할은 그 어떤 것으로도 대신할 수 없는 중요한 요소이다. 종교 신앙은 인간 의식의 내면과 인간 의지에 영향을 줄 수 있다. 즉, 사람들의 생각과 신념과 인격을 재구성할 수 있다. 자신의 권력을 임의로 오만하게 휘두르는 이기적 인간들로 구성된 사회 권력 집단들은 언제든 세상을 비극적인 파국으로 몰아갈 수 있다. 이기심이라는 이 치명적인 바이러스를 무력화시킬 수 있는 유일한 것은 참된 종교 경험이다. 만일 세계화의 부정적 결과와 문제들을 해결코자 한다면, 모든 결정에 있어서 올바르고 공정한 판단력과 바른 양심을 소유하고, 세계 평화를 갈망하며, 모든 사람 모든 나라의 자유와 개성을 존중할 줄 아는 그런 사람들이 필요하다. 종교 경험이 진실하고 순수할수록, 그것은 세계화 과정에서 더 확실하게 긍정적인 기여를 할 수 있고, 조직화된 단체나 사람들 안에서 투쟁 정신을 일깨울 수 있다.

세계적 전망: 정교회의 영적인 기반

일반적으로 그리스도인들, 특히 우리 정교 그리스도인들은 세계화 과정을 혼란스러워 하거나 놀라지 않는다. 영적인 문제에 관해서 세계적인 전망을 지녀야 할 필요성은 항상 우리 안에 분명하게 존재해 왔다. 이 세계적 차원은 정교회의 기본적인 요소이다. 성경의 첫 장

(창세기 1:1)은 하늘, 땅, 사람, 그 밖의 모든 것을 하느님이 창조하셨다고 기술한다. 성경의 마지막 장들(요한 묵시록 21-22)은 "새 하늘과 새 땅"(요한 묵시록 21:1)의 비전을 다루고 있다. 육화를 통해서 하느님 말씀은 완전한 인성을 취하시고 민족, 언어, 인종을 구분하지 않고 어떠한 예외도 없이 모든 사람을 그분의 왕국으로 부르신다. 궁극적으로 예수 그리스도의 복음의 보편성은, 자신을 확장시켜 인간도 그 유기적 전체의 한 부분인 온 피조세계를 포함함으로써, 인간의 영역조차 초월한다.

그리스도교의 가르침은 맨 처음엔 구체적인 장소와 시간 속에서 전파되었지만, 처음부터 그 가르침은 세계적이고 종말론적인 특성을 가지고 있었고, 또한 그것을 꾸준히 보존해 왔다. 사도 바울로는 서한에서 교회의 신비와 관계된 보편성을 역설한다. 모든 것을 포괄하는 사도 바울로의 시야는 하느님의 뜻, 즉 "그분 뜻의 신비"를 언급할 때 절정에 이르는데, 하느님의 뜻은 "때가 차면 그분의 계획이 이루어져서 하늘과 땅에 있는 모든 것이 그리스도 안에서 하나가 되게 하는 것"(에페소1:9-10)이다.

온 세상에 퍼져나가는 첫 단계에서, 그리스도교 메시지는 그리스어로 쓰였고, 보편성이 기본적 특징인 그리스 문화를 통해서 표현되었다.[19] 바로 이 보편성이 그리스어뿐만 아니라 그리스 철학, 과학, 예술을 가능케 했으며, 개인들과 온 백성이 다양한 방법으로 더욱 쉽게 소통할 수 있게 된 것도 바로 이 보편성 덕분이었다. 이 보편적 정신은 4세기의 위대한 교부들과 세계적인 설교자들에 의해서 더욱 활기차게 배양되었는데, 그들은 고대 그리스의 보편주의 사상과 그리

---

19) B. Kyrkos, "The Universality of Greek Culture and Its Encounter with Christianity" (in Greek), IEE 6 (1976), 392-95.

스도교 신앙의 융합을 이룩했다. 후에 남동 유럽 사람들과 조우했을 때, "비잔틴 제국은 그 문화의 보편성을 보존하기 위해 역설적으로 그리스어의 세계적 특징을 희생시켰다."[20]

정교회의 전체 예배 생활은 이러한 보편적 비전의 맥락 안에서 전개되는데, 그 비전의 핵심은 "아버지의 나라가 오게 하시며, 아버지의 뜻이 하늘에서와 같이 땅에서도 이루어지게 하소서."라는 주의 기도에서 발견된다. '나' 혹은 '우리'에게가 아니라 "땅의 모든 곳에서"이다.[21] 매일의 양식이라는 당면한 문제에 대해 간구하기 전에, 그리스도교 신자는 먼저 자신을 전 세계적인 맥락 안에 위치시킬 것을 요구받는다. 당면한 개인적 필요는 그들이 온 세상에 대해 생각하는 것을 방해하지 않는다. 구원의 신비를 반복하는 거룩한 성찬 예배 때마다, 기도는 "온 세상의 평화를 위하여"라는 말로 시작되고, "모든 것을 대신하고 모든 것을 위해서" 행해지는 고귀한 선물의 봉헌에서 절정을 이룬다.

모든 정교회의 큰 축일들은 우리 영혼 안에 세계적인 전망을 열어준다. 이 보편적 전망은 부활절과 오순절 기간 동안에 특히 충만해진다. 세계적 비전은 항상 정교회의 가르침과 예배의 역동적인 전망이었고 또 그렇게 남아있다.[22]

정교회 시각에서 볼 때, 세계화 현상을 다루는 올바른 방법을 찾는 것은 성직자들이나 신학자들만의 문제가 아니다. 교회의 평신도들도

---

20) D. Zakythinos, "Byzance et les peuples de l'Europe de Sud-est. La synthèse Byzantine," *Actes du Premier Congrès international des études balkaniques et sud-est européennes* 3, "Histoire" (Sofia, 1969), 22.
21) John Chrysostom: "그분은 '하느님의 뜻이' 나에게서나 우리에게서가 아니라 땅의 모든 곳에서 '이루어지리다' 라고 말했습니다." *Homilies on the Gospel according to St Matthew* 19.5, PG 57:280 (trans. NPF, 1st ser., vol.10).
22) Anastasios of Albania, "The Global Vision of Proclaiming the Gospel," *The Greek Orthodox Theological Review* 43 (1998).

책임감을 가지고 과학적, 정치적, 문화적, 경제적인 자료들을 진지하게 검토하고 분석하여 의견을 제시해야 한다. 인문학, 정치학, 경제학 등 모든 분야에서 이 문제를 지속적이고 창조적인 방식으로 숙고할 필요가 있다.

정교회에 요청되는 것은 무엇인가?

정교회는 발생하는 모든 문제에 대해 성급하게 판단을 제시하고, 세부적인 해결책까지 제시하려는 '로마의 유혹'에 현혹되지 않아야 한다. 이것은 정치학이나 사회학에서 연구하는 전문가들이 할 일이다.

교회에서 추구되어야 할 위대한 일은 인류를 영적으로 다시 태어나게 하는 것, 그리스도 안에서의 구원을 가져다주는 것, 삶에 의미를 부여하는 것이다. 이런 방식으로 교회는 가장 중요한 것을 제공한다. 교회는 양심을 고취시키며, 책임감 있는 삶을 영위함으로써 사회의 면역 체계를 강화하고 활기 있게 해줄 인격들을 형성해 낸다. 현대에 우리에게 가장 필요한 것은 개성과 비전과 끈기를 가진 사람들, 위선적이지 않은 사랑을 지닌 사람들, 자기중심적이지 않은 사람들이다. 오만함, 권력욕, 위선은 강대국들의 특징일 뿐만 아니라 우리 모두의 영혼 안에도 도사리고 있다.

교회는 부자와 권력자들 모임에 속하는 것일 수 없다. 정교회의 힘은 세상 권력과 같지도 않고 그에 의존하지도 않는다. '대심문관'에 대한 도스토옙스키의 유명한 묘사는 서방이 직면한 세상 권력의 강한 유혹, 동방에서도 낯설지 않은 그 유혹을 분명하게 기술하고 있다.[23]

교회는 인간의 고통을 냉혹하게 바라보는 태도를 가차 없이 비판하고 경고해야 한다. 이를 위해 교회는 자신의 직무를 완벽하게 수행하는 일에 헌신하고, 지속적이고 진실한 회개를 사람들에게 권유하며, 정의와 평화를 이루도록 끊임없이 노력하고, 소박하고 금욕적이고 절제하는 삶을 살아간다. 그리스도가 산상 설교에서 선언하신 '팔복' Beatitudes이야말로 교회의 참된 가르침이다. 정교 그리스도인이 삶의 목적으로 삼는 것은 우리의 생활 안에 성령을 모시는 것이다.

이 목적은 지역적이고 세계적인 차원에서 인간관계에 직접적인 영향을 준다. 왜냐하면 "성령의 열매"는 피안으로의 도피가 아니라 "사랑, 기쁨, 평화, 인내, 친절, 선행, 진실, 온유, 그리고 절제"(갈라디아 5:22)이기 때문이다. 그것은 인간의 폭력성과 사회적 갈등을 초월하고, 사람들과 온 민족들 사이에 조화로운 관계를 확립하는 것을 의미한다.

보편성에 대한 이 감각을 자극하고 격려함으로써, 교회는 사람들의 화합을 도울 뿐만 아니라 세계적인 사랑의 친교를 상징적이고도 실제적으로 선포한다. 교회는 종말론적 희망과 비전과 예배를 통해서 우리로 하여금 그리스어 '끼노니아 κοινωνία'가 이중적으로 의미하는 이 '세계적인 공동체 혹은 친교'를 미리 맛보게 해준다. 원하는 사람은 누구든 참여할 수 있다. 반면 교회는 어느 누구에게도 그것을 강요하지 않고, 신자들의 삶을 통해서 그것을 선언한다. 하느님의 왕국은 "이미 왔고 또 올 것이다." 이 "사건"은 잘 알려진 또는 잘 알려지지 않은 모든 성인들의 삶에서 경험되어 왔고, 그것은 미래가 인류에게 제시하는 가능성들에 관해 예언자적 위로를 제공해준다.

---

23) F. Dostoevsky, *The Brothers Karamazov*, trans. Richard Pevear and Larissa Volokhonsky (New York, 1991).

교회를 다른 종교체제와 구별시켜 주는 것은, 교회는 감사의 성찬 공동체의 능력과 은총을 통해서 살아계신 하느님과의 실제적인 관계를 제공한다는 사실이다. "우리 안에 계셔서 우리에게 당신의 뜻에 맞는 일을 하고자 하는 마음을 일으켜주시고 그 일을 할 힘을 주시는 분은 하느님이시다."(필립비 2:13) 세상은 우리 손 안에 있는 것이 아니라 그분 손 안에 있다. 우리는 십자가를 지고 부활을 고대하면서 우리의 삶이 택한 길을 따라 현실성 있는 전망들을 가지고 전진한다. "그러나 우리는 하느님의 약속을 믿고 새 하늘과 새 땅을 기다리고 있다. 거기에는 정의가 깃들여 있다."(베드로 후서 3:13) 이런 말들은 그리스도교의 세계적인 비전과 다른 모든 형태의 세계화, 이 둘의 근본적이고도 구체적인 차이를 보여준다.

그리스도는 온전한 인성을 취하시어, 그것을 다시 새롭게 하셨다. 그리스도를 진정으로 믿고 거룩한 예배에 신실한 마음으로 참여하는 모든 사람은 세계적인 비전을 품고 지역 사회에서 자신들의 의무를 다 할 준비가 되어 일상생활로 돌아간다.

결론

세계화는 이미 진행 중인 과정이고 그것을 멈출 수 있는 힘은 존재하지 않아 보인다. 그것은 인류에게 놀라운 가능성들과 예상치 못한 전망들을 열어주었다. 하지만 이와 함께 그것은 일련의 격변과 재편성을 유발했다. 긍정적인 또는 부정적인 영향들에 아랑곳하지 않고, 또 금융세계 밖에서 들리는 외침이나 호소들에는 전혀 구애받지 않으면서, 지금도 세계화는 진행되고 있다.

세계화가 기본적인 인권, 정의, 타인의 정체성 존중, 문화의 다양성 등을 보장하지 않는 방향으로 진행되고 있으며, 다국적 기업들이 주도하는 새로운 세계 질서가 새로운 형태의 식민주의를 위한 억압 도구라는 우려의 목소리가 지구 곳곳에서 들려온다. 그리스도교 신자들은 무방비 상태로 이 현상에 포섭되지 않았다. 오히려 보편적이고 세계적인 시각은 원래부터 그들의 신앙과 열망의 바탕이다. 참된 종교 경험은 신자로 하여금 이러한 과정에 개입하게 하며, 모든 사람에 대한 존중, 자유, 평화, 정의, 상호간의 원조라는 불변의 원칙에 근거하여 결정적이고 창조적인 방식으로 기여할 능력을 신자들에게 제공해준다고 그들은 확신한다. 종교 경험은 인간의 삶에 의미를 부여해주며, 사람들로 하여금 죽음에 대한 두려움을 초월하도록 도와준다고 그들은 믿는다.

이와 같은 세계적 관점이 정교의 피 안에 존재한다. 그 피는 성찬예배를 통해서 세상의 구원자이신 그리스도의 피로 계속해서 정화된다. 나라와 민족들을 별 차이 없는 단조롭고 획일적인 집단으로, 익명의 과두 지배집단의 경제적인 목적에 최적화된 대중 집단으로 만들어버리는 세계화 대신에, 정교회의 종교 경험과 비전은 사랑의 친교, 사랑의 사회를 제시하고, 사람들에게 그러한 방향으로 노력할 것을 요구한다. 아무 희망이 없어 보일 때조차도, 온 세상의 진보를 관장하시는 또 다른 존재, 즉 "지금 계시고 전에도 계셨고 장차 오실 전능하신"(요한묵시록 1:8) 그분이 계시다는 확신을 가지고, 계속해서 믿음의 투쟁을 전개하는 것이야말로 참된 그리스도교이다. 자유로운 사람들 사이의 세계적인 '사랑의 친교'는 투쟁을 통해 얻을 만한 가치가 있는 이상이라고 확신하며 사는 것이야말로 참된 그리스도교이다. 세계적인 전망을 가지고 지역적인 차원에서 활동적이고 생산적으로 사는 것, 무한한 존재, 사랑의 하느님을 향해 나아가는 것을 삶의 목적과 목표로 삼고 우리 자신의 의무를 책임감 있게 이행하는 것이야말로 참된 그리스도교이다.

_에필로그를 대신하여

인류가 세계 공동체의 길로 나아감에 따라, 인권 존중, 사회경제적 발전, 다양한 문화의 평화로운 공존과 같은 새로운 문제들이 끊임없이 발생하고 있고, 예전의 문제들도 다시 부상하고 있다. 이런 과정에서 떠오르는 여러 가지 중요한 요소들로는, 이슬람교의 강력한 부상, 여러 종교들의 간접적인 영향, 세계화로 인한 여러 가지 사회적 재편성 등이 있다.

정교회는 이러한 문제들의 올바른 해결책을 찾고자 하는 세계적인 노력에 참여해야 하고, 또 정교회의 풍성한 전례와 살아있는 경험과 교리를 활용하여 '사랑의 끼노니아' 즉 '사랑의 공동체와 친교'를 향하도록 우리를 이끌어 줄 해결책을 찾아야 한다.

1) 교회는 성 삼위 하느님의 신비, 그리고 그리스도 안에서 성령을 통하여 성취된 하느님의 경륜을 계속해서 설교할 것이다. 교회는 계속해서 언제 어디서나 회개하는 사람들을 변화시키고 드높이고 "새로운 피조물"로 만들 것이다. 교회는 서로 도와주는 사회, 그리고 사랑받는 자유로운 사람들의 친교의 자리가 될 것이다. 교회는 거룩함에 참여하도록 이끄는 "저 너머를 향한" 운동일 것이고, 구원을 향하

도록 사람들을 계속해서 인도할 것이다. 다시 말해서, '신화'神化, theosis를 향한 사람들의 억누를 수 없는 열망에 계속해서 응답할 것이다. 사회적이거나 문화적인 사안 등 다른 모든 것들은 이런 것들의 결과로 주어지는 것이기에, 정교회의 성사적이고 구원론적인 특성을 결코 대신하거나 퇴색시킬 수 없다.

역사 속에서, 교회를 모든 시대와 연결시켜 준 것은 자신의 삶 속에서 자유의 신비, 그리스도의 자기희생적 사랑의 신비를 경험한 사람들을 세상에 내보여주는 교회의 능력이었고, 앞으로도 마찬가지이다. 정교회는 계속해서, 사람으로 하여금 부활의 감동과 능력으로 부패와 죽음에 맞서도록 도움으로써, 삶에 의미를 주는 이러한 영적인 재탄생을 제공할 것이다.

2) 정교회 신학 사상과 교리를 특징짓는 강력한 역사 인식은 종종 우리로 하여금 우리가 과거에만 관심 있는 교회 공동체라고 잘못 생각하게 한다. 하지만 그리스도는 모든 시대에 그리고 모든 문화에 "어제나 오늘이나 또 영원히 변하지 않으시는 분"(히브리서 13:8)이시다. 그분은 시간을 초월하신다. 따라서 그분의 "신비로운 몸"인 교회는 어떤 특정 시대에만 속하는 것일 수 없고, 어떤 시대의 상황이나 특징과 동일시될 수도 없다. 정교회는 시공간적으로 인류의 지속적인 탐구에 개방되어 있어야 한다. 정교회는 '시간을 또한' 새로운 것으로 변화시키시는 성령의 감동을 통하여, "지금 계시고 전에도 계셨고 장차 오실 전능하신"(요한묵시록 1:8) 그분에게 시선을 확고하게 고정시켜야 한다.

다가올 미래의 정교회를 생각할 때, 나는 과학, 예술, 기술에 의해 형성될 새로운 상황과 발전에 열려있는 정교회를 마음에 그린다. 나는 앞으로 만들어질 새로운 형태의 커뮤니케이션을 이해하고 사용할 준비가 되어있는 정교회를 상상한다. 정교회는 역사의 변방에 있는 것이 아니라, 사회 발전의 중심에, 진보의 선봉에 서 있다. 동시에 우리에게는, 2000년 1월 6일 정교회 대주교들의 메시지에서 강조되었듯이, 인간의 지나친 개입과 자연파괴에서 비롯되는 위험성을 지적하고, "인간의 자유와 고유성, 그리고 하느님의 피조세계의 본래 모습"을 보호하기 위해서 말과 행동으로 투쟁할 의무가 있다.

3) 여러 가지 역사적인 이유들로 인해서, 정교회는 특정한 나라나 민족들과 연관이 있었다. 하지만 우리는 성 바울로가 아테네에서 설교하며 강조했듯이 "하느님께서는 한 조상에게서 모든 인류를 내시어 온 땅 위에서 살게 하시고 … 사람들이 하느님을 더듬어 찾기만 하면 만날 수 있게"(사도행전 17:26-27) 해주셨다는 것을 잊어서는 안 된다. 어느 나라도 그분의 사랑을 독차지하지 못한다. 교회를 한 나라에 국한시키는 것은 "하나의 거룩하고 보편적이고 사도적인 교회"를 왜곡하는 것이다. 그것은 그리스도교 교리의 근본적인 요소를 무시하는 것이다. 정교회가 몇몇 나라의 삶 속에 깊이 수용되고 통합되었다고 해서, 교회가 그 나라들만의 전유물이라고 믿는 것은 결코 정당화될 수 없다. 우리 자신의 정체성을 존중하고 보존하는 것은 당연하고 필요한 일이지만, 만약 그리스도를 민족적 또는 국가적 전망 안에 가둔다면, 우리는 결국 간접적으로 그분을 부인하게 될 것이다.

모든 '독립 정교회'들 사이의 보다 긴밀한 협력은 절대적이다. 그들은 서로를 돕기도 해야 하셨기만, 또한 정교회의 세계적 의식도 배양해야 한다. 그리스도의 교회 안에서 그리스도와 하나가 될 때, 우리는 개인적인 '나'와 우리나라의 '우리'를 초월할 수 있고, 모든 사람 모든 민족 모든 나라와 함께 상호 이해와 사랑을 나눌 수 있다. 우리의 변함없는 비전은 온 세상에 걸친 '사랑의 끼노니아'다.

우리는 "사랑 안에서 진리를 말함으로써"(에페소 4:15) 다른 종교 신념이나 철학적 입장을 취하는 사람들과의 대화에 열려있어야 하고, 건설적인 태도를 지녀야 한다. 다른 사람들이 무엇을 믿든, 또는 믿든 안 믿든 상관없이 그들의 개성과 자유를 아주 진지하게 존중해야 한다고 정교회는 가르친다. 극단적인 신앙, 외국인 혐오증, 종교 신앙의 정치 이데올로기화는 정교회의 자유로운 정신과 배치된다. 우리에게 필요한 것은 진지한 이해심, 평온하면서도 비판적인 접근, 일관성, 선의를 가진 모든 사람들과의 협력이다. 그렇게 하면 온 세상 모든 사람들 사이에 평화와 형제애가 퍼져나갈 것이다.

4) 앞으로 우리 정교 그리스도인들은, 우리 교회의 '보편성' catholicity에 기반을 둔 포용성과 이 포용성이 함의하는 세계적 책임에 대한 각성을 통해, 우리의 삶과 행동으로 세계적 사건들에 적극적으로 참여해야 한다. "그리스도의 신비로운 몸"인 교회는 모든 사람과 문화의 개별성에 대한 진지한 존중, 모든 사람의 자유와 존엄성에 대한 존중, 모든 사람과 또 인간 삶의 모든 표현들에 대한 위선적이지 않은 사랑으로, 모든 세대에 완전한 '사랑의 복음'을 제공해야 할 소명을 가진다. 이 문제에 대해서는 다른 논문들에서 더 깊게 다루고 있고, 앞으로 책으로도 출간될 예정이다.

결론적으로, 교회의 메시지의 핵심은 모든 사람과 관련되어 있고 세계적인 의미를 지닌다. 세계적인 사건들 속에서 자신의 위대한 사명을 제대로 감당하는 것, 그것은 결국 정교회가 자신의 성사적이고 구원론적인 특징을 흠 없이 보존하는 것이고, 인류의 끊임없는 탐구에 열려 있는 것이며, 부활의 깨달음을 의식적으로 살아내고 삶 속에서 자신의 세계적 책임을 다하는 것이 될 것이다.